Willy Obrist

Tiefenpsychologie und Theologie

Zwei Etappen der Evolution des Bewusstseins

Bibliografische Information der Deutschen Nationalbibliothek
Die Deutsche Nationalbibliothek verzeichnet diese Publikation in der Deutschen Nationalbibliografie; detaillierte bibliografische Daten sind im Internet über http://dnb.d-nb.de abrufbar.

Durchgesehene Neuauflage, Version 2.01
Erstausgabe Benzinger, Zürich, 1993
Grafik und Layout: Dr. Lutz Müller
Umschlagsbild nach einem Motiv von Michelangelo
Herstellung: Book on Demand GmbH., Norderstedt

ISBN 13: 978-3-939322-17-7

Willy Obrist

Tiefenpsychologie und Theologie

Zwei Etappen der Evolution des Bewusstseins

opus magnum

Dr. med. Willy Obrist
Jahrgang 1918, Studium der Philosophie, Geschichte und Medizin. Facharzt für innere Krankheiten. Nach mehreren Jahren ärztlicher Praxis Ausbildung zum Analytiker am C. G. Jung-Institut Zürich. Dort langjähriger Dozent für tiefenpsychologische Theorie. Seit 1970 Mitarbeiter der Stiftung für Humanwissenschaftliche Grundlagenforschung (Zürich) mit dem Forschungsschwerpunkt Evolution des Bewusstseins / Wandel des Weltbilds.
Mitbegründer der Schweizerischen Gesellschaft für Religionswissenschaft, der Stiftung für Jungsche Psychologie (Zürich) und der Stiftung zur Förderung der Philosophie (Mönchengladbach).

Ein großer Teil seiner Veröffentlichungen findet sich bei opus-magnum.de. Als Buchausgaben sind dort auch erschienen:

- **Die Mutation des europäischen Bewusstseins.** Von der mythischen zur heutigen Weltsicht und Spiritualität. Eine Kurzfassung des Gesamtwerks. ISBN: 978-3-939322-01-6
- **Tiefenpsychologie und Theologie.** Zwei Etappen der Evolution des Bewusstseins. ISBN 13: 978-3-939322-17-7
- **Religiosität ohne Religion.** ISBN: 978-3-939322-18-4

Inhalt

Einleitung

Drei Entdeckungen haben die Weltsicht unseres Jahrhunderts geprägt: die Entdeckung der Relativität von Raum und Zeit sowie der Quantelung der Energie auf der einen Seite, die Entdeckung des Unbewussten auf der anderen. Die ersten zwei relativierten unser Verständnis der raumzeitlichen Wirklichkeit. Die Entdeckung des Unbewussten relativierte unsere Vorstellung vom Menschen und auch von dem, was man sich bis dahin als jenseitige Welt und jenseitige Wesen vorgestellt hat.

In diesem Buch wollen wir uns mit der Entdeckung und Erforschung des Unbewussten befassen und auch überlegen, was für Konsequenzen sich daraus für Theologie und Kirche ergeben. Ich spreche absichtlich von Entdeckung, denn es handelt sich dabei weder um Philosophie noch um Ideologie, wie häufig geglaubt und – namentlich von Theologen – immer wieder behauptet wird.

Entdeckungen sind charakteristisch für die Neuzeit. Entdeckungen waren es, die unsere Sicht der Welt, des Menschen und der Befindlichkeit des Menschen in dieser Welt de facto verändert haben. Die philosophische Reflexion kam immer erst hinterher und ging jeweils vom Wissensstand ihrer Zeit aus. Aus diesem Grund wird denn auch die Philosophie – so weit sie sich nicht als Lebens-, sondern als Grundlagenphilosophie versteht – immer wieder durch neue Entdeckungen überholt.

Dass diese Fülle von Entdeckungen gemacht werden konnte, hat seinen Grund nicht nur in dem mit der Scholastik sichtbar gewordenen Wissensdurst des abendländischen Menschen, auch nicht nur in der seit der Renaissance zu beobachtenden Hinwendung des Menschen zum „Diesseits“. Es ergab sich aus der Tatsache, dass zu Beginn der Neuzeit ein neuer Typus von Wissenschaft entstanden ist: die empirischen Wissenschaften. Heute ist die Theologie stark von empirischen Wissenschaften durchsetzt, und zwar von solchen des kulturwissenschaftlichen Zweigs: von historischen, insbesondere religionshistorischen, von soziologischen und linguistischen.

Dies verschleiert, dass die Theologie ein anderer Typus von Wissenschaft ist: nicht eine empirische, sondern eine hermeneutische. Sie deutet vorgegebene Texte, von denen sie annimmt, sie enthalten das offenbarte Wort Gottes. Im Unterschied dazu gehen die empirischen Wissenschaften von Beobachtungen aus und halten sich zudem – ebenfalls im Unterschied zur Theologie – an das Prinzip des methodischen Zweifels. Sie bemühen sich, gezielt

Beobachtungen zu machen, diese unter einer Theorie zu subsumieren bzw. durch eine solche zu erklären. Sie halten aber ihre Theorien nicht für etwas Endgültiges. Sobald Phänomene beobachtet werden, die sich mit der vorhandenen Theorie nicht erklären lassen, tritt eine neue, meistens umfassendere und differenziertere an die Stelle der alten.

Aus dieser für empirische Wissenschaften charakteristischen Offenheit und Dynamik ergab sich ein unaufhaltsames Vorwärtsschreiten hinter die Fassade des Augenscheins. Zustande gekommen sind die empirischen Wissenschaften dank mehrerer geistiger Erwerbungen und durch deren Integration zu einem äußerst wirksamen geistigen Instrumentarium, doch davon später.

Ich weise hier mit Absicht auf den kategorialen Unterschied zwischen Theologie und empirischen Wissenschaften hin. Während mehr als zwei Jahrzehnten eingehenden Gesprächs mit Theologen hat sich mir nämlich gezeigt, dass diesen im Allgemeinen das „feeling“ für das Gewicht empirisch – im Sinn methodisch einwandfreier Empirie – erworbener Fakten abgeht. Heute betrifft dies zwar weniger handfeste Fakten wie die der Anatomie, der Physiologie, der Molekularbiologie und sogar der Verhaltensforschung. Es kommt jedoch sofort zum Vorschein, wenn es um jene Fakten geht, auf die sich die Tiefenpsychologie stützt.

Immer wieder mache ich bei Tagungen und Symposien die Beobachtung, dass Theologen sich zwar sehr für Tiefenpsychologie interessieren, sich alles ausführlich vorlegen und erklären lassen, dass aber am Schluss mindestens einer aufsteht und mit souveräner Geste alle dargelegten Fakten vom Tisch wischt, so als handle es sich um irgendeine philosophische Meinung. Oder es wird, ausgehend von theologischen Prämissen, „bewiesen“, dass die tiefenpsychologische Theorie nicht stimmen kann.

Was steht hinter dieser Haltung? Zum Teil mag es mit der Ausbildung zusammenhängen: mit dem prinzipiellen Fixiertsein auf Texte. Es hat aber noch tiefer liegende Gründe. Einer davon sei hier gleich besprochen. Er hängt mit der Geschichte des Empiriebegriffs zusammen, genauer gesagt mit der Tatsache, dass Theologen nur den ersten Teil dieser Geschichte kennen.

Bis 1900, also mindestens drei Jahrhunderte lang, arbeiteten die empirischen Wissenschaften mit einem eingeschränkten Empiriebegriff. Nur das galt als wissenschaftlich erwiesen, was mit den Sinnen wahrgenommen werden kann. Man nennt das heute methodischen Positivismus. Es blieb indessen nicht beim methodischen. Unter dem Einfluss der Aufklärungsphilosophie kam ein ideologischer Positivismus zustande: die explizite Aussage, was mit den Sinnen nicht wahrnehmbar sei, existiere nicht. Weil damit auch das Glaubensgut der christlichen Religion als nicht existent erklärt wurde, nahm die

Theologie gegenüber dem Begriff „Empirie" eine Abwehrhaltung ein und entwickelte eine zum Teil recht militante Apologetik. Heute sind zwar die apologetischen Kämpfe abgeflaut. Vordergründig hat sich ein schiedlich-friedliches Nebeneinander von Theologie und empirischen Wissenschaften eingespielt. Nicht nur haben theologische Fakultäten eine Anzahl positivistischer Disziplinen aus dem kulturwissenschaftlichen Zweig in sich aufgenommen. Die Theologie hat auch die kopernikanische Weltsicht und die Tatsache der Bio-Evolution – um nur zwei einstige „Steine des Anstoßes" zu erwähnen – akzeptiert. Sobald jedoch eine von den noch übrig gebliebenen „Wahrheiten des Glaubens" berührt wird, bricht die latent immer noch vorhandene Allergie gegen das „nur empirisch" Erwiesene sogleich hervor.

Dass es gerade die Tiefenpsychologie ist, die „Wahrheiten des Glaubens" berührt, hat sich im Drewermann-Konflikt gezeigt. In der Reaktion der kirchlichen Instanzen und in der Zustimmung der akademischen Theologie zu dieser Reaktion manifestierte sich aber auch ein Informationsdefizit, das zusammenhängt mit der Abschottung von der geistigen Entwicklung, die sich außerhalb vollzogen hat. Der positivistische Empiriebegriff ist nämlich schon vor bald hundert Jahren erweitert worden, und zwar wurde er de facto erweitert durch die Entdeckung des Unbewussten. Wie allgemein bekannt, war es Sigmund Freud, der eine Methode fand, mit der er das Vorhandensein des schon seit Langem postulierten unbewussten Bereichs der Psyche nachweisen konnte. Dabei ergab sich, dass Träume nicht, wie man bis dahin angenommen hatte, vom Ich gemacht werden, sondern dass das Ich – das „Zentrum" des Bewusstseins – Träume als fertige, reich strukturierte bildsprachliche Texte wahrnimmt: dass diese dem Ich Information über das Unbewusste zuführen.

Nun gehört das Unbewusste, wie noch ausführlich zu besprechen sein wird, zum objektiven, d. h. außerhalb des Bewusstseins gelegenen Bereich der Wirklichkeit. Es hat sich somit ergeben, dass das Ich auch durch einen Informationsstrom, der nicht über die Sinnesorgane fließt, über die objektive Wirklichkeit informiert wird. Damit war der enge positivistische Empiriebegriff gesprengt und der darauf abgestützte ideologische Positivismus bzw. wissenschaftliche Materialismus überwunden.

Erweitert wurde der positivistische Empiriebegriff dabei um das, was der mittelalterliche Mensch als Sehen mit den Augen der Seele bezeichnet hat. Bekanntlich wurde im Mittelalter noch unterschieden zwischen einem Sehen mit den Augen des Leibes und mit den Augen der Seele. Sehen mit den Augen des Leibes nannte man das, was wir heute Sinneswahrnehmung nennen. Unter dem Sehen mit den Augen der Seele bzw. dem Hören mit dem inneren Ohr wurde das verstanden, was man in großen Träumen, in Visionen („Erscheinungen und „Entrückungen") oder durch „Inspiration" wahrnahm.

Heute wird die von Freud wieder entdeckte Art von Wahrnehmung, um sie von der Sinneswahrnehmung zu unterscheiden, innere Wahrnehmung genannt. Die Bresche, die Freud durch Analyse der Träume geschlagen hat, ist später durch die Entdeckungen C. G. Jungs erweitert worden. Jung wies nach, dass auch das in der Vision Geschaute sowie das, was man früher Inspiration genannt hat, dem Ich über den inneren Informationsstrom zufließt. Freud hat allerdings nie erkannt, welcher Durchbruch ihm gelungen ist. Bis an sein Lebensende ist er Positivist geblieben. Selbst Jung vermochte, obwohl er das positivistische Denken überstieg, nie explizit zu erklären, auf welche besondere Art von Empirie er sich stützte.

Klar erkannt wurde dies erst in den Siebzigerjahren beim interdisziplinären Bemühen, ein dem Wissensstand unserer Zeit entsprechendes, erfahrungswissenschaftliches Menschenbild zu erarbeiten. Das Bemühen um fruchtbare interdisziplinäre Arbeit über die Grenzen der Fakultäten hinweg zwang nämlich dazu, sich über die unterschiedlichen erkenntnistheoretischen Grundlagen von Theologie, positivistischen Wissenschaften und Tiefenpsychologie Klarheit zu verschaffen. Dabei zeigte sich, dass mit der Tiefenpsychologie nicht einfach ein neuer Zweig am Baum der empirischen Wissenschaften entstanden war, sondern ein neuer Typus empirischer Wissenschaft: einer, dem der erweiterte Empiriebegriff zugrunde liegt.

Durch die Einsicht, dass mit der Entdeckung des Unbewussten der positivistische Empiriebegriff bzw. die positivistische Vorstellung des Wahrnehmbaren gerade um jenen Bereich erweitert worden ist, auf den auch theologisches Wissen sich stützte, dürfte das Vorurteil von Theologen abgebaut sein, die Tiefenpsychologie sei eben „nur empirisch". Damit ist aber erst die Voraussetzung geschaffen für die eigentliche – nunmehr bewusst zu führende – Auseinandersetzung der Theologie mit der Tiefenpsychologie. Die innere Wahrnehmung ist nämlich nicht nur wieder entdeckt worden. Das innerlich Wahrgenommene wird heute auch anders verstanden als im Mittelalter: nicht mehr als Wahrnehmung konkreter übernatürlichen Personen und Sachverhalte, sondern als bildhafte Veranschaulichungen unanschaulicher, vorwiegend psychischer Realitäten. Mit anderen Worten: das „mit den Augen der Seele" Perzipierte wird heute anders apperzipiert, und zwar nicht mehr konkretistisch, sondern symbolistisch bzw. symbolisch.

Damit sind wir genau an dem Punkt angelangt, an dem der Drewermann-Konflikt sich entzündete bzw. der im Verlauf dieses Konflikts ins Zentrum der Diskussion rückte. Um welch fundamentale Auseinandersetzung es dabei geht, wird noch klarer erkennbar, wenn wir das innerlich Wahrnehmbare im Kontrast zum sinnlich Wahrnehmbaren betrachten. Sinneswahrnehmung kann aktiv herbeigeholt werden. Wir können uns entscheiden, was wir erkennen wollen, und wir können unsere Sinnesorgane dann aktiv auf das zu untersuchende Objekt richten und ihre Reichweite eventuell durch Apparaturen oder indirekte Methoden erweitern. Dieses willentliche und gezielte Einholen von sinnlich Wahrnehmbarem ist charakteristisch für die empirische Forschung nach dem Prinzip des methodischen Positivismus.

Bei der inneren Wahrnehmung verhält es sich gerade umgekehrt. Träume, Visionen, „Inspirationen" sind Spontanphänomene. Sie fallen einem zu, und da es sich dabei um bildhafte Texte bzw. Botschaften handelt, kann man sagen, deren Autor entscheide, was er dem Ich durch sie mitteilen will und auch zu welchem Zeitpunkt. Dies ist nun auch das Kennzeichen dessen, was die Theologie Offenbarung nennt. Die Fundamentaltheologie weist ja explizit darauf hin, dass der Offenbarer völlig frei entscheidet, was er den Menschen kundtun will und dass er auch den Zeitpunkt der Offenbarung bestimmt. Weil die Tiefenpsychologie ihren Blick vor allem auf das innerlich Wahrnehmbare richtet, kann man sagen, ihr Fundament sei – ebenso wie das der Theologie – der Begriff „Offenbarung". Allerdings stellen sich Tiefenpsychologie und Theologie den Offenbarungsvorgang diametral verschieden vor. Nach theologischer Vorstellung kommt Offenbarung — verkürzt gesagt — vom Himmel her, nach Vorstellung der Tiefenpsychologie hingegen kommt sie aus den Tiefen der menschlichen Seele. Hierin liegt die Wurzel des Konflikts zwischen Theologie und Tiefenpsychologie.

Theologen, die die tiefenpsychologische Sicht zur Kenntnis genommen haben, versuchen zwar oft, diesen Konflikt zuzudecken, indem sie sagen, Gott offenbare sich eben den Menschen über das Unbewusste. Ich halte es für redlicher, dem offensichtlich bestehenden Konflikt ins Auge zu schauen und sich zu fragen, wie er zu lösen sei. Dazu ist allerdings nötig, dass man sich erst einmal Klarheit darüber verschafft, worin die tiefenpsychologische Theorie besteht und auf welche Beobachtungen sie sich stützt. Dies soll im ersten – dem umfangreichsten – Teil dieses Buches geschehen.

Dabei werde ich immer auch gleich auf die Verständnisschwierigkeiten, Vorurteile und Widerstände eingehen, denen ich bei Theologen begegnet bin. Im zweiten Teil soll dann überlegt werden, wie der Konflikt zwischen Theologie und Tiefenpsychologie methodisch angegangen werden kann. Dabei wird sich zeigen, dass er durch einen evolutionären Wandel des Welt- und Menschenbildes zustande gekommen ist. Es wird sich aber auch zeigen, dass dieser Wandel sich nach der im Mythologem von Tod und Auferstehung veranschaulichten Gesetzmäßigkeit vollzogen hat; das heißt, dass er nicht zu einer Zerstörung des christlichen Glaubensgutes geführt hat, sondern im Gegenteil zu einer differenzierteren Sicht desselben: zu einer Sicht, die mit der im Verlauf der Neuzeit erarbeiteten Kenntnis der raumzeitlichen Wirklichkeit kompatibel ist. Kirche und Theologie können sich diesem irreversiblen Wandel des Bewusstseins nicht entziehen, wenn sie Menschen weiterhin das geben wollen, was sie ihnen über all die Jahrhunderte gegeben haben: Hilfe bei der Suche nach Heil. Wie sich die Vorstellung von Heil sowie von den Wegen zum Heil gewandelt hat und wie Kirchen die Mutation des Bewusstseins nachvollziehen können, ohne ihre Substanz und ihr innerstes Anliegen – die cura animarum – preiszugeben, soll im dritten Teil dargelegt werden.

Einführung in die Tiefenpsychologie

Tiefenpsychologie zwischen Psychiatrie und akademischer Psychologie

Tiefenpsychologie wird jene empirische Psychologie genannt, welche die Existenz eines unbewussten Bereichs der Psyche anerkennt und zudem über eine Methode verfügt, Struktur und Funktion dieses Bereichs zu erforschen. Zustande gekommen ist Tiefenpsychologie durch einen Paradigmenwechsel innerhalb der empirischen Psychologie.

Begonnen hat die Erforschung der menschlichen Psyche nach den Grundsätzen wissenschaftlicher Empirie um die Mitte des 19. Jahrhunderts. Sie verdrängte mehr und mehr die bis dorthin allgemein übliche philosophische und theologische Psychologie. Das Aufkommen einer empirischen Psychologie kann als letzte Etappe in jenem Prozess gesehen werden, bei dem Naturkunde und Naturphilosophie zu Naturwissenschaft wurden. Der Reihe nach waren dabei, als „Stammwissenschaften", die Physik, die Chemie und – über die Zweige Zoologie und Botanik – die Biologie entstanden. Am Menschen hatten vorerst nur dessen anatomische und physiologische Struktur interessiert. Die Psyche begann man als letztes zu erforschen.

Dabei ging man jedoch vom Menschenbild der Aufklärung und damit auch von der Seelenvorstellung jener Zeitepoche aus. Im Mittelalter hatte man die Seele noch als ein den ganzen Menschen erfüllendes und belebendes Gebilde mit vielen unterschiedlichen „Vermögen" aufgefasst; allerdings auch als ein Gebilde, das für sich allein existieren kann: das vom Jenseits herkommt, das den Körper im Schlaf und in ekstatischen Zuständen verlassen kann und das nach dem Tod wieder in die jenseitige Welt hinübergeht.

Unter dem Einfluss der Aufklärungsphilosophie schrumpfte diese Seelenvorstellung auf die Vorstellung der Vernunft (ratio) zusammen. Für diese galt als selbstverständlich, dass sie sich nicht vom Körper trennen kann. Als dann die empirische Psychologie aufkam, sah diese ihre Aufgabe darin, die (vernünftigen) Fähigkeiten des Menschen zu ergründen. Da man heute das, was die Aufklärung Vernunft nannte, Bewusstsein nennt, kann die frühe empirische Psychologie als Bewusstseinspsychologie bezeichnet werden.

Schon im 19. Jahrhundert wurden jedoch auch Phänomene beobachtet, die mit dem Bewusstseinsparadigma (Psyche=Bewusstsein) nicht mehr erklärt werden konnten. Es wurde das Postulat erhoben, es gebe noch einen dem

Bewusstsein nicht direkt zugänglichen Bereich der Psyche. Diesen nannte man – um ihn vom Bewusstsein begrifflich zu unterscheiden – das Unbewusste.

Lange Zeit fehlte jedoch eine Methode, mit der man die Existenz des Unbewussten empirisch nachweisen konnte. Methoden sind ja in den empirischen Wissenschaften das Instrumentarium, das es ermöglicht, bis dahin unbekannte Bereiche der Wirklichkeit zu erschließen. Entscheidend für den Zustand der heutigen wissenschaftlichen Psychologie ist nun, dass der Nachweis des Unbewussten nicht im Schoß der eben etablierten empirischen Psychologie gelang, sondern in der medizinischen Wissenschaft.

Die Pioniere der frühen empirischen Psychologie waren zu einem großen Teil Physiologen. Entsprechend der Denkweise von Physiologen interessierten sie sich für das Funktionieren der normalen bzw. gesunden Psyche. Experimentelles Arbeiten mit Versuchspersonen stand im Vordergrund. Das Bemühen um Theoriebildung vollzog sich, wie erwähnt, auf dem Boden des Bewusstseinsparadigmas, d. h., Psyche wurde mit Bewusstsein gleichgesetzt. Zwar haben schon bedeutende Physiologen, die sich der empirischen Psychologie zuwandten, sich Vorstellungen über den unbewussten Bereich der Psyche gemacht. Einer von ihnen, der Amerikaner William James, entwarf sogar intuitiv ein Modell des Unbewussten, das das heutige, nunmehr empirisch fundierte Modell; in seinen Grundzügen vorwegnahm.

Die Methode, mit der man nicht nur das Vorhandensein des Unbewussten nachweisen, sondern das Unbewusste auch Schritt für Schritt erforschen konnte, wurde jedoch, wie gesagt, innerhalb eines anderen wissenschaftlichen Traditionsstromes gefunden: innerhalb der beim Bemühen um die Ergründung von Geisteskrankheiten entwickelten Psychopathologie. Diese war besonders in Frankreich vorangetrieben worden. Einer ihrer bedeutendsten Vertreter war Jean Charcot. Bei ihm hat auch Sigmund Freud Vorlesungen besucht. Freud, von Haus aus Neurologe, interessierte sich jedoch nicht wie die Psychiatrie für Psychosen, d. h. für eigentliche „Geisteskrankheiten", sondern für jene psychischen Störungen im Bereich zwischen „normal" und „geisteskrank", die man seither Neurosen nennt.

Als es Freud gelang, die Existenz des Unbewussten nachzuweisen, war die empirische Psychologie im Universitätsbetrieb schon fest etabliert und zwar außerhalb der medizinischen Fakultät. Bei der traditionellen Abschottung der Fakultäten nahm sie die Entwicklung im medizinischen Bereich nicht zur Kenntnis oder assimilierte sie zumindest nicht. Sie blieb ihren „physiologischen" Methoden treu und arbeitete weiterhin quantifizierend unter Anwendung von Experimenten, Tests, Umfragen und Statistiken. Sie zweigte sich in viele neue Disziplinen auf: in Disziplinen, die in fruchtbarer Weise viele Fragenkomplexe bearbeiteten, welche der tiefenpsychologischen Methode nicht zugänglich sind. Die Gesamtheit dieser Disziplinen wird heute unter dem Begriff „akademische Psychologie" zusammengefasst. Von der Tiefenpsychologie unterscheidet sich die akademische Psychologie jedoch nicht nur durch ihre Methodik, sondern auch – bzw. in erster Linie – dadurch, dass sie dem Bewusstseinsparadigma verhaftet blieb.

Die Tiefenpsychologie ist zwar aus der Medizin hervorgegangen, doch trennte sie sich schon früh von der sogenannten Schulmedizin bzw. von deren „psychischer" Disziplin, der Psychiatrie. C. G. Jung, durch dessen Entdeckungen, wie noch zu zeigen sein wird, der entscheidende Durchbruch zum neuen Paradigma geschah, war zwar Psychiater. Er trennte sich aber gerade wegen der durch ihn eröffneten neuartigen Sicht der Psyche von der Schulpsychiatrie ab. Diese blieb, ebenso wie die akademische Psychologie, dem Bewusstseins-Paradigma verhaftet.

So stand denn die Tiefenpsychologie von Anfang an zwischen den Stühlen, und zwar buchstäblich: Sie hatte keine Lehrstühle an den Universitäten. Dies war deshalb der Fall, weil sie sich ihrem Wesen nach nicht in die gewachsene Struktur der Universität integrieren lässt. Der Grund dafür ist nicht etwa die Tatsache, dass mit ihr der ideologische Positivismus überwachsen war, sondern dass zur Ausbildung eine Lehranalyse – etwas einer Schulung im geistlichen Leben Vergleichbares – obligatorisch ist. So entstanden denn außerhalb der Universitäten Institute für tiefenpsychologische Lehre und Forschung. Die Ausbildung an diesen ist in gewisser Weise postuniversitär, da für die Immatrikulation der Abschluss eines Hochschulstudiums verlangt wird.

Mit dem schon mehrfach erwähnten neuen Paradigma ist eine neuartige Modellvorstellung der Psyche gemeint. Worin diese besteht, soll im nächsten Kapitel beschrieben werden. Hier ist lediglich darauf hinzuweisen, dass es sich dabei um eine Modellvorstellung der normalen Psyche handelt, nicht der kranken. Da der Nachweis des Unbewussten aber beim Bemühen um die Heilung psychischer Krankheiten gelang, standen zu Beginn Überlegungen über krankmachende Faktoren, über Krankheitsbilder und über therapeutische Verfahren im Vordergrund. De facto war zwar Hand in Hand mit der Entdeckung des Unbewussten eine neue Vorstellung der Psyche zustande gekommen, doch nahm die Reflexion über diese – aufs Ganze gesehen – nur einen sehr kleinen Raum ein. So beschäftigt sich denn der größte Teil der tiefenpsychologischen Literatur mit Fragen der Neurosenlehre und der Psychotherapie sowie – seit Jung – mit der Erforschung der Sprache des Unbewussten.

Im Folgenden gilt jedoch unser Interesse ausschließlich den tiefenpsychologischen Vorstellungen von Struktur und Funktion der normalen Psyche. Diese sind es nämlich, welche Konsequenzen für die bisherigen Arten des Selbst- und Weltverstehens hatten: Konsequenzen, die auch Theologie und Kirchen betreffen.

Da Freud seine Entdeckungen bei Patienten des viktorianischen Zeitalters machte und dabei die „Verlogenheit" des viktorianischen Zeitgeistes aufdeckte, wurde die psychoanalytische Lehre (im Einverständnis mit Freud) von vielen auch als Gesellschaftskritik verstanden. Weil damals auch der Marxismus Kritik an der „bürgerlichen Gesellschaft" (in der allerdings noch der Adel tonangebend war!) übte, wandten sich viele Freudianer dem Marxismus zu und traten zum Teil in die kommunistische Partei ein. Sie hielten Gesellschaftskritik sogar für die Hauptaufgabe der Psychoanalyse und blickten verächtlich auf die „nur Klinischen" herab. Dabei übersahen sie jedoch etwas Fundamentales. Nach marxistischer Theorie ist nämlich die Gesellschaft für den Einzelnen verantwortlich und hat den Einzelnen zu formen. Das grundlegend Neue an der Tiefenpsychologie war aber gerade die Einsicht, dass der Einzelne für sich selber verantwortlich ist: dass zuerst jeder Einzelne sich um psychische Ganzheit (was weitgehend mit religiöser Einstellung identisch ist) zu bemühen hat, und dass dies dann „segensreich" auf andere Menschen und damit auf die „Gesellschaft wirkt. Da die meisten Freudianer der zweiten Generation nach dem Aufkommen des Nationalsozialismus emigrierten und schließlich in den USA Unterschlupf fanden, dort aber das Klima für die Verbreitung marxistischer Ideologie nicht günstig war, erlosch die „politische" Psychoanalyse fast völlig, bis sie dann – im Zug des Neomarxismus der europäischen Studentenrevolte – zumindest eine vorübergehende Renaissance erlebte. Es wurde sogar – vor allem bei Literaten – Mode, Psychoanalyse mit marxistischer Psychoanalyse gleichzusetzen. Heute ist es um diese Fehlentwicklung sehr still geworden, und ehemalige 68er sind heute sogar bemüht, die letzten Spuren ihrer marxistischen Vergangenheit zu verwischen.

Die Entdeckung des Unbewussten

Der Ausdruck „das Unbewusste" wird heute fast von jedermann verwendet, meistens jedoch mit sehr geringer Sachkenntnis. So müssen wir uns denn als Erstes darüber Klarheit verschaffen, was man darunter zu verstehen hat bzw. was man heute über das Unbewusste weiß. Dies können wir am besten in der Weise tun, dass wir uns vor Augen führen, wie es entdeckt und dann Schritt für Schritt erschlossen wurde (vgl. Abb. 1, S. 19).

Der Weg zur heute gültigen Modellvorstellung führte über zwei deutlich voneinander zu unterscheidende Etappen. Die Erste ist mit dem Namen Freud verbunden, die Zweite mit dem Namen Jung. Diese beiden Forscher sind, so erstaunlich das klingen mag, die Einzigen, die wesentliche Beiträge zur tiefenpsychologischen Theorie im engeren Sinn, d. h. zur neuen Sicht der normalen Psyche, geleistet haben. Die anderen Pioniere der Tiefenpsychologie bereicherten das Wissen über Neurosen und deren Therapie.

Die Leistungen von Freud und Jung stehen zueinander in einem ähnlichen Verhältnis wie die von Newton und Einstein im Bereich der Physik. Einstein wäre nicht denkbar ohne Newton, Jung nicht ohne Freud. Aber sowohl die Modellvorstellung von Newton wie die von Freud ist durch die Einsichten von Einstein bzw. Jung um wesentliche Aspekte erweitert und differenziert worden.

Erste Etappe: Sigmund Freud

Sigmund Freud gelang es, wie gesagt, eine Methode zu finden, mit der er das Vorhandensein des schon seit Langem postulierten unbewussten Bereichs der Psyche nachweisen konnte. Diese Methode bestand im freien Assoziieren und in der Analyse der Träume. Mittels des freien Assoziierens gelang es ihm, bisher unbewusste Inhalte (Gefühle, Wünsche, traumatische Erlebnisse) ins Bewusstsein zu heben. Es zeigte sich, dass diese Inhalte einst bewusst oder halbbewusst gewesen, dann aber wegen Unverträglichkeit mit den im sozialen Milieu gültigen Moralvorstellungen oder wegen ihres schmerzenden Charakters verdrängt, d. h. aus dem Bewusstsein eliminiert worden waren. Es zeigte sich ferner, dass sie sich dann im Unbewussten, dem Ich nicht zugänglichen Bereich der Psyche, zu sogenannten gefühlsgeladenen Komplexen zusammenballten, welche nun Störungen des Bewusstseins verursachten: die schon erwähnten Neurosen.

Beim Bemühen um das Verständnis der Träume ergab sich, wie schon gesagt, dass diese Botschaften über den unbewussten Bereich der Psyche enthalten: dass sie also – in bildhafter Form – die aus dem Bewusstsein verdrängten Gefühle, Wünsche und Verletzungen darstellen.

Aufgrund dieser Beobachtungen stellte sich Freud vor, das Unbewusste entstehe durch Verdrängen und Vergessen im Verlauf eines individuellen Lebens; es sei etwas Störendes bzw. Krankmachendes und könne mittels der psychoanalytischen Methode entleert werden, wodurch es zur Heilung der Neurose komme. Heute kann gesehen werden, dass Freud mit seiner Methode nur eine oberflächliche „Schicht“ des Unbewussten erreichte und dass deshalb die Modellvorstellung des Unbewussten, die er aufgrund seiner Beobachtungen entwarf, unvollständig bzw. bloß vorläufig war.

Zweite Etappe: C. G. Jung

Die Weiterentwicklung des freudschen Modells ergab sich aus dem Bemühen, den Sinngehalt der Träume besser zu verstehen. Unmittelbarer Anlass zu Jungs Entdeckungen waren die sogenannten archaischen Elemente in Träumen: jene Trauminhalte, zu denen der Träumer keine Assoziationen aus seiner persönlichen Lebensgeschichte beibringen kann. Bei diesen archaischen Elementen handelt es sich um Gestalten, die in der Außenwelt nirgends wahrgenommen werden können, z. B. Engel und Feen, Dämonen und Kobolde, tierische Ungeheuer, aber auch göttliche Wesen. Zu den archaischen Elementen gehören auch Geschehensabläufe, und zwar solche, die sowohl den Naturgesetzen als auch den Regeln der Logik widersprechen, z. B. die Verwandlung eines Menschen in ein Tier oder eine Pflanze, die Geburt eines Menschen aus einer Jungfrau, das Wieder-lebendig-Werden eines Toten.

Freud war der Meinung, es handle sich dabei um bedeutungslose Rudimente aus früheren Phasen der Menschheitsentwicklung. Jung hingegen war überzeugt, dass diese Traumelemente gerade bedeutungsvolle und weiterweisende Botschaften des Unbewussten enthalten. Er hatte sich schon während seiner Tätigkeit an der Psychiatrischen Universitätsklinik in Zürich damit abgemüht, die scheinbar abstrusen Fantasien schizophrener Patienten zu verstehen. Aufgrund seiner damaligen Einsichten war er überzeugt, dass die archaischen Elemente) bildsprachliche Formulierungen unanschaulicher psychischer Sachverhalte seien und dass es möglich sei, diese Bildersprache zu entschlüsseln.

Da Jung sich, im Unterschied zu Freud, in der Mythologie gut auskannte, fiel ihm als Erstes auf, dass es sich bei den „archaischen“ Traumelementen um die gleichen Figuren und Geschehensabläufe handelt, wie sie auch in Mythen vorkommen. Daraus zog er den zwar naheliegenden, jedoch folgenschweren Schluss, dass Mythen der gleichen Quelle entstammen wie Träume und Visionen, nämlich dem menschlichen Unbewussten. Er fasste deshalb Wachfantasien, Träume und Visionen sowie auch Mythen, Märchen und Sagen, später sogar das Schrifttum der „philosophischen“ Alchemie unter dem Ausdruck „Gestaltungen des Unbewussten“ zusammen. Der Ausdruck „Gestaltungen“ ist deshalb passend, weil es sich bei den genannten Gebilden (auch bei Träu-

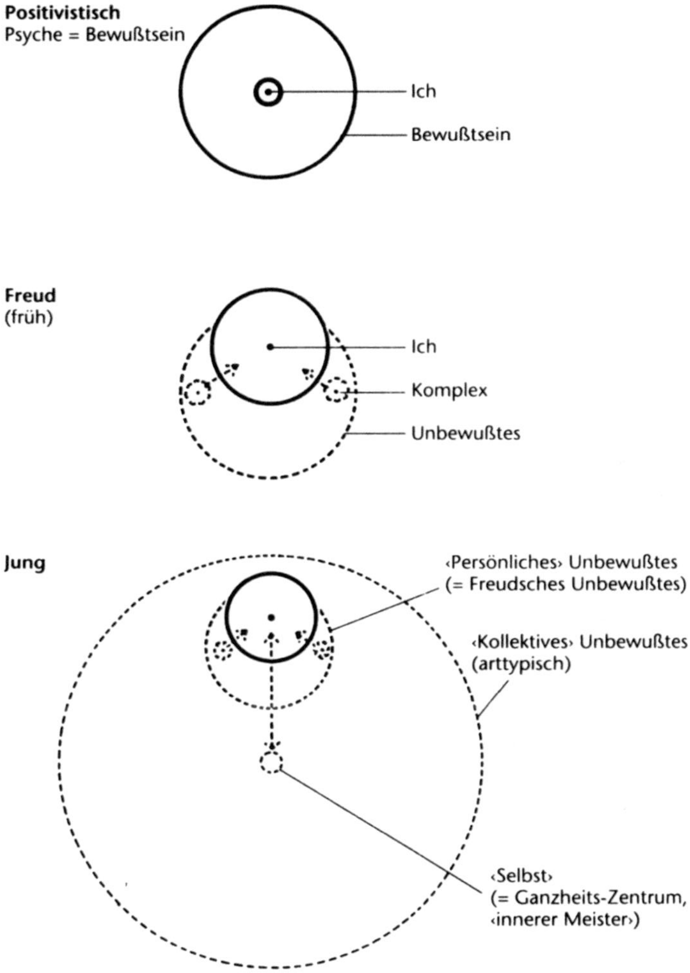

Abb. 1 Modellvorstellungen der Psyche © Willy Obrist

men!) nicht nur um eine Aneinanderreihung von Bildern handelt, sondern um syntaktisch strukturierte Texte.

Als Jung sich aufmachte, den Sinngehalt dieser Texte zu verstehen, stand er vorerst vor einer verwirrenden Fülle von Figuren und Geschehensabläufen. In der Folge kam er auf die Idee, in gleicher Weise vorzugehen wie die vergleichende Sprachforschung. Er verglich eine große Zahl von Mythen aus verschiedenen Kulturen sowie eine große Zahl von Träumen. Dabei kam ihm die Tatsache zu Hilfe, dass der Bedeutungsgehalt vieler Mythen durch theologische Reflexion schon teilweise erschlossen war. Schließlich entdeckte er, dass sich die ungeheure Vielfalt von Bildern auf relativ wenige Grundmuster von Bedeutung zurückführen lässt. Diese Grundmuster nannte er später Archetypen. So erarbeitete Jung z. B. einen Archetypus des Mütterlichen mit der Bedeutung des Bergens, Hegens und Pflegens, einen Archetypus des Helden, der hinauszieht, unter Bestehen vieler Gefahren die „Kostbarkeit" (d. h. höhere Bewusstheit) zu erlangen, den Archetypus der Erlösung bzw. Befreiung (christlich: von der Sünde, buddhistisch: vom Gefangensein in der Illusion, islamisch: vom Ausgeliefertsein an die Triebseele); ferner einen Archetypus der Wandlung (des Bewusstseins) und, innerhalb desselben, einen Archetypus des Übergangs, d. h. des schwierigsten Schrittes zu einer höheren Stufe von Bewusstheit usw. Weil jeweils der gleiche Bedeutungsgehalt – nach Jungs Terminologie der gleiche Archetypus – vom Unbewussten durch sehr verschiedene Bilder und Motive veranschaulicht wird, unterschied Jung zwischen Archetyp und archetypischem Bild. So kann z. B. der Archetypus des Mütterlichen durch das archetypische Bild der Mutter mit dem Kind ausgedrückt werden wie in den frühen Mariendogmen, ebenso aber auch durch das Bild der ummauerten Stadt, der Lotosblume, des himmlischen Jerusalem, der Universität, der Gebärmutter, des Backofens, der Schraubenmutter usw.

Anlass zu Missverständnissen gab nicht nur das Nichtbeachten der Unterscheidung zwischen Archetyp und archetypischem Bild, sondern auch die irrige Meinung, jedes archetypische Bild habe eine feste, immer gleich bleibende Bedeutung. Für Jung war es selbstverständlich, dass die aus dem Unbewussten kommenden Bilder polysem sind: dass das gleiche Bild je nach dem Kontext, in dem es steht, verschiedene Bedeutungen haben kann. Gerade dies macht übrigens die Deutung der Gestaltungen des Unbewussten zu einer so schwierigen Kunst, die sehr viel Erfahrung erfordert. Es hat auch zur Folge, dass die Deutung historisch wirksam gewordener Gestaltungen des Unbewussten (z. B. eine sogenannte tiefenpsychologische Exegese) kaum je als endgültig anzusehen ist. Immer wieder kann sie vertieft bzw. – im Sinne eines Annäherungsprozesses – durch eine noch passendere abgelöst oder bereichert werden. Dazu kommt, dass der gleiche Text oft verschiedene Deutungen zulässt, was ja gerade die Vielfalt seiner Anwendungsmöglichkeiten im konkreten Leben ausmacht.

Mit der Rückführung der Bilderflut auf wenige Bedeutungsmuster bzw. mit der Schaffung des Archetypbegriffs war es Jung gelungen, die Sprache des Unbewussten zu entschlüsseln: den Code zu knacken, mittels dessen sich das Unbewusste dem Ich mitteilt. Es war dies eine Leistung, die der Entschlüsselung der ägyptischen Schrift oder des genetischen Codes an die Seite zu stellen ist. Aber ebenso wie in diesen beiden letzteren Fällen war auch mit dem Knacken des Codes der Sprache des Unbewussten nur ein Tor aufgestoßen, ein weites Forschungsfeld erschlossen; beackert hingegen war es noch nicht. Es zu beackern ist seitdem die Aufgabe der tiefenpsychologischen Hermeneutik.

Das arteigene („kollektive") Unbewusste

An dieser Stelle interessiert jedoch nicht der hermeneutische Zweig der Tiefenpsychologie, sondern der theoretische. Es ist dies der Zweig, der Modellvorstellungen von Struktur und Funktion der Psyche erarbeitet. Auch in der Theorie hat Jung eine kaum zu überschätzende Leistung vollbracht, indem ‚er, wie erwähnt, das Modell von Freud erweiterte. Dadurch brachte er den eigentlichen paradigmatischen Durchbruch zustande, durch den Bewusstseinspsychologie zu dem wurde, was man heute Tiefenpsychologie nennt.

Während Freud sein Modell gleich zu Beginn des 20. Jahrhunderts entwickelte, schuf Jung, der 19 Jahre jünger war als Freud, das Seinige zwischen 1910 und 1920. Den Einstieg dazu eröffnete ihm der Archetypbegriff. Mit diesem Begriff hatte Jung, wie er selbst später sagte, den Schlüssel in der Hand, der ihm nicht nur das Verständnis der Gestaltungen des Unbewussten erschloss, sondern gleichzeitig auch Struktur und Funktion des Unbewussten. Wie er auf diesem theoretischen Zweig voranschritt, soll nun verfolgt werden.

Aus der Beobachtung, dass die gleichen archetypischen Sprachfiguren in den Mythen verschiedenster Kulturen und verschiedenster Zeiten nachgewiesen werden können, ebenso in den Träumen heutiger Menschen (von Menschen notabene, welche die betreffenden Mythen nicht kennen), folgerte Jung, die archetypischen Sprachfiguren seien in der für die Spezies Homo sapiens typischen Struktur des Unbewussten begründet. Damit sagte er zweierlei:

Erstens, dass das Unbewusste strukturiert, d. h. nicht chaotisch oder diffus ist. Schon dies war ein bedeutender Schritt über Freud hinaus. Struktur ist hier nicht zu verstehen im Sinne morphologischer Struktur, sondern im Sinn dessen, was man heute Software nennt. Natürlich gilt auch hier der Grundsatz: keine Software ohne Hardware. Als Hardware hat man sich in diesem Fall das Zentralnervensystem vorzustellen. Die Neurobiologie hat unterdessen sogar herausgefunden, um welche Bereiche desselben es sich dabei handelt, doch davon später.

Mit der Aussage, die archetypischen Sprachfiguren seien in der für die Art Homo sapiens typischen Struktur des Unbewussten begründet, sagte Jung zweitens, dass diese Software ebenso wie die anatomisch-physiologische

Struktur des Menschen mit dem Genom vererbt wird. Um immer wieder vorgebrachten Einwendungen entgegenzutreten, sei noch einmal gesagt, dass laut Jung nicht die archetypischen Bilder vererbt werden, sondern (nun präzis ausgedrückt) die Fähigkeit, im Zug der Autopoiese, d. h. des Selbstaufbaus des Lebewesens „Mensch" diejenige Software aufzubauen, welche diese Bilder hervorbringt bzw. je nach Kontext bestimmt, welches Bild hervorgebracht werden soll.

Eine Eigenart der Schriften Jungs

Es ist darauf hinzuweisen, dass Jung auch die im Zentralnervensystem vorhandene Software als Archetypen bezeichnet hat. Er gebrauchte hier den Ausdruck „Archetypus" in einer anderen Bedeutung als zu Beginn. Diese terminologische Nachlässigkeit Jungs hat viel Verwirrung gestiftet. Sie wurde von manchen Autoren – von theologischen wie von positivistischen –, welche durch bloße Exegese von Jungs Schriften bzw. von aus dem Zusammenhang herausgerissenen Zitaten beweisen wollten, dass dessen Theorie nicht stimmig sei, weidlich ausgenutzt. Befasst man sich jedoch mit den Beobachtungen, die gemacht wurden (und die jeder, der sich die Zeit dazu nimmt und die entsprechende Vorbildung hat, wieder machen kann) sowie mit den Schlussfolgerungen, die sich aus diesen ergeben, fällt die „Beweisführung" der erwähnten Autoren in sich zusammen. (Für den praktizierenden Analytiker, der gewohnt ist, auf das zu achten, was die Menschen nicht sagen, ist übrigens leicht erkennbar, dass hinter der erwähnten „Beweisführung" der dem wissenschaftlichen Ethos zuwiderlaufende Grundsatz steht: „Es ist nicht so, weil es nicht so sein darf.")

In diesem Zusammenhang ist auf ein Charakteristikum der Schriften Jungs hinzuweisen. Jung war in erster Linie daran interessiert, die Sprache des Unbewussten zu verstehen. Fast sein ganzes Werk ist hermeneutischer Arbeit gewidmet. Die bahnbrechenden theoretischen Einsichten, zu denen er innerhalb weniger Jahre gekommen war, hat er nie systematisch dargestellt. Bemerkungen darüber sind ihm sozusagen unter der Hand in den Text hineingeraten. Mehrmals hat er zwar zu einer systematischen Darstellung der Theorie angesetzt. Diese ist aber immer fragmentarisch geblieben, denn Jung ist jeweils bald wieder zu hermeneutischen Erörterungen abgeschweift.

Eine analoge Situation finden wir übrigens in den Schriften eines der großen katholischen Theologen des 19. Jahrhunderts: bei Josef Maria Scheeben. Edmond Ermertz hat in seiner Dissertation[1] aufgezeigt, dass Scheeben eine der damaligen Schulmeinung völlig entsprechende Dogmatik geschrieben hat und dass ihm seine zukunftsweisenden Ansichten über die Offenbarung sozusagen als Nebenbemerkungen – auch gleichsam unter der Hand – in den Text eingeflossen sind. Ermertz hat diese weit verstreuten Bemerkungen zusammengetragen und dabei erstmals Scheebens für die damalige Zeit völlig neue Auffassung von Offenbarung herausgearbeitet. Auf gleiche Weise musste man die theoretischen Vorstellungen Jungs erst einmal mühsam aus seinen Schriften herausarbeiten. Man musste die theoretischen Bemerkungen zusammentragen und diese mit dem jeweiligen Kontext in Beziehung setzen. Erst dadurch wurde die geniale Einfachheit, Stimmigkeit und auch Neuheit der von ihm geschaffenen Modellvorstellung der Psyche vollends erkennbar.

Das Selbst

Mit der Entdeckung, dass die archetypischen Bedeutungsmuster der Gestaltungen des Unbewussten in der für die Art Homo sapiens typischen Struktur der Psyche begründet sind, war Jungs theoretische Arbeit noch bei Weitem nicht abgeschlossen. Bei der Beobachtung der Wechselwirkungen zwischen dem Bewusstsein und dem Unbewussten stellte er außerdem fest, dass das Unbewusste nach Art eines Information verarbeitenden und Information bewertenden Systems funktioniert. Das heißt, dass unsere unbewusste Psyche ebenso wie das Bewusstsein wahrnimmt, denkt und fühlt (bewertet). Nun ist das Herzstück eines Information verarbeitenden Systems dessen zentrale Einheit. Obwohl Kybernetik und Informatik zu jener Zeit noch nicht geboren waren, stellte Jung doch intuitiv fest, dass das Unbewusste nicht einfach als strukturiert vorzustellen ist, sondern auch als zentriert im Sinn einer zentralen Information verarbeitenden und Wirkimpulse abgebenden Einheit. Dieses „Zentrum" des Unbewussten bezeichnete er als Selbst, um es vom analogen „Zentrum" des Bewusstseins, dem Ich, begrifflich zu unterscheiden.

Der Ausdruck „Selbst" war nicht glücklich gewählt. Da man – mit ganz anderer Bedeutung – von „sich seiner selbst bewusst werden", „etwas selbst tun" usw. spricht, gab dieser Terminus zu vielen Missverständnissen Anlass. Sich vor Augen zu halten, was Jung unter Selbst verstand und auf welche Beobachtungen er sich dabei stützte, ist für Theologen deshalb wichtig, weil diesem Ausdruck bei der Auseinandersetzung zwischen Theologie und Tiefenpsychologie entscheidende Bedeutung zukommt.

Die oben verwendete, an Naturwissenschaft und Technik angelehnte Ausdrucksweise befremdet allerdings oft Theologen. Da sie von Haus aus an eine andere Sprache gewohnt sind, löst dies bei ihnen oft abwertende Qualifizierungen wie „Biologismus“, „biologistisch“ oder „nur biologisch“ aus. Es sei indessen darauf hingewiesen, dass es sich dabei um die gleiche Reaktion des „Nur“ handelt, der wir schon im Ausdruck „nur empirisch“ begegnet sind: um eine Reaktion, die auf Uninformiertheit beruht und mit der sich Theologen leicht die Möglichkeit verbauen, den Wandel des Bewusstseins zu verstehen.

Das Bemühen, mit indirekten Methoden hinter die Fassade des Augenscheins vorzudringen, hat eben zu einer besonderen Terminologie geführt, mit der man die gefundenen Sachverhalte prägnant benennen kann. Dabei ist sich wohl jeder Biologe, der auf der Höhe des Wissens unserer Zeit steht, bewusst, dass schon der Lebensprozess als solcher menschliches Begreifen restlos transzendiert, d. h. bewusstseinstranszendent ist. Auch weiß er, dass dies in noch viel höherem Maße für jene Prozesse gilt, die wir psychisch nennen: dass all dies die kognitiven Fähigkeiten des Menschen mindestens in dem Grade transzendiert wie jene Sachverhalte, die die Theologie – aus ihrer Sicht – als transzendent bezeichnet.

Selbstregulation der Psyche

Bei der Beobachtung der Wechselwirkung zwischen dem Bewusstsein und dem Unbewussten stellte Jung nicht nur fest, dass die Psyche zwei informationsverarbeitende Zentren hat, sondern dass sie, was umfassender ist, wie ein selbstregulierendes System funktioniert.

Es erwies sich jedoch, dass die beiden Zentren nicht unabhängig voneinander arbeiten, sondern dass das im Unbewussten gelegene, das Selbst, die gesamte Psyche, einschließlich des Bewusstseins – und damit auch einschließlich des Ich – regelt. Die Regulation des Ich durch das Selbst zeigt sich darin, dass Letzteres das Ich bei Fehlverhalten korrigiert, dass es ihm entwicklungsfördernde, wegweisende und sinngebende Impulse vermittelt und dass es ihm Antworten auf Fragestellungen zukommen lässt, welche das Ich nicht selber beantworten kann. Die dem Ich über den inneren Informationsstrom zukommenden Impulse können somit, vom Inhalt her, eingeteilt werden in korrigierende, ziel- und sinngebende, entwicklungsfördernde und problemlösende.

Natürlich wird das Ich vom Unbewussten her nicht starr geregelt. Es ist ja spontanaktiv und hat einen großen Ermessensspielraum. Weicht es jedoch zu sehr von den im arteigenen Programm vorgegebenen Richtlinien ab, greift das Unbewusste korrigierend ein. Beobachtet das Ich diese Hinweise nicht, wird es eventuell zu deren Befolgung gezwungen. Aus diesem Sachverhalt ergibt sich für das Ich das Problem gleichzeitigen Frei- und Unfreiseins: ein Problem, das ja die Theologie über all die Jahrhunderte hinweg beschäftigt hat.

Persönliches und überpersönliches (kollektives) Unbewusstes

Ich habe die schrittweise Entdeckung des Unbewussten in der Terminologie beschrieben, die heute gebräuchlich ist. Diese ist allerdings erst seit der Mitte des 20. Jahrhunderts aufgekommen: Hand in Hand mit dem Übergang von der mechanistischen Naturbetrachtung zur systemischen. Obwohl Jung schon systemisch dachte, stand ihm diese Terminologie noch nicht zur Verfügung. Um das zu benennen, was er entdeckt hatte, musste er eigene Ausdrücke schaffen: Termini, die heute nur noch zu verstehen sind, wenn man beachtet, aus welcher Situation heraus sie entstanden.

Jungs Problem war es, sein neuartiges Konzept der Psyche von dem Freuds auch terminologisch abzugrenzen. Wie erwähnt, war Freud der Auffassung, das Unbewusste komme im Verlauf eines individuellen (persönlichen) Lebens zustande. Als Jung erkannte, dass die Grundstruktur des Unbewussten bei allen Menschen die gleiche ist, bezeichnete er Freuds Sichtweise als personalistisch, seine eigene hingegen als überpersönlich. Von diesem Begriffspaar ausgehend, schuf er für den von Freud nachgewiesenen, jeweils durch Auseinandersetzung mit der Umwelt zustande gekommenen „Bereich“ des Unbewussten den Ausdruck „persönliches Unbewusstes“, für den von ihm entdeckten, „angeborenen“, den Ausdruck, „überpersönliches Unbewusstes“. An Stelle von „überpersönliches“ gebrauchte er später den Ausdruck „kollektives“. Unter der Bezeichnung „kollektives Unbewusstes“ ist dann das Modell von Jung in den Sprachgebrauch eingegangen.

Der Ausdruck „kollektiv“ gab jedoch – ebenso wie der Ausdruck „Selbst“ – zu Missverständnissen Anlass. Vor allem glaubten sehr Viele, sogar viele Jungianer, es sei damit ein Gruppen-Unbewusstes – so etwas wie eine Volksseele – gemeint: etwas, das sozusagen im freien Raum schwebt und an dem jeder Mensch irgendwie partizipiert. In dieser missverstandenen Art ist der Ausdruck „kollektives Unbewusstes“ dann auch von manchen Theoretikern der New-Age-Bewegung aufgegriffen und zu einem kosmischen Unbewussten erweitert worden. Zwar sprechen diese Leute (z. B. die Häupter der Transpersonalen Psychologie) auch in gleicher Bedeutung von einem kosmischen Bewusstsein. Bei ihrer Neigung zu begrifflicher Unklarheit (sie sprechen synonym auch von Brahman, dem hinduistischen „göttlichen Pleroma“) stört sie dies aber nicht.

Heute wird der Sachverhalt, den Jung mit „überpersönlich“ bzw. „kollektiv“ gemeint hat, als artspezifisch, arteigen oder (in Hinblick auf das Wissen über die Evolution) als phylogenetisch erworben bezeichnet. Die Möglichkeit, diese Sprechweise auch auf psychische Sachverhalte anzuwenden, ergab sich jedoch erst mit dem Aufkommen der Verhaltensforschung. Zu der Zeit, als Jung seine Entdeckungen machte, implizierte der Artbegriff, der ja von den Biologen „verwaltet“ wird, nur morphologische und physiologische Merkmale. Erst als die Verhaltensforscher (Ethologen) nachwiesen, dass zur vollständigen Beschreibung einer Art auch deren Ethogramm (die Summe der „angeborenen“ Erkenntnis- und Verhaltensmuster, die „Software“) gehört, wurde es für Biologen akzeptabel, dass auch für jene für den Homo sapiens charakteristische Software, die Jung als kollektives Unbewusstes bezeichnet hat, der Ausdruck, „arteigen“ verwendet wird.

Leser, die tiefenpsychologische Selbsterfahrung haben, stoßen sich vielleicht daran, dass ich im Zusammenhang mit dem Unbewussten und mit Archetypen von Software rede, da sie das Unbewusste als etwas außerordentlich Dynamisches, mit starken Emotionen Verbundenes erleben, besonders dann, wenn archetypische Inhalte ins Bewusstsein drängen.

Spontanaktivität

Der Erlebnischarakter des innerlich Wahrgenommenen wird erfasst mit dem Ausdruck „Innerlichkeit“. Spontaneität und Innerlichkeit lassen sich – ebenso wie Information, Software, Selbstregulation usw. – subsumieren unter dem Begriff „Geist-Aspekt“ der raumzeitlichen Wirklichkeit, dem Begriff des objektiven, vom Bewusstsein unabhängigen Geistigen, der dem heutigen Wissen über die Materie adäquat ist. Diesem neuen Geistbegriff werden wir noch ein ganzes Kapitel widmen.

Um Verständnis für die Verwendung neuer und ungewohnter Begriffe zu gewinnen, ist Folgendes zu bedenken. Der phylogenetische Wandel des Bewusstseins vollzog sich nach jener Gesetzmäßigkeit, die in der Bildersprache des Unbewussten durch das Mythologem von Tod und Auferstehung eines göttlichen Wesens veranschaulicht wird. Wir werden noch sehen, wie grundlegend sich die neue Weltsicht von jener früheren, aus der die Theologie hervorging, unterscheidet. Wir werden aber auch sehen, dass all das, was die frühere Sicht enthielt, in der neuen wieder enthalten ist, jedoch auf neuartige Weise verstanden wird. Die historischen Ausformungen des Mythologems von Tod und Auferstehung implizieren ja die Aussage, dass der Auferstehungsleib ein anderer, subtilerer (in heutiger Sprache: ein differenzierterer) ist als der des Gestorbenen. Die analytische, positivistische und reduktionistische Phase der Naturwissenschaft bewirkte (u. a.) den „Tod" der alten Weltsicht. Mit der Wiederentdeckung der inneren Wahrnehmung und mit dem Übergang von der mechanistischen zur systemischen Sicht der Natur entstanden dann die Keime zur „Auferstehung in neuer Gestalt". Begriffe wie Information, System, Software, Spontanaktivität, Innerlichkeit, Evolution usw. sind derartige Keime. Heute sind sie noch über verschiedene wissenschaftliche Disziplinen verstreut. Sie zu einer neuen Gesamtsicht der Welt und des Menschen zu integrieren ist das Ziel interdisziplinärer humanwissenschaftlicher Arbeit: einer Interdisziplinarität, die sich auf den erweiterten Empiriebegriff stützt.

Der Individuationsprozess

Kommen wir noch zur letzten Entdeckung Jungs: zu der des Individuationsprozesses. Um zu verstehen, wie Jung zu dieser Entdeckung – und auch zu den früher erwähnten – kam, muss man sich das Prinzip analytischer Psychotherapie und Psychagogik vor Augen halten: die Tatsache, dass der Analytiker eine grundsätzlich andere Einstellung hat als der Pädagoge. Während der Pädagoge von vornherein weiß, wozu er seinen Zögling erziehen will, stellt sich der Analytiker auf den Standpunkt, dass nicht etwa er weiß, was für den Analysanden das Richtige ist, sondern dessen Selbst. Sein Bemühen geht folglich dahin, den Analysanden anzuhalten, auf sein eigenes Unbewusstes zu hören. Das bedeutet allerdings nicht, sich dessen Impulsen blindlings hinzugeben, sondern sich zuerst um eine bewusste Lösung des Problems zu bemühen, dann aber noch hinzuhören, was das Unbewusste dazu „meint".

Dieses Prinzip analytischen Vorgehens ergab sich allerdings erst dadurch, dass Jung anders an die Neurosen heranging als Freud. Er fragte nicht nur nach deren Ursachen, sondern auch nach deren Sinn. Er fragte sich, was das Unbewusste mit der Neurose „bezwecke". Dazu modifizierte er die psychoanalytische Methode. Statt des freien Assoziierens verwendete er die gezielte Assoziation und beim Erscheinen archetypischer Bilder bediente er sich der sogenannten Amplifikation. Gezieltes Assoziieren besteht darin, dass man den Analysanden zu jedem Traumelement Assoziationen beibringen lässt. Weil archetypische Bilder dadurch charakterisiert sind, dass dem Analysanden zu ihnen keine Assoziationen aus seiner persönlichen Lebensgeschichte einfallen, wird der Bedeutungsinhalt dieser Bilder dadurch erschlossen, dass man sie amplifiziert, d. h. dass man analoge Bilder aus der Mythologie, deren Sinn durch die hermeneutische Forschung schon erschlossen ist, beibringt. Dieses Vorgehen Jungs hatte übrigens zur Folge, dass viele Therapien in eigentliche Reifungsprozesse der Persönlichkeit übergingen: dass Psychotherapie zu Psychagogik wurde.

Dieser Art des Zugangs zum psychischen Prozess war es schon zu verdanken, dass Jung die informationsverarbeitende Fähigkeit des Unbewussten und damit das Selbst entdeckte. Auf den Begriff des Selbst kam er durch die Beobachtung, dass die aus dem Unbewussten kommenden Botschaften so erfolgen, als ob von dort her jemand Regie führen würde: als ob jemand aus überlegener Sicht das Ich überwachen, korrigieren und auf den für diesen Menschen richtigen Weg leiten würde.

Im Verlauf der Zeit fiel Jung auf, dass diese Regieführung gleichsam nach einem in seiner Grundstruktur immer gleich bleibenden Drehbuch geschieht. Allerdings konnte er dies nur bei heute lebenden Menschen beobachten. Als er schließlich Schriften aus Schulen der Spiritualität in die Hände bekam, in denen (christlich gesagt) der Weg der Seele zu Gott oder (in der Sprache der Alchemie formuliert) der Wandlungsprozess von der „prima materia" zum seelischen Gold beschrieben wurde, sah er, dass auch diesen aus der Beobachtung seelischer Reifungsvorgänge hervorgegangenen Beschreibungen im Prinzip das gleiche Muster zugrunde lag, das er in seiner Praxis beobachtet hatte. Jung schloss daraus, dass im Unbewussten auch ein arttypisches Programm für die Entwicklung des Bewusstseins „gespeichert" ist.

Er nannte daraufhin den Prozess, bei dem sich im Verlauf eines Lebens dieses Programm verwirklicht, Individuationsprozess. Von Individuation sprach Jung, weil es dabei darum geht, dass ein Mensch nicht durch ausschließliche Außensteuerung zu einem Massenwesen wird, sondern dass er seine individuellen Anlagen und Begabungen auf die in seiner kulturellen Umwelt bestmögliche Weise zur Entfaltung bringt.

Häufig wird Individuation als Erziehung zu Individualismus missverstanden. Das ist sie aber gerade nicht. Die tiefenpsychologische Praxis zeigt eindrücklich, dass das im Unbewussten angelegte Entwicklungsprogramm das Ich auch dazu drängt, eine differenzierte Beziehung zu Mitmensch und Mitwelt aufzubauen. Sie bestätigt, was man schon lange wusste: dass der Mensch seiner Natur nach ein soziales Wesen ist und dass somit zur seelischen Ganzheit auch die Entwicklung zwischenmenschlicher Beziehung gehört.

Die innere Struktur der Tiefenpsychologie

Die Tiefenpsychologie ging aus der medizinischen Wissenschaft hervor und hat im Prinzip die gleiche innere Struktur wie jene; allerdings nur im Prinzip. Wie die Medizin gliedert sich auch die Tiefenpsychologie in einen praktizierten und einen wissenschaftlichen Bereich auf (Abb. 2). Ebenso wie dort dient die praktizierte Tiefenpsychologie in allererster Linie der Therapie. Ebenso wie die medizinische Praxis ist aber auch die tiefenpsychologische das „Feld", auf dem die der wissenschaftlichen Reflexion zugrunde liegenden Beobachtungen gemacht werden. Die Einsichten, die im wissenschaftlichen Bereich erarbeitet werden, fließen dann, wie in der Medizin, zu einem großen Teil wieder in die Praxis ein.

Anders jedoch als die medizinische Wissenschaft, gliedert sich die wissenschaftliche Tiefenpsychologie in zwei grundverschiedene Zweige auf: in den theoretischen und den hermeneutischen. Der hermeneutische Zweig erforscht, wie schon erwähnt, die Sprache des Unbewussten; der theoretische erarbeitet Vorstellungen über den psychischen Prozess. Im theoretischen Bereich sind – ebenso wie in der Medizin – wiederum zwei Zweige zu unterscheiden. Der eine befasst sich mit psychischen Krankheiten, der andere mit Struktur und Funktion der normalen Psyche. Aus der Reflexion psychischen

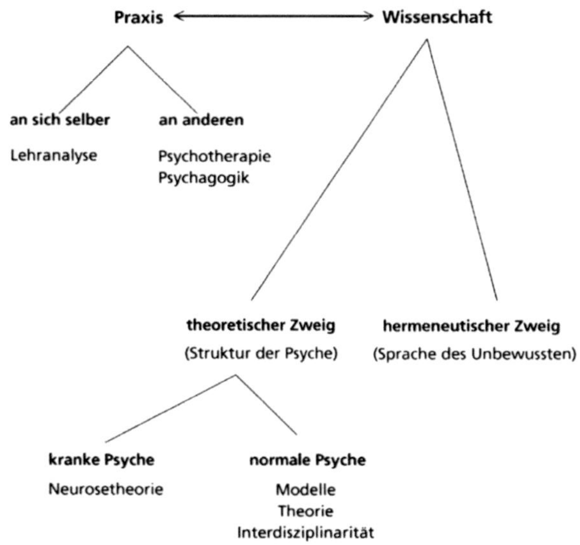

Abb. 2 Die innere Struktur der Tiefenpsychologie © Willy Obrist

Krankseins gehen die Neurosetheorien hervor. Dieser Zweig hat in der Medizin seine Parallele in der Pathologie: in der pathologischen Anatomie, der pathologischen Physiologie und – speziell – in der im Rahmen der Psychiatrie erarbeiteten Psychopathologie. Dem anderen theoretischen Zweig – der theoretischen Tiefenpsychologie im engeren Sinn – entsprechen in der Medizin die normale Anatomie und Physiologie. Sehen wir uns die einzelnen Bereiche näher an.

Die Feldforschung

Beginnen wir mit der Praxis. Die Tiefenpsychologie ging aus dem Bemühen um die Heilung seelischer Krankheiten hervor, und Psychotherapie ist weiterhin ihr primäres Anliegen. Allerdings ist die Beziehung zwischen Therapeut und Patient von anderer Qualität als bei körperlichen Krankheiten. In eine Analyse begibt sich ein Mensch in der Regel nur dann, wenn er mit dem Leben nicht mehr zurechtkommt oder wenn er zumindest spürt, dass mit ihm etwas nicht mehr stimmt. Da geht es dann um existenzielles Bemühen im eigentlichen Sinn des Wortes: darum, gemeinsam herauszufinden, was für diesen Menschen in seiner individuellen Situation das Richtige ist. Dadurch wird der Analytiker nicht nur mit seinem Fachwissen gefordert, sondern ebenso sehr mit seiner ganzen Person. Mitfühlen und Miterleben sind unerlässlich, denn das Heilende der sogenannten analytischen Situation beruht zu einem großen Teil auf der averbalen Wechselwirkung zwischen der Psyche des Analytikers und der des Analysanden: auf dem Mitgehen des Analytikers in reiner Absicht. (Der für den Analysanden unsichtbare, schweigende bzw. sich versagende Analytiker, ebenso die berühmte Couch waren Charakteristica der freudschen Methode, der sogenannten orthodoxen Psychoanalyse).

Nun ist aber die analytische Praxis auch das Feld, auf dem die Daten für eine auf Empirie sich stützende wissenschaftliche Reflexion erhoben werden. Dass das Involviertsein des Analytikers in den Prozess das Beobachten dessen erschwert, was im Analysanden vorgeht, dürfte klar sein. Allerdings schließt es genaues Beobachten nicht aus. Wie der Analytiker in seiner Ausbildung darauf vorbereitet wird, mitzugehen und gleichzeitig die für die Beobachtung nötige innere Distanz zu wahren, soll weiter unten besprochen werden.

Betrachten wir vorerst die Vorteile, die die analytische Situation für die Erhebung von Daten über die Wechselwirkung zwischen Bewusstsein und Unbewusstem bietet. Erstens kann sich der Analytiker hier auf optimale Weise darüber ins Bild setzen, was im Bewusstsein des Analysanden vor sich geht: welche Probleme ihn beschäftigen, welche Ängste, Begierden und Wünsche ihn quälen, was er im Sinn hat usw. In der analytischen Situation gibt ein Mensch nämlich Dinge preis, die er sonst als persönlichstes Geheimnis hütet. Zweitens wird durch die analytische Situation die Tätigkeit des Unbewussten angeregt. Da man davon ausgeht, dass nicht der Analytiker Rat weiß, sondern das Unbewusste des Analysanden, überschreiten Träume häufiger als sonst die Bewusstseinsschwelle. Zudem werden die Trauminhalte präziser, indem sie deutlich sagen: „gut so", „so ist es falsch", „dies sollst du machen" oder – beim Ringen um ein intellektuelles Problem – „So ist es". Dazu kommt drittens, dass der Analytiker Träume sowie Wachfantasien, eventuell auch Visionen, frisch, d. h. ohne spätere bewusste Überarbeitung, vorgelegt bekommt. All dies ermöglicht es; die Reaktionen des Unbewussten auf die Bewusstseinslage sowie auch die Schrittmacherfunktion des Unbewussten auf geradezu optimale Weise zu beobachten. Optimal heißt hier: von der Sache her, d. h. in Bezug auf das, was beobachtet werden kann.

Kommen wir nun auf die Schwierigkeit des Beobachtens zurück. Als Voraussetzung für empirische Datenerhebung gilt das Objektivitätspostulat: die Forderung, der Beobachter müsse seine eigenen Voreingenommenheiten, Vorurteile und Stellungnahmen beiseite lassen. Dass das gefühlsmäßige Involviertsein in den analytischen Prozess die Erfüllung dieses Postulats erschwert, wurde erwähnt. Von Gegnern der Tiefenpsychologie wird dies denn auch gerne aufgegriffen und daraus die Behauptung abgeleitet, tiefenpsychologische Beobachtung sei „nur subjektiv" und somit ohne jeglichen wissenschaftlichen Wert. Da diese Behauptung oft auch aus dem Munde von Theologen kommt, sei auf Folgendes hingewiesen.

Das Objektivitätspostulat zu erfüllen ist nicht nur für den Tiefenpsychologen schwierig, sondern z. B. auch für den Historiker, den Soziologen, sogar für den experimentell arbeitenden akademischen Psychologen. Besonders schwer zu erfüllen ist es für den Ethnologen, der Feldforschung betreibt. Seine Arbeit erfordert Empathie (Mitgefühl, Mitgehen) mit den „Eingeborenen", will er deren Vorstellungswelt und Welterleben erfassen. Auch er muss die schwierige Kunst erlernen, gleichzeitig innere Distanz zu seinen (meistens sehr feinfühligen) Informanten zu bewahren.

Auf diese Kunst ist der Analytiker jedoch besser vorbereitet als der Ethnologe; besser auch als Historiker, Soziologen und akademische Psychologen, die ja alle nur ein Universitätsstudium mit Vorlesungen und Seminaren absolvieren. Der Analytiker muss sich nämlich, zusätzlich zum Studium der Tiefenpsychologie, noch einer Lehranalyse unterziehen. Eine Funktion der Lehranalyse besteht zwar darin, das „Handwerk" (die tiefenpsychologische Methode) im Selbstversuch zu erlernen. Hauptziel der Lehranalyse ist jedoch die Schulung zur Selbstkritik durch Bewusstmachung der verdrängten Gefühle und Wünsche, der eigenen Schwächen und Vorurteile. Dies fördert seine Fähigkeit sowohl zum Therapeuten wie zum Beobachter. Erstens lernt er dabei, mit den Gefahren des emotionalen Involviertseins – vor allem mit den Phänomenen der Übertragung und Gegenübertragung – umzugehen. Es soll ihn davor bewahren, auf die oft raffinierten (unbewussten) Manöver von Analysanden hereinzufallen. Zweitens fördert es seine Fähigkeit zum kritischen Beobachten der seelischen Vorgänge, die sich vor seinen Augen abspielen. Mit anderen Worten: Es fördert seine Fähigkeit, dem Objektivitätspostulat gerecht zu werden.

Der theoretische Zweig

In der wissenschaftlichen Tiefenpsychologie werden die in der Praxis gesammelten Beobachtungen reflektiert. Bei dieser theoretischen Arbeit nahm, wie erwähnt, die Reflexion über die kranke Psyche weitaus den größten Raum ein. Ganz besonders war dies der Fall in der Schule von Freud. Die sehr umfangreiche Literatur aus dieser Schule befasste sich (so weit sie nicht ideologisch war) fast ausschließlich mit Neurosentheorie, mit Fragen der Therapie und – in diesem Rahmen – mit den „Mechanismen“ von Verdrängung und Widerstand. Dass Struktur und Funktion der normalen Psyche in der psychoanalytischen Schule kaum interessierten, lag daran, dass Freud das Unbewusste als etwas aufgefasst hat, das Störungen des Bewusstseins verursacht und deshalb „entleert“ werden muss.

In der Schule von C. G. Jung wurde auf die Neurosenlehre nur wenig Mühe verwendet. Da Jung die Neurosen – im Unterschied zu Freud – mehr final auffasste, bestand hier kaum Interesse an Kausalanalyse, Etikettierung und Systematisierung der Krankheitsbilder. Vielmehr interessierte die Frage, wie das Unbewusste auf das Ich einwirkt und danach tendiert, das psychische Gleichgewicht wiederherzustellen. Weil das vorwiegend über bildhafte „Botschaften“ geschieht, stand die Erforschung der Sprache des Unbewussten im Vordergrund. Der weitaus größte Teil der Arbeiten aus der Schule von C. G. Jung ist deshalb dem hermeneutischen Zweig zuzuordnen.

Erstaunlicherweise befassten sich, trotz der theoretischen Pionierleistungen von Jung, nur vereinzelte Arbeiten mit Struktur und Funktion der normalen Psyche. Vielleicht lag es gerade daran, dass Jungs Modell so bahnbrechend, abgerundet und einleuchtend war. So wurde es einfach als fester Besitzstand übernommen. Zwar wurde es jeweils in der Einleitung zu den hermeneutischen Arbeiten immer wieder dargestellt, doch geschah dies fast ausschließlich durch Anhäufung von Zitaten aus Jungs Werk. Dabei traten allerdings die Beobachtungen, aus denen Jung sein Modell erarbeitet hatte, mehr und mehr in den Hintergrund, ebenso die Überlegungen Jungs, die zu diesem Modell führten. Dies hatte zur Folge, dass sich bei manchen Autoren eigene Interpretationen in die Darstellung einschlichen. Vor allem zeichnete sich mit der Zeit immer deutlicher eine „metaphysierende" Richtung ab, deren Vertreter von einem kosmischen Unbewussten und einem göttlichen Selbst sprachen.

Richtig erwacht ist das Interesse an Jungs Modell der normalen Psyche sowie an den Beobachtungen, auf die es sich stützt, erst in den Siebzigerjahren. Da erst begann sich innerhalb der wissenschaftlichen Tiefenpsychologie der theoretische Zweig im engeren Sinn – jener, der mit Anatomie und Physiologie im medizinischen Bereich vergleichbar ist – zu entfalten. Der Anstoß dazu kam von außen: durch die Konfrontation von Tiefenpsychologen mit positivistischen Wissenschaftlern im Rahmen interdisziplinärer humanwissenschaftlicher Grundlagenforschung. Diese Konfrontation hieß vorerst Konfrontation mit dem Vorurteil, Tiefenpsychologie sei mystisch, was im Jargon von Positivisten die Bedeutung unwissenschaftlich hat. Da war man herausgefordert, sich erst einmal über die verschiedenen Aspekte des Jungschen Modells Klarheit zu verschaffen und zu überlegen, wie es empirisch abgestützt sei und inwiefern sich der der Tiefenpsychologie zugrunde liegende Empiriebegriff vom positivistischen unterscheide. Zweitens zwang das interdisziplinäre Gespräch dazu, sich in einer Sprache auszudrücken, die von heutigen Wissenschaftlern verstanden wird. Drittens erforderte das interdisziplinäre Bemühen um die Erarbeitung eines zeitgemäßen, erfahrungswissenschaftlichen Menschenbildes vom Tiefenpsychologen, sich darüber zu orientieren, welche Erkenntnisse andere Disziplinen unterdessen über unbewusste kognitive Systeme erarbeitet hatten. Auch galt es, diese mit dem tiefenpsychologischen Modell in Beziehung zu setzen.

All dies wirkte dann auf die theoretische Arbeit innerhalb der eigenen Disziplin zurück. Vor allem sah man das menschliche Unbewusste nun vor einem erweiterten Horizont. Erweitert worden war dieser vor allem in die Tiefe der Zeit. Das Unbewusste des Menschen erschien nun nicht mehr als etwas schlechthin Gegebenes, denn die evolutionäre biologische Kognitionsforschung hatte gezeigt, dass unbewusste kognitive Systeme mit der Entstehung des Lebens in die Welt getreten sind und auch, wie sie, vom Archebakterium bis zum Primaten, fortschreitend an Komplexität zugenommen haben. Auch das Bewusstsein erschien in einem neuen Licht. Man konnte nun sehen, dass dieses, an den Zeiträumen der Evolution gemessen, in allerjüngster Zeit aus dem Unbewussten hervorgegangen ist: zuerst als schwaches Flämmlein, das sich dann, ebenfalls fortschreitend bis zur heutigen Helligkeit, entwickelt hat. Nun konnte auch die Wechselwirkung zwischen Unbewusstem und Bewusstsein besser verstanden werden: vor allem die Entdeckung Jungs, dass die menschliche Psyche im Unbewussten zentriert ist und dass die Integration des Ich in die Gesamtpsyche von dort her geschieht.

Da die kybernetische Betrachtungsweise unterdessen in die Biologie Eingang gefunden hatte, konnte nun der Informationsfluss zwischen Unbewusstem und Bewusstsein sowie zwischen der unbewusst-bewussten Psyche und der Außenwelt nach diesem Modell dargestellt werden (Abb. 3). Auch die Struktur der Sprache des Unbewussten konnte man jetzt aufgrund der Ergebnisse von Linguistik und Semiotik besser erfassen und in ein größeres Ganzes einordnen.

Vor diesem Hintergrund wandte sich nun das Interesse vermehrt den verschiedenen Bewusstseinszuständen zu sowie der dadurch bedingten Modifikation der inneren Wahrnehmung in Wachfantasie, Traum, Imagination und Vision. Auch wurde ergründet, wie es dazu kommt, dass es telepathische Träume und Visionen gibt. Die Vision wurde sogar zu einem zentralen Forschungsobjekt der Tiefenpsychologie, ebenso der Projektionsvorgang in seinen verschiedenen Ausprägungen. Auch für die Gesetzmäßigkeit von Individuationsprozessen begann man sich mehr zu interessieren sowie für die Bandbreite, innerhalb derer sich diese konkret vollziehen.

Erst bei dieser Arbeit trat die Genialität und Stimmigkeit des Jungschen Modells voll in Erscheinung. Keine Einzige der aus Beobachtungen abgeleiteten Vorstellungen Jungs musste revidiert werden. Andererseits erschienen seine oft recht vorsichtigen und teilweise unbestimmten Formulierungen nun in einem klareren Licht. So ist denn durch die Ergebnisse der neuen Biologie Jungs Modell nicht nur bestätigt, sondern – bildhaft gesprochen – auch mit Fleisch umhüllt und mit pulsierendem Blut erfüllt worden.

Bei der Beurteilung der theoretischen Vorstellungen Jungs muss, wie auch bei denen anderer Pioniere, unterschieden werden zwischen empirisch fundierten Modellvorstellungen und den Theorien, mit denen man diese erklärt. Als richtig erwies sich Jungs im vorigen Kapitel beschriebene Modellvorstellung. Man kann heute auch klar erkennen, dass er damit ein neues Paradigma nicht nur für die empirische Psychologie, sondern für die Gesamtheit der Humanwissenschaften geschaffen hat. Anders verhält es sich mit gewissen Versuchen Jungs, das „Wesen der Dinge" zu erklären: z. B. das „Wesen" der psychischen Energie sowie der Archetypen (in der zweiten Bedeutung).

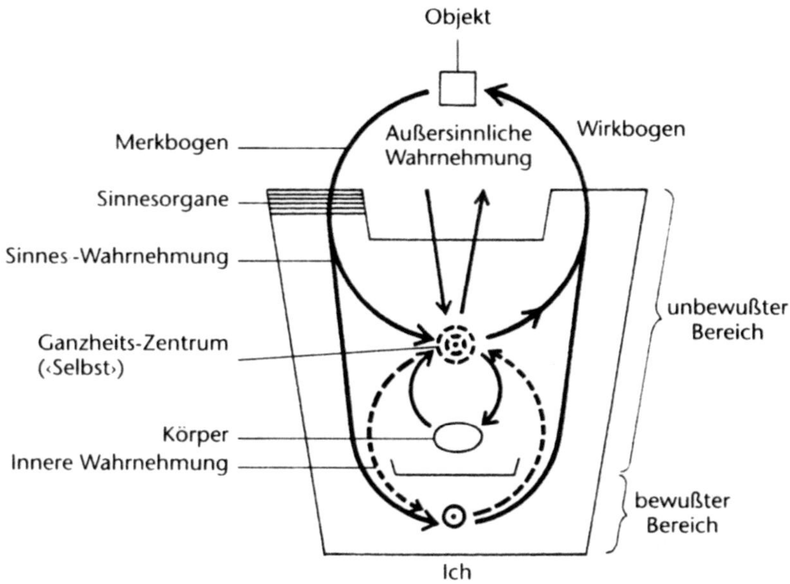

Abb. 3 Informationsfluss zwischen Psyche und Außenwelt und innerhalb der Psyche © Willy Obrist

Diese Versuche lehnten sich zum Teil an den damaligen Stand der Biologie an oder waren ein (untauglicher) Versuch, eine direkte Brücke zwischen menschlichem Unbewussten und Quantenphysik zu schlagen. Im schriftlichen Werk Jungs kann (und muss) somit heute unterschieden werden zwischen dem, was empirisch fundiert ist und bleibenden Wert hat und jenen Spekulationen, die heute überholt sind. Dies ist nichts Außergewöhnliches. Auch Newtons Schriften enthalten ja – neben der bahnbrechenden, empirisch untermauerten Theorie der Gravitation – eine Menge von Spekulationen. Auch manches von dem, was z. B. Albert Einstein und Wolfgang Pauli über „Gott und die Welt" spekuliert haben, lässt sich heute nicht mehr aufrechterhalten.

Der hermeneutische Zweig

Dadurch, dass Jung den Code der Sprache des Unbewussten entschlüsselt hat, entstand, wie erwähnt, der hermeneutische Zweig der Tiefenpsychologie. Erinnern wir uns, dass der Bildercode des Unbewussten nicht ein starrer Code ist wie z. B. der genetische, sondern dass dessen Bilder polysem sind: dass das gleiche Bild je nach Kontext, in dem es steht und je nachdem, wer einen Traum hat, verschiedene Bedeutungen haben kann

Die praktische Arbeit des Analytikers ist – zumindest seit Jung – zu einem großen Teil hermeneutisch, indem es darum geht, den Bedeutungsgehalt der Träume, Fantasien und („aktiven“) Imaginationen, die der Analysand vorlegt, zu erarbeiten: diese aus der Bildersprache des Unbewussten in die mit Begriffen angereicherte Wortsprache zu übersetzen. Dabei wird so vorgegangen, dass man zuerst den „Kontext“ erarbeitet, indem man den Träumer zu jedem Traumelement fragt, was ihm dazu einfällt. Meistens erkennt der Analytiker aufgrund dieses gezielten Assoziierens den Sinn des Traumes, da ja die meisten Träume „kleine“ Träume sind. Schon dies setzt aber voraus, dass der Analytiker mit der Sprache des Unbewussten vertraut ist. Diese Vertrautheit wird ihm zu einem großen Teil durch die praktische Erfahrung mit seinen eigenen Träumen im Verlauf der Lehranalyse vermittelt. Schwieriger wird die Sache bei „großen“ Träumen oder gar bei Visionen, d. h. bei jenen Gestaltungen des Unbewussten, die archetypische Bilder und Bildmotive (das, was man ursprünglich archaische Elemente nannte) enthalten. Um diese zu deuten, ist der Analytiker auf jenes Wissen angewiesen, das der hermeneutische Zweig der wissenschaftlichen Tiefenpsychologie erarbeitet hat.

Als Material für die tiefenpsychologische Hermeneutik dienen in erster Linie historisch manifest gewordene Gestaltungen des Unbewussten wie Mythen, Märchen, Sagen, das Schrifttum der philosophischen Alchemie usw. Die Methode, die dabei angewendet wird, ist vor allem die des Vergleichs: die Methode, durch welche Jung seinerzeit auf den Archetypbegriff (Archetyp im Sinne von Bedeutungsmuster) gekommen ist.

Dieses historische Material ist geradezu unerschöpflich und zwar in zweierlei Hinsicht. Erstens werden von Kulturhistorikern und Ethnologen ständig neue, bisher unbekannte Mythen, Märchen usw. zusammengetragen. Zweitens aber (und das ist das Entscheidende): Archetypische Bilder sind bezüglich Sinngehalt kaum je ganz auszuschöpfen. Je mehr man sich mit ihnen auseinandersetzt, umso mehr erschließen sich einem neue Bezüge und Aspekte. Das ist ja auch der Grund, weshalb die Theologie selbst bei konkretistischem Verständnis der in der Bibel enthaltenen Bilder eine viele Bibliotheken füllende Menge von exegetischen Werken produzieren konnte.

Eine weitere Kategorie von Material für die tiefenpsychologische Hermeneutik sind Berichte von Menschen aus den verschiedensten Religionen über ihren spirituellen Weg, sofern darin auch Träume, Visionen und „Erleuchtungen“ beschrieben sind. Zum einen enthalten derartige Berichte viele archetypische Bilder, zum anderen sind diese in einem Lebensvollzug eingebettet, hat sich dem Berichterstatter bei der Auseinandersetzung mit ihnen ein bestimmter Aspekt ihres Sinngehalts erschlossen.

Eine dritte Kategorie bildet jenes Material, das aus der tiefenpsychologischen Praxis stammt. Dieses hat den Vorteil, dass es schon „nach den Regeln der Kunst" gedeutet, d. h. mit der Bewusstseinslage des Träumers in Beziehung gesetzt worden ist. Durch Vergleich solchen Materials kann untersucht werden, wie das Unbewusste bei der Bilderwahl den Verständnishorizont des Träumers berücksichtigt: wie es z. B. Bilder bevorzugt, die der betreffenden Person von ihrer Berufsarbeit her bekannt sind. Wertvoll ist das aus der Praxis kommende Material auch für die Untersuchung von Traumserien. Da kann gesehen werden, wie das Unbewusste auf einen bestimmten Inhalt hinarbeitet, bis er richtig verstanden bzw. bis das Ich für dessen Rezeption reif ist.

Tiefenpsychologie – Brücke zwischen Natur- und Kulturwissenschaften

Ich habe gesagt, in ihrer inneren Struktur decke sich die Tiefenpsychologie mit der Medizin, aus der sie hervorging, nur im Prinzip. Es ist der hermeneutische Zweig, durch den sie sich von der Medizin – auch von deren „seelischer Disziplin", der Psychiatrie – unterscheidet. Auf dieser Tatsache beruht der bisher viel zu wenig beachtete Doppelcharakter der Tiefenpsychologie. Mit ihrem theoretischen Zweig ist sie zwar den Naturwissenschaften zuzuordnen, denn da befasst sie sich mit etwas, das im Zug der Bioevolution zustande gekommen und nur von dorther zu verstehen ist. Erforscht sie hingegen den Bedeutungsgehalt von Gestaltungen des Unbewussten, insbesondere von historisch überlieferten Gestaltungen, ist ihr Forschungsobjekt das, was traditionellerweise Objekt geisteswissenschaftlicher Disziplinen ist.

Dies verdeutlicht die früher erwähnte These, dass mit der Tiefenpsychologie ein neuer Typus empirischer Wissenschaft entstanden ist: ein Typus, in dem u. a. die bisherige prinzipielle Getrenntheit von Natur- und Kulturwissenschaften aufgehoben ist. Diese Getrenntheit ist in zweierlei Hinsicht aufgehoben. Erstens dadurch, dass die Tiefenpsychologie die Wechselwirkung zwischen spontanaktivem, kreativem Unbewussten und Bewusstsein untersucht. Damit richtet sie ihren Blick genau auf die Stelle des Lebewesens Mensch, an der Kultur entspringt. Geht es darum, zu erkennen, wie die kulturschaffenden Impulse zustande kommen, denkt die Tiefenpsychologie in Kategorien der Naturwissenschaft. Geht es darum, den Bedeutungsgehalt der dabei zustande gekommenen Gestaltungen zu verstehen, muss sie in Kategorien der Kulturwissenschaften denken.

Dazu kommt zweitens, dass die Entdeckung der inneren Wahrnehmung ein Verständnis der kulturellen Gebilde eröffnet hat, das bis dahin den nur nach dem Grundsatz des methodischen Positivismus arbeitenden Kulturwissenschaften verschlossen war. Tauchte nämlich die Frage auf, wie ein kulturelles Gebilde (eine Sprache, ein Märchen, ein Symbol, eine Idee) zustande gekommen sei, wurde einzig und allein versucht, historische Entwicklungslinien zu erarbeiten. Aufweiche Weise es der menschlichen Psyche entsprang, dies aufzuzeigen war keiner der traditionellen kulturwissenschaftlichen Disziplinen möglich. Dies ergab sich erst durch die Entdeckung der inneren Wahrnehmung, der Spontaneität und Kreativität des Unbewussten sowie der Wechselwirkung zwischen diesem und dem Bewusstsein: durch Entdeckungen im Bereich der Naturwissenschaft.

Die Tatsache, dass die Tiefenpsychologie aufgrund ihrer inneren Struktur die für die positivistische Phase charakteristische Kluft zwischen Natur- und Kulturwissenschaften überbrückt, macht die Tiefenpsychologie zur Grundlagendisziplin der zeitgemäßen Humanwissenschaft: zu deren Basaldisziplin in dem Sinne, wie die Physik es für die gesamte Naturwissenschaft ist.

Von zeitgemäßer Humanwissenschaft (im Singular) ist zu sprechen, um diese von den überlieferten, getrennt arbeitenden humanwissenschaftlichen bzw. anthropologischen Disziplinen und Forschungsrichtungen zu unterscheiden. Seit Beginn der Siebzigerjahre ist nämlich die Zeit reif dafür, die Erkenntnisse all dieser Einzeldisziplinen zu einem Gesamtbild des Menschen zu integrieren: aus ihnen ein dem heutigen Wissensstand und Bewusstseinsniveau entsprechendes, erfahrungswissenschaftliches Menschenbild zu erarbeiten. Diese humanwissenschaftliche Grundlagenforschung ist ein interdisziplinäres Unternehmen und zwar eines, das nicht nur die Grenzen von Einzeldisziplinen überschreitet, sondern das sowohl Naturwissenschaftler als auch Kulturwissenschaftler am gleichen Tisch vereint. Da setzt nun fruchtbare Integrationsarbeit – eine Arbeit, die mehr ist als das Vortragen und Anhören von Monologen – ein neues Paradigma voraus, das die positivistische Trennung in die „zwei Welten" (Snow) übersteigt bzw. die beiden Welten auf höherer Ebene vereint. Es ist dies, wie erwähnt, jenes humanwissenschaftliche Paradigma, das durch Jungs Modellvorstellung der menschlichen Psyche zustande gekommen ist.

Natürlich hat auch die Theologie einen wichtigen Beitrag zum neuen Menschenbild zu leisten, allerdings nur unter gewissen Voraussetzungen. Sie kann es erst dann, wenn sie den Wandel der Apperzeption des innerlich Wahrgenommenen rezipiert hat.

Für die Theologie relevante Aspekte der Tiefenpsychologie

Der Wandel der Apperzeption des innerlich Wahrgenommenen (und damit des Offenbarungsbegriffs) sowie die Konsequenzen, die sich daraus für die theologische Weltsicht ergeben, können zwar nur im Rahmen interdisziplinärer Arbeit in vollem Ausmaß erhellt werden. Interdisziplinarität setzt jedoch Disziplinarität voraus. Das heißt in unserem Fall: detaillierte Kenntnis der tiefenpsychologischen Theorie. So seien denn vorerst – als Vorarbeit für den zweiten und dritten Teil dieses Buches – noch einige Aspekte derselben dargestellt. Beginnen wir mit der tiefenpsychologischen Auffassung des Mythos.

Religiöse und erklärende Mythen

Wir haben gesehen, dass Jung beim Bemühen um das Verständnis der archaischen Traumelemente zu dem Schluss kam, dass Mythen der gleichen Quelle entstammen wie die Träume, dass sie also Gestaltungen des menschlichen Unbewussten sind. Soeben haben wir nun gesehen, dass die tiefenpsychologische Hermeneutik zu einem großen Teil darin besteht, den Sinngehalt von Mythen zu erschließen, um auf diesem Weg die Sprache des Unbewussten besser kennenzulernen und dadurch die Träume der Analysanden besser verstehen zu können.

Wenn nun die Tiefenpsychologie auch das christliche Glaubensgut als Mythos auffasst, löst dies bei vielen Theologen wiederum die Reaktion des „Nur" aus: „Die christlichen Heilswahrheiten sind doch nicht nur ein Mythos!" Dass es heute völlig korrekt und gerechtfertigt ist, auch das christliche Glaubensgut als Mythos zu bezeichnen, wird sich wohl erst aus den Überlegungen im zweiten Teil dieses Buches ergeben. Hier erscheint es mir indessen wichtig, sich den unterschiedlichen Sprachgebrauch von Theologie und Tiefenpsychologie vor Augen zu halten: die Tatsache, dass der Ausdruck „Mythos" in der Tiefenpsychologie wertfrei verwendet wird und lediglich zur Bezeichnung einer Gattung von Gestaltungen des Unbewussten dient, dass er hingegen im Raum der christlichen Theologie von Anfang an abwertende Bedeutung hatte und bis heute noch hat.

Im frühen Christentum diente der Ausdruck „Mythos" dazu, die „unwahren Göttergeschichten der Heiden" von der „in Jesus Christus offenbarten Wahrheit" abzugrenzen. Die Unterscheidung zwischen heidnischen Mythen und christlicher Wahrheit war damals sogar richtig. Sie formulierte einen Aspekt des Mythologems von Leiden, Tod und Auferstehung eines Gottes aus: jenes Mythologems, das zu jener Zeit die Gemüter faszinierte, weil es in bildhafter Form ausdrückte, dass das damals aktuelle heidnische Opfer- und Zeremonialwesen „sterben“ musste, damit eine neue, einer höheren Evolutionsstufe des Bewusstseins entsprechende Religiosität sich entfalten konnte.

Das Leiden (als Voraussetzung für den „Tod“ des Überholten) war damals das Leiden an der Insuffizienz der heidnischen Vorstellungen und Gebräuche. Heute hingegen – auf der heutigen Evolutionsstufe des Bewusstseins – leiden mehr und mehr Menschen an der Insuffizienz des christlichen Erklärungsmodells der sogenannten anderen Wirklichkeit. Zudem hat die Religionswissenschaft unterdessen erwiesen, dass in jeder Kultur der jeweils gültige Mythos als offenbarte Wahrheit galt und infolgedessen im vollen Sinn des Wortes als Glaubensgut bezeichnet werden kann.

Im Unterschied zum theologischen Sprachgebrauch hat im tiefenpsychologischen der Ausdruck „Mythos“ keinerlei abwertende Bedeutung. Im Gegenteil. Mythen gelten hier als wahre Aussagen über reale psychische Mächte, Gesetzmäßigkeiten und Intentionen. Allerdings löst der Ausdruck „psychisch“ bei vielen Theologen ebenfalls die Reaktion des „Nur“ aus. Lassen wir das jedoch hier auf sich beruhen.

Wenden wir uns der Tatsache zu, dass zwei grundverschiedene Kategorien von Mythen zu unterscheiden sind: die religiösen und die erklärenden. Zu den religiösen Mythen gehören die, welche vom „Jenseits“ erzählen: von dessen Bewohnern sowie von deren Taten, Willenskundgebungen und sonstigen Mitteilungen, aber auch von der Beziehung der Jenseitigen zu den Menschen. Erklärende Mythen befassen sich hingegen mit dem „Diesseits“. Sie geben Antworten auf die Frage nach dem Sosein und Gewordensein „dieser“ Welt, der Tiere und Pflanzen, des Menschen und der menschlichen Gebräuche. Sie beantworten Fragen nach der Herkunft des Stammes, nach der Geschichte des Volkes, eventuell der gesamten Menschheit. Da auf früheren Evolutionsstufen des Bewusstseins die kognitiven Mittel zur empirisch fundierten Beantwortung derartiger Fragen noch fehlten, ergossen sich jeweils Fantasien, d. h. innerlich Wahrgenommenes, in das Wissensvakuum hinein. Auf diese Weise entstanden nicht empirisch abgesicherte, sondern mythische Theorien über Natur und Geschichte bzw. naturerklärende und historische Mythen.

„Heilige“ Bücher enthalten in der Regel neben religiösen Mythen auch erklärende. So sind z. B. viele Erzählungen des Alten Testaments als historische Mythen zu bezeichnen, und der biblische Schöpfungsbericht ist den naturerklärenden Mythen zuzuordnen. Allerdings zeugt Letzterer – verglichen mit anderen Schöpfungsmythen – schon von einer recht hohen Evolutionsstufe des Bewusstseins.

Zwischen religiösen und erklärenden Mythen ist zu unterscheiden, weil jeder dieser zwei Kategorien ein unterschiedliches Schicksal beschieden war und sich dabei erwies, dass deren Wahrheitsgehalt völlig verschieden ist. Erklärende Mythen wurden – besonders im Verlauf der Neuzeit – durch empirisch fundiertes Wissen abgelöst. Naturerklärende Mythen wurden ersetzt durch naturwissenschaftliche Theorien, z. B. der biblische Schöpfungsmythos durch die Rekonstruktion des Evolutionsprozesses. Historische Mythen wurden verdrängt durch eine Geschichtsschreibung, welche auf Erforschung und kritischer Beurteilung der Quellen beruht.

Es war zwar nicht das Ziel der empirischen Forschung, erklärende Mythen zu verdrängen. Ihr Ziel war Wissensgewinn. Es war sozusagen eine Nebenwirkung des Forschens nach dem Grundsatz des methodischen Positivismus, dass Natur und Geschichte entmythisiert wurden.

Der Positivismus verdrängte zwar auch die religiösen Mythen. Diese wurden jedoch nicht durch Wissen verdrängt, sondern durch Philosophie bzw. Ideologie. Weil die Philosophie der Aufklärung zum ichzentrierten Menschenbild führte – zu einem Menschenbild, das die Sinneswahrnehmung als einzige Erkenntnisquelle zuließ – schloss sie die Vorstellung des Offenbarungsvorgangs aus und mit ihr alle Vorstellungen, die auf Offenbarung zurückgeführt wurden. Das erkenntnistheoretische Dogma der Aufklärung bzw. des ideologischen Positivismus ist jedoch, wie erwähnt, durch die Entdeckung des Unbewussten und der inneren Wahrnehmung gesprengt worden.

Das tiefenpsychologische Modell der Psyche impliziert wiederum die Vorstellung von Offenbarung, ja, der Offenbarungsbegriff ist geradezu als erkenntnistheoretisches Fundament der Tiefenpsychologie zu bezeichnen. Damit wurden die religiösen Mythen wieder ins Blickfeld der Wissenschaft gerückt, und zwar ins Blickfeld der neuzeitlichen empirischen Wissenschaft.

Infolge der Entschlüsselung der Sprache des Unbewussten kann nun ihr Sinngehalt erschlossen werden. Allerdings versteht man die Inhalte religiöser Mythen nun anders als früher: nicht mehr als Aussagen über eine jenseitige, d. h. jenseits des gestirnten Himmels befindliche Welt, sondern als wahre Aussagen über die unbewusste Psyche und deren Wechselwirkung mit dem Bewusstsein.

Zur Reaktion des „Nur", die diese Auffassung bei vielen Theologen auslöst, sei hier wenigstens wiederholt, dass – im Rahmen der neuen Weltsicht – das Unbewusste zur objektiven Wirklichkeit gehört. Außerdem ist darauf hinzuweisen, dass die Leistungsfähigkeit und Wirkmächtigkeit des Unbewussten noch maßlos unterschätzt wird, vor allem von denen, die es nur vom Hörensagen kennen.

Sehen wir uns nun die Sprache des Unbewussten an: die Sprache, in der die religiösen Mythen formuliert sind.

Die Sprache des Unbewussten

Dass wir heute zwischen der Sprache des Bewusstseins bzw. der Wortsprache und der Sprache des Unbewussten unterscheiden müssen, und dass der Bedeutungsgehalt der in der Sprache des Unbewussten formulierten Inhalte mühsam entziffert werden muss, ist eine Folge der Evolution des Bewusstseins. Völker, die sich noch vor Kurzem auf einer viel niedrigeren Evolutionsstufe des Bewusstseins befanden als wir – z. B. die Sioux, die Ewe in Afrika und die Kamtschadalen – hatten noch einen viel unmittelbareren Zugang zu den Gestaltungen des Unbewussten als wir. Sie verstanden ihre Träume und auch ihre Mythen noch direkt. Dafür aber mussten sie abstrakte Begriffe wie Freiheit, Furcht usw. mühsam umschreiben, indem sie eine lange Reihe von Beispielen aufzählten.

Unsere Wortsprache ist zwar noch reich an Bildern, doch ist sie gleichzeitig in hohem Grad mit Begriffen durchsetzt und zwar mit Begriffen verschiedensten Abstraktionsgrades. Ihre Begrifflichkeit hat sogar dermaßen zugenommen, dass wir die dahinter stehenden Bilder oft kaum mehr wahrnehmen.

Im Unterschied dazu ist die Sprache des Unbewussten eine nahezu reine Bildersprache, obwohl z. B. die in Träumen auftretenden Personen (wegen der Rückkoppelung des Ich ans Unbewusste, vgl. Abb. 3, S. 35) in ihren Reden auch Begriffe verwenden. Nicht alle Traumbilder sind indessen Veranschaulichungen psychischer Sachverhalte. Viele stehen für konkrete Dinge der Außenwelt. Um die eigentliche Sprache des Unbewussten zu erfassen, um also an jene Bilder heranzukommen, durch die an sich unanschauliche Sachverhalte veranschaulicht werden, muss eine fundamentale Unterscheidung beachtet werden, die bei jeder Traumdeutung zu berücksichtigen ist: die Unterscheidung der Deutung auf der Subjektstufe und der Deutung auf der Objektstufe.

Oft machen nämlich Träume das Ich auf ein Fehlverhalten im konkreten Alltag aufmerksam, z. B. auf die falsche Einschätzung einer Person. Tritt nun diese Person (unter gewissen Umständen) im Traum auf, ist sie gemeint. Der Traum ist in diesem Fall, wie man in der Fachsprache sagt, auf der Objektstufe zu deuten. Objektstufig zu deutende Träume sind übrigens dadurch gekennzeichnet, dass sie die Wirklichkeit so wiedergeben, wie sie aus der Alltagserfahrung bekannt ist. Deutung auf der Subjektstufe besagt, dass das Geschaute symbolisch zu verstehen ist: dass Örtlichkeiten, Gegenstände, Tiere, Personen usw. der Veranschaulichung psychischer Sachverhalte dienen. So kann z. B. eine Wohnung zur Darstellung des Bewusstseins-„raumes“ dienen, ein Kellergeschoss oder auch das Meer zur Darstellung des Unbewussten und die rasende Fahrt mit einem Auto kann darauf hinweisen, dass der Träumer psychisch eine zu schnelle Gangart einschlägt.

Von diesen symbolisch zu deutenden Bildern und Geschehnissen gibt es nun wiederum zwei Kategorien. Die einen sind als Ganzes der Sinneserfahrung entnommen, so die vorhin erwähnten Bilder der Wohnung, des Kellergeschosses, des Meeres und der Fahrt im Auto. In diesen Fällen liegt die sprachschöpferische Funktion des Unbewussten darin, dass es die Bilder im richtigen Kontext verwendet, sodass sie zusammen ein sinnvolles Ganzes ergeben. Wie erwähnt, kann ja der gleiche Sachverhalt jeweils durch verschiedenartige Bilder veranschaulicht werden. Außer der richtigen Bildwahl zeigt sich die sprachschöpferische Funktion des Unbewussten auch bei derartigen Träumen im kompositorischen Aufbau: darin, dass sich in einem vollständig erinnerten Traum, gleich wie in einem klassischen Drama, Exposition, Verwicklung, Krisis und Lysis ausmachen lassen.

Nun gibt es noch eine weitere sprachschöpferische Fähigkeit des Unbewussten, und diese ist für das Verständnis der Mythen – und damit für die tiefenpsychologische Exegese! – von ausschlaggebender Bedeutung. Das Unbewusste ist nämlich auch fähig, aus Bildelementen, die der Sinneserfahrung entnommen sind, neue Figuren zu komponieren: sowohl Gestalten als auch Geschehensabläufe. Es handelt sich dabei um jene Traumelemente, welche in der Pionierzeit der Tiefenpsychologie als archaische bezeichnet wurden.

Als bekannte Beispiele solcher archetypischen Gestalten aus der griechischen Mythologie seien erwähnt: der Zentaur, der aus dem Körper eines Pferdes und dem Oberkörper eines Mannes besteht und die rohe Vitalkraft veranschaulicht; ferner der Zyklop als ein dummer Riese mit nur einem, in der Mitte befindlichen Auge; ebenso die Nixen, weibliche Wesen mit dem Unterleib eines Fisches, Figuren, durch die der Sog des Unbewussten auf das Ich (des Mannes) dargestellt wird.

In der jüdisch-christlichen Mythologie wurden die hilfreichen (integrationsfördernden) Kräfte im Menschen durch die Figur des Engels veranschaulicht, eines geschlechtsneutralen, wie ein Mensch aussehenden Wesens mit zwei oder mehreren mächtigen Flügeln. Der Veranschaulichung der desintegrierenden, das Ich „in Versuchung führenden Mächte“ diente die Figur des Satans bzw. Teufels.

Am Bild des Teufels, der christlichen Variante der kaum überblickbaren Menge dämonischer Gestalten, lässt sich die bildkompositorische Fähigkeit des Unbewussten besonders schön demonstrieren, besteht es doch aus einer Vielzahl von Elementen, die in der Umwelt wahrgenommen werden können: einem menschlichen Körper, der oft behaart und von dunkler Farbe ist, hufartigen Füßen, mit Krallen besetzten Händen, Bockshörnern auf dem Kopf und einem Schwanz, wie man ihn bei Kühen oder Echsen findet.

Ausdruck der kompositorischen Fähigkeit des Unbewussten sind auch Geschehnisse, und zwar solche, die den Naturgesetzen sowie den Gesetzen der Logik widersprechen. Man spricht hier von Mythologemen. Erwähnt wurde schon das Mythologem von Leiden, Tod und Auferstehung eines Gottes. Ein Mythologem, dessen symbolische (d. h. nicht konkretistische) Auffassung vor Kurzem einer Theologin und einem Theologen den Entzug der Lehrerlaubnis eingebracht hat, ist das der Jungfrauengeburt: der Befruchtung einer Jungfrau durch ein göttliches Wesen, worauf diese dann, ohne ihre Jungfräulichkeit zu verlieren, ein göttliches Kind zur Welt bringt. Dass es sich beim biblischen Bericht über die Befruchtung Marias durch den Heiligen Geist um eine – die christliche – Variante einer allgemein verbreiteten Sprachfigur des Unbewussten handelt, lässt sich aus dem ethnografischen Material leicht belegen. So finden wir z. B. im Glaubensgut der Mandam, eines Sioux-Stammes, folgende Geschichte: Einsamer Mann, ein göttliches Wesen, das zusammen mit dem Hochgott Erster Schöpfer einst aus dem Urschlamm die Erde geformt hatte, beschloss eines Tages, unter die Menschen zu gehen. Dazu verwandelte er sich in ein Maiskorn (die Mandam waren Maisbauern!) und ließ sich von einer Jungfrau schlucken. Diese wurde dadurch schwanger und brachte Einsamen Mann als göttliches Kind zur Welt[2]

Erwähnt sei hier nebenbei, dass der Vergleich verschiedener Ausformungen des gleichen Mythologems einen Aspekt der Bewusstseinsevolution enthüllt. Je weniger plump-materiell bzw. je geistiger (Heiliger Geist!) der Vorgang dargestellt wurde, desto höher war die Bewusstseinsstufe, auf der das Mythologem Gestalt annahm. Dass dies auch an den Schöpfungsmythen abgelesen werden kann, wurde schon erwähnt.

Kommen wir auf die Figur des Engels und des Teufels zurück. Wenn heute Menschen von diesen beiden Wesen träumen, sind die Bilder dem Traditionsstrom entnommen. Sie wurden vom Träumer im Zug seiner Sozialisation erlernt. Das Unbewusste verwendet sie dann deshalb in Träumen, weil es zum Ich in der Regel in der Sprache spricht, die diesem geläufig ist.

Eine interessante Beobachtung lässt sich indessen bei derartigen Träumen machen. Lässt man sich vom Träumer den geschauten Engel oder Teufel genau beschreiben, stellt man fest, dass dieser in vielen Fällen bei Weitem nicht der aus der christlichen Kunst bekannten Figur entspricht. Sehr oft kommt er einer Variante aus einer anderen, sogar einer primitiven Kultur näher als der christlichen. Interessant ist aber, dass der christlich geprägte Träumer auch sehr stark abweichende Gestalten mit dem erlernten Begriff „Engel" oder „Teufel" benennt: nicht mit Überlegung so benennt, sondern in voller Aufrichtigkeit sagt, er habe von einem Engel oder vom Teufel geträumt. Es ist dies ein Beispiel für die später zu besprechende Fähigkeit zur spontanen bzw. unbewussten Assimilation unorthodoxer „Schauungen" an die offizielle Lehre: eine Fähigkeit, die zu Zeiten, als die römische Glaubenskongregation sich noch des „weltlichen Arms" bedienen konnte, vielen Menschen das Leben gerettet hat.

Die Vision

Ein zentraler – ja sogar der zentrale Punkt für die Auseinandersetzung zwischen Tiefenpsychologie und Theologie – ist die Vision. In all den Fällen, in denen die Religionswissenschaft zeigen konnte, wie religiöse Mythen – und damit Religionen – entstanden, ergab sich nämlich, dass sie zur Hauptsache aus Visionen hervorgegangen sind.

Beim Islam liegt dies auf der Hand. Mohammed berichtet selber, dass ihm der Koran – zumindest die ersten Kapitel desselben – vom Engel Gabriel gemäß dem „im Himmel aufbewahrten Urtext" diktiert wurden. Auch der Ursprung der Jahwe-Religion ist (falls die Bibel richtig berichtet) leicht zu erkennen. Es war die Berufungsvision des Moses: die Vision vom brennenden Dornbusch, aus dem heraus sich ihm Jahwe offenbarte. Schwieriger ist der Ursprung des christlichen Mythos auszumachen. Indessen hat die historisch-kritische Exegese ergeben, dass dessen Kristallisationskern – die Botschaft, dass Jesus vom Tode auferstanden sei – durch eine Vision des Petrus zustande kam.[3]

Da es in diesem Buch um die Auseinandersetzung zwischen Tiefenpsychologie und christlicher Theologie geht, wollen wir an die Auferstehungsvision anknüpfen bzw. an die Art und Weise, wie akademische Theologen auf diese Feststellung des Münsteraner Exegeten Willi Marxsen reagieren. Zum einen sprechen sie heute von der Visionshypothese und zwar mit verächtlichem Unterton im Sinne von: „Es kann sich ja einer so etwas ausdenken, doch erschüttert uns das nicht." Insistiert man jedoch, müssen sie zwar zugeben, dass gegen die Beweisführung von Marxsen keine stichhaltigen Argumente vorgebracht werden können, doch finden sie dann eine interessante Ausflucht, indem sie erklären, die Vision des Petrus sei eben eine echte bzw. „objektive" Vision gewesen, nicht „nur" eine subjektive, „nur" psychologische.

Zuständig für Visionen – sowohl für die „Physiologie" des visionären Geschehens als auch für das Verständnis des in der Vision Geschauten – ist nun aber nicht die Theologie, sondern die Tiefenpsychologie. Die Vision ist sogar einer ihrer zentralen Forschungsgegenstände. Dies war allerdings nicht von Anfang an so. Freud hat sich nur mit Träumen und Wachfantasien befasst. Erst Jung wandte sich den Visionen zu: einem Geschehen, das er übrigens aus eigener Erfahrung kannte. Es ergab sich, dass Visionen im Prinzip das Gleiche sind wie Träume, dass auch sie dem Ich über den inneren Wahrnehmungsstrom zufließen und dass das in der Vision Geschaute als bildsprachlicher Text zu verstehen ist. Mit der Erschließung des visionären Geschehens hat Jung das Bedeutungsfeld des Begriffs „innere Wahrnehmung" erweitert und zwar, wie nach dem oben Gesagten leicht zu erkennen ist, gerade um das, was sich später als Angelpunkt für die Auseinandersetzung zwischen Tiefenpsychologie und Theologie erwies.

Maßgebend dafür, ob man von einer Wachfantasie, einem Traum oder einer Vision spricht, ist der Bewusstseinszustand, in dem der von innen kommende Bilderstrom wahrgenommen wird. Wachfantasien werden, wie der Name sagt, im Zustand des Wachseins wahrgenommen, Träume während des Schlafs, Visionen im außergewöhnlichen Bewusstseinszustand.

Charakteristisch für den außergewöhnlichen Bewusstseinszustand ist, dass er sich aus dem Wachsein heraus entfaltet. Es handelt sich um jenen Bewusstseinszustand, der auch bei tiefer Meditation erreicht werden kann. So ist es denn auch eine Grundregel des Meditierens, dass man nicht einschlafen darf. Nur wer sich wach zu halten vermag, kann jenen Zustand erreichen, in dem die großen Erlebnisse eintreten können: jene Erlebnisse, welche die Mystiker als „Unio mystica" bezeichnen, die Zen-Buddhisten als Satori.

Während der außergewöhnliche Bewusstseinszustand in der Meditation „aktiv" herbeigeführt wird, stellt er sich bei einer Vision spontan ein. Die Vision drängt sich dem Menschen auf. Es ist ihm unmöglich, sie zu unterdrücken. Deshalb wird auch gesagt, jemand sei von einer Vision befallen oder überfallen worden.

Aus dieser Begriffsbestimmung von Vision ergibt sich übrigens, dass es nicht zulässig ist, von Traumvisionen zu reden. Religionswissenschaftler, die bezüglich Visionen über keine Felderfahrung verfügen, gebrauchen oft diesen Ausdruck. Indessen handelt es sich dabei nicht um Visionen, sondern um „große" Träume: um jene Art von Träumen, welche als außerordentlich eindrucksvoll und bedeutsam erlebt werden und an die man sich noch nach Jahren erinnert.

Das Geschehen, das man Vision nennt, nimmt nicht, wie der Name suggerieren könnte, nur den Gesichtssinn in Anspruch. Meistens ist eine Vision mit Audition verbunden. Oft berichten Visionäre auch über Geruchs-, seltener über Geschmacksempfindungen. Auch der Tastsinn kommt zum Zug. So berichtete mir eine Frau, die ihr „erschienene" weibliche Person, die sie als Mutter Gottes interpretierte, habe ihr die Hand gereicht und sie habe diese Hand lange Zeit festgehalten und dabei neue Lebenskraft empfangen.

In der tiefenpsychologischen Praxis bekommt man es immer wieder mit Visionären zu tun. Visionen kommen nämlich viel häufiger vor, als man glaubt. In der Regel scheuen sich jedoch die Menschen, davon zu reden, weil sie befürchten, für verrückt erklärt zu werden. Dies wegen des Vorurteils der Psychiatrie, die ihr Blickfeld auf die bei Psychosen, also bei pathologischen Zuständen, zu beobachtenden Halluzinationen eingeengt hat. In der tiefenpsychologischen Sprechstunde hingegen, wo die Botschaften des Unbewussten ernst genommen werden und man Visionen als normales (nicht pathologisches) Geschehen versteht, erzählen sie davon. Abgesehen von dem Umstand, dass hier der Inhalt der Visionen beim therapeutischen wie beim psychagogischen Bemühen weiterhilft, bietet sich so dem wissenschaftlich interessierten Tiefenpsychologen die Möglichkeit, sich eingehend darüber zu informieren, unter welchen Umständen die Vision auftrat, wie sie sich einstellte und entwickelte, wie sie erlebt wurde usw.

Bei solchen Feldbeobachtungen zeigen sich immer wieder folgende Charakteristika: Visionen entfalten sich, wie gesagt, aus dem Wachzustand und können nicht unterdrückt werden. Kennzeichnend ist zudem, dass der Visionär den Eindruck hat, er sehe etwas, das sich außerhalb von ihm abspielt. Eine meiner Analysandinnen, die selber eine tiefenpsychologische Ausbildung durchgemacht hatte, sagte mir, wenn sie sich nur auf den spontanen Eindruck verlassen würde, müsste sie schwören, dass sie etwas außerhalb von ihr geschaut habe: konkrete Personen in einer konkreten Umgebung.

Groß ist die Variationsbreite des visionären Geschehens. So kann es einen Menschen plötzlich mit voller Wucht überfallen und seine Sinneswahrnehmung mit einem Schlag auslöschen. Es kann sich aber auch langsam, von einem Fleck des Gesichtsfeldes ausgehend, über das im Wachzustand Wahrgenommene ausbreiten. Zudem kann eine Vision unvermittelt in voller Bildschärfe auftauchen. Die Umrisse des Geschauten können sich aber auch langsam abzeichnen so wie beim Entwickeln eines fotografischen Films. Variabel ist auch der Umfang des visionären Gesichtsfeldes. So kann z. B. das innerlich Wahrgenommene nur einen umschriebenen Bereich des durch die Sinne vermittelten Gesichtsfelds einnehmen. Es ist aber dann von so großer Intensität, dass das an der Peripherie noch mit den Sinnen Wahrgenommene verblasst und kaum noch beachtet wird. Dieser Typus von Vision wurde in der christlichen Tradition als Erscheinung bezeichnet. Das innerlich Wahrgenommene kann aber auch das sinnlich Wahrgenommene vollständig auslöschen. In diesem Fall hat der Visionär den Eindruck, er werde an einen anderen Ort versetzt, sei es an einen anderen Ort auf der Erde oder in eine jenseitige Welt. In diesem Fall sprach man in der christlichen Tradition von einer Entraffung oder Entrückung.

Unterschiedlich ist auch die Ansprechbarkeit des Visionärs während der „Schauung". Immer jedoch ist sie reduziert. Für den Betrachter ist der Visionär „weg". Er scheint „außer sich zu sein". Daraus ergab sich der Ausdruck „Ekstase". Bei „Erscheinungen" kann es sein, dass der Visionär auf Sinnesreize – Anrufen, Kneifen usw. – noch reagiert. Bei einer „Entraffung" ist dies nicht mehr der Fall. Dann verfällt er oft in einen komatösen Zustand, bei dem Herzschlag und Atmung, sogar die Körpertemperatur, stark reduziert sind.

Kennzeichnend für den außergewöhnlichen Bewusstseinszustand ist außerdem, dass der Visionär das Gefühl hat, er sei wach. Das Wachheitserleben nimmt sogar zu, je mehr die Sinneswahrnehmung ausgeschaltet ist. Gerade jene Visionäre, die sich während der „Schauung" für den Außenstehenden im Koma befinden, erklären nach der „Rückkehr", sie hätten sich wacher gefühlt als je zuvor. Einhellig erklären sie auch, das Geschaute sei für sie realer gewesen als alles, was sie sonst je wahrgenommen haben. Die Alltagswirklichkeit erscheine ihnen nun geradezu blass und schattenhaft gegenüber jener Wirklichkeit, die ihnen „gezeigt" worden sei.

Im Bereich der „Erscheinungen" gibt es allerdings Abstufungen. Hier kann der Realitätscharakter des Geschauten geradezu als Maß für die Tiefe des außergewöhnlichen Bewusstseinszustandes dienen. Je geringer nämlich die Tiefe dieses Zustandes ist, desto geringer ist der Realitätscharakter des Geschauten. Dieser Sachverhalt kann hilfreich sein, wenn man daran interessiert ist, die Vision von der sogenannten aktiven Imagination abzugrenzen, denn Letztere geschieht in der Übergangszone zwischen Wachbewusstsein und den anderen Bewusstseinszuständen.

Immer sind Visionen mit intensivem Erleben verbunden, doch bestehen auch hier Abstufungen, zumindest im Bereich der „Erscheinungen": von der Erlebnisqualität „großer" Träume bis zum völligen Überwältigtsein. Maximal ist die Erlebnisintensität bei der „Entrückung".

Vom Bildgehalt her ist für die Vision charakteristisch, dass sie reich ist an archetypischen Bildern und Motiven. Zudem sind Visionen sehr dicht, d. h. arm an nebensächlichem Beiwerk, wie es sich in Träumen häufig findet. Die Dichte eines visionären Textes geht ungefähr parallel zur Erlebnisqualität und zum Realitätscharakter.

Kennzeichnend für die Vision sind auch Lichterscheinungen. Visionäre erzählen von einem Licht, „wie man es sonst nie sieht". Oft werden Visionen durch Lichterscheinungen eingeleitet. Licht ist gelegentlich sogar das Einzige, das geschaut wird und Erleben auslöst. Das Erleben bei reinen Lichtvisionen ist häufig ein Evidenzerleben, bei dem es einem „wie Schuppen von den Augen" fällt. Als abgeschwächte Evidenzvisionen können die sogenannten Transparenzerlebnisse bezeichnet werden. Diese bestehen darin, dass ein Mensch die sinnlich wahrgenommene Umgebung völlig anders sieht als sonst. Er hat den Eindruck, er sehe durch alle Dinge hindurch: Er sehe sie plötzlich in ihrem „wahren Wesen". Wegen der überwältigenden Intensität des Erlebens, welches Transparenzerlebnisse begleitet, sind diese den Visionen, d. h. der inneren Wahrnehmung im außergewöhnlichen Bewusstseinszustand, zuzuordnen.

Betrachten wir noch die Dauer der Vision sowie deren Häufigkeit. Die Dauer kann variieren von Minuten bis zu Tagen. Auch die Häufigkeit variiert. Es kann sein, dass ein Mensch im Verlauf seines Lebens nur ein einziges Mal von einer Vision befallen wird. Dies kann schon genügen, um seine bewusste Einstellung in eine völlig andere Richtung zu lenken. Derartige Visionen haben gewöhnlich Korrekturfunktion bei Fehleinstellungen und treten dann auf, wenn selbst auf mehrfache Korrekturträume nicht geachtet wird.

Es gibt aber auch habituelle Visionäre. Diese erleben gewöhnlich eine große Initialvision: entweder eine „Bekehrungs"- oder eine „Berufungsvision". Die folgenden „kleineren" Visionen dienen dann entweder der Vertiefung des anfangs Geschauten oder helfen bei der Durchführung des in der Initialvision erhaltenen Auftrags. Ein Beispiel: Die biblischen Berichte über die Erlebnisse des Moses auf dem Sinai und dessen Gespräche mit Jahwe im Heiligen Zelt zeigen, wie Moses nach seiner Berufungsvision zu einem habituellen Visionär (Auditionär) wurde und wie ihm demzufolge die „Stimme Gottes" beim Ausbau der neuen Religion den Weg wies.

Wie gezeigt, stützt sich unser heutiges Wissen über die Vision nicht allein auf die Felderfahrung in der tiefenpsychologischen Praxis. Eine besonders wertvolle Ergänzung der Felderfahrung aus der Visionsliteratur sind Erlebnisberichte von Visionären sowie auch Berichte von Menschen, die Visionäre beobachtet und oft sogar auf die Probe gestellt haben. Erlebnisberichte von Visionären bilden natürlich wertvolles Material für die hermeneutisch-tiefenpsychologische Forschung. Sie sind aber auch wertvoll für die Theorie der Vision, insbesondere, wenn man Berichte aus verschiedenen Kulturen miteinander vergleicht. Dann lässt sich nämlich sehr schön erkennen, wie die Bilderwahl des Unbewussten durch die Sozialisation des Visionärs beeinflusst wird: wie – in technischer Sprache ausgedrückt – das Bewusstsein ans Unbewusste rückgekoppelt ist (vgl. Abb. 3. S. 35).

Begegneten nämlich christliche Visionäre bei einer „Entrückung in den Himmel" christlichen Heiligen, Engeln, Maria und der göttlichen Trinität, wurden Visionäre aus anderen kulturellen Traditionen in ganz anders bevölkerte Himmel entrückt. So traf z. B. der Oglala Sioux Schwarzer Hirsch[4] über den Wolken Scharen von Pferden, die aus den vier „heiligen" Richtungen seiner Religion herkamen, welche die diesen Richtungen entsprechende Farbe hatten und mit den diesen Richtungen entsprechenden Attributen geschmückt waren. Die „heiligen" Pferde bildeten dann einen Zug und führten Schwarzen Hirsch zu einem aus Wolken gebildeten Tipi, in dem sechs „große Väter" saßen: vier aus den „heiligen" Richtungen und je einer vom höchsten und vom tiefsten Punkt der Welt. Diese schenkten ihm u. a. eine „heilige", mit Adlerfedern geschmückte Pfeife und gaben ihm den Auftrag, sein Volk zum Heil zu führen.

Die jüdischen Visionäre aus der Schule der Merkabah – einer Schule, die den Thronwagen Gottes, den Ezechiel geschaut, zu einem himmlischen Palast weiterentwickelt hatte[5] – wanderten bei ihren „Entrückungen" durch die Räume dieses Palastes und gelangten schließlich zu jenem Vorhang, hinter dem gemäß ihrer Schultradition das Unaussprechliche war.

Den Berichten von Visionären lässt sich aber auch entnehmen, dass trotz der Rückkoppelung des Ich ans Unbewusste immer auch die bildschöpferische Funktion des Selbst am Werke ist: dass immer auch Bilder auftreten, die von dem aus der Tradition Erlernten abweichen sowie auch, dass die der Tradition entsprechenden Gestalten immer wieder etwas sagen, das der traditionellen Lehre widerspricht. In der Religionsgeschichte erwiesen sich gerade die von der Tradition abweichenden Bilder oft als etwas, das die Bewusstseinsevolution förderte. Wegen der großen Autorität, welche Visionäre als Empfänger göttlicher Offenbarung in archaischen Gesellschaften hatten, führten ihre Schauungen oft zu einem neuen Gottesbild und damit zu einer „höheren" Religion. Gerade dies zeigt uns ja der biblische Bericht von der Vision des Moses vom brennenden Dornbusch und der dabei sich ereignenden Audition.

Im Christentum mit seinem stark ausgeprägten Streben nach Orthodoxie ergaben sich beim Auftreten unorthodoxer Gottesvisionen allerdings große

Schwierigkeiten. In der Regel gelang wohl die Assimilation an die „richtige" Lehre. Wie dies geschah, kann man bei der reichen Quellenlage oft gut erkennen. Wegen der großen Erlebnisintensität verschlägt es nämlich dem Visionär erst einmal die Sprache. Erst nach längerer Zeit und oft gegen große innere Widerstände erzählt er, was er geschaut hat. Diese Latenzzeit gab gewöhnlich Gelegenheit, die unorthodoxen Erfahrungen – meistens unter Rücksprache mit einem Seelenführer – an die Orthodoxie anzugleichen. Dass dies nicht immer gelang, zeigt die Ketzergeschichte. Nach der Reformation, als im Bereich der evangelischen Kirchen der orthodoxiebewahrende Apparat nicht mehr so machtvoll war wie in der katholischen, entstanden aus unorthodoxen Visionen oft lebensfähige, neue christliche Glaubensgemeinschaften wie z. B. die der Mormonen.

Die Projektion

Die Tatsache, dass der Visionär den Eindruck hat, das Geschaute spiele sich in der Außenwelt ab, obwohl es sich dabei um innere Wahrnehmung handelt, wird in der Tiefenpsychologie als Projektion bezeichnet. Unter Verwendung dieses Fachausdrucks kann man sagen, im außergewöhnlichen Bewusstseinszustand werde der aus dem Unbewussten kommende Bilderstrom in der Projektion wahrgenommen und deshalb konkretistisch, d. h. als Wahrnehmung konkreter Dinge und Wesen, aufgefasst (apperzipiert, vgl. Abb. 4).

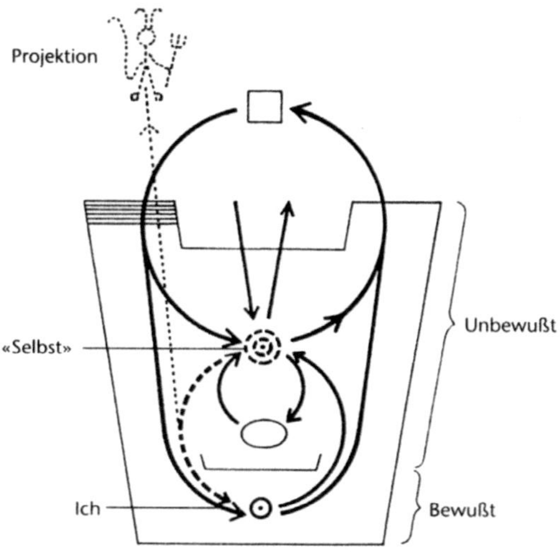

Abb. 4 Die Projektion © Willy Obrist

Bilder des inneren Informationsstromes werden durch unbewusste Vorgänge in die Außenwelt projiziert, vom Ich in der Projektion wahrgenommen und als konkrete Wesen aufgefasst (apperzipiert, vgl. Abb. 3, S. 35).

Nun hat die ethnologische Forschung ergeben, dass bei „Naturvölkern" auch Träume, ja sogar Wachfantasien in der Projektion wahrgenommen und deshalb konkretistisch apperzipiert wurden. Dass bei uns nur noch Visionen den Eindruck erwecken, das Geschaute spiele sich außen ab, ist Folge der Evolution des Bewusstseins. Seit der Pionierzeit der Verhaltensforschung wissen wir, dass Tiere – also völlig unbewusste Lebewesen – durch ihre Erkenntnis – und Verhaltensmuster fest in ihre arteigene Umwelt eingefügt sind: dass sie – in der Sprache der Technologie ausgedrückt – zusammen mit ihrer arteigenen Umwelt ein kybernetisches System bilden[6]. Durch das In-die-Welt-Treten von Bewusstsein beim Evolutionsschritt vom tierischen Primaten zum Menschen ergab sich die Möglichkeit, sich sukzessive aus diesem festen Eingefügtsein herauszulösen: der „Welt" bzw. der objektiven Wirklichkeit als etwas von einem selber – vom Subjekt bzw. Ich – zu Unterscheidendem gegenüberzutreten. Das, was man Evolution des Bewusstseins nennt und gewöhnlich als fortschreitende Fähigkeit zur Unterscheidung von Ich und Nicht -Ich umschreibt, besteht zur Hauptsache in diesem schrittweisen Sich -Herauslösen des Menschen aus dem Eingefügtsein in seine arteigene Umwelt.

Aus dem ethnografischen Material wurde ersichtlich, dass bei nur geringem Grad der Herauslösung das Gefühl des Eingefügtseins noch überwog. Dabei ist zu beachten, dass der frühe Mensch sich nicht nur in eine sinnlich wahrnehmbare Umwelt – in die Welt der sichtbaren Dingo – eingefügt erlebte, sondern auch in eine unsichtbare Welt: in eine Welt voll unsichtbarer Mächte, und zwar von Mächten, die auf ihn einwirkten. Allerdings vermochte der frühe Mensch noch nicht klar zwischen sichtbarer und unsichtbarer Welt zu unterscheiden, so wenig wie er zwischen belebten und unbelebten Dingen oder zwischen lebendig und tot zu unterscheiden vermochte. So waren für ihn hervorragende Dinge gleichzeitig wirkmächtig. Es war dies die Evolutionsstufe des Bewusstseins, auf der die magischen Praktiken noch für die geeignete Art des Umgangs mit der sonst nicht zu beherrschenden Umwelt gehalten wurden.

Wegen des geringen Herausgelöstseins – der noch geringen Fähigkeit des wenig entwickelten Ich, sich als etwas vom Nicht-Ich Getrenntes zu erfahren – fühlte sich der frühe Mensch auf eine für uns kaum mehr nachvollziehbare Weise mit allen Dingen, die ihn umgaben, geradezu physisch verbunden bzw. verwandt. Man bezeichnet diese ursprüngliche Art des Welterlebens heute als Partizipationserleben. Reste davon kann man bei „Naturvölkern" heute noch feststellen. Was man – mit Blick auf die Erlebensweise – Partizipation nennt, bezeichnet man – bei Betrachtung „von außen her" – als archaische Identität. Mit diesem Ausdruck ist etwas Ähnliches gemeint, wie mit der Aussage der Verhaltensforschung, Tiere bildeten zusammen mit ihrer arteigenen Umwelt ein kybernetisches System. Natürlich war auf frühen Stufen der Menschheitsentwicklung das Eingebettetsein nicht mehr so vollständig wie bei unseren tierischen Vorfahren. Da aber Bewusstsein – und damit die Bildung eines Ich – erst wenig entwickelt war, überwog das Identischsein bzw. das Partizipationserleben.

Wenn wir nun fragen, worauf es beruhte, dass der frühe Mensch sich von unsichtbaren Mächten umgeben fühlte, können wir heute sagen, es habe sich daraus ergeben, dass die aus dem Innern kommenden Bilder noch so erlebt (apperzipiert) wurden, als befänden sie sich außen und die aus dem Innern kommenden Impulse so, als wirkten sie von außen auf den Menschen ein. In der Fachsprache der Tiefenpsychologie ausgedrückt: Es beruhte darauf, dass die aus dem unbewussten Bereich der Psyche kommenden Bilder und Impulse in der Projektion wahrgenommen wurden.

In dem Maße nun, wie die Fähigkeit, zwischen Ich und Nicht-Ich zu unterscheiden, zunahm, gingen Partizipationserleben bzw. archaische Identität oder Projektionscharakter des innerlich Wahrgenommenen zurück. Zuerst schwächte sich der Projektionscharakter der Wachfantasien ab, dann der der Träume. Bis heute erhalten geblieben ist, wie gesagt, der der Vision.

Die Zunahme der Fähigkeit, zwischen sinnlich und innerlich Wahrgenommenem zu unterscheiden, ging nun in der Weise vor sich, dass – in einer lang andauernden ersten Entwicklungsphase – immer deutlicher zwischen zwei außen befindlichen Bereichen der Wirklichkeit unterschieden wurde: zwischen einer sichtbaren und einer unsichtbaren, einer materiellen und einer geistigen, einer natürlichen und einer übernatürlichen Welt.

Als es dann im Zug der Entdeckung des Unbewussten möglich wurde, das Trügerische des spontanen Eindrucks auch bei der Vision zu durchschauen – zu erkennen, dass es sich auch bei der Vision um innerlich wahrgenommene Veranschaulichungen psychischer Mächte und Vorgänge handelt – bedeutete dies einen ganz entscheidenden erkenntnistheoretischen Durchbruch.

Eine Periode des Weltverstehens, welche von der Steinzeit bis weit in unsere Neuzeit hinein gedauert hatte, war damit abgeschlossen. Ein irreversibler Evolutionsschritt des Bewusstseins war vollzogen. Man könnte sagen, die jenseitige Welt sei durch diese Einsicht ins Innere des Menschen hereingeklappt worden. Natürlich wurde nichts hereingeklappt, das vorher außen gewesen ist. Es wurde lediglich erkannt, dass das, was immer schon aus dem Innern kam, früher so wahrgenommen wurde, als befände es sich außen.

Welche Konsequenzen dieser Schritt für die Theologie hat, soll erst später besprochen werden, wenn wir noch mehr über das innerlich Wahrgenomme erfahren haben. Erst dann wird man nämlich erfassen können, dass das, was die theologische Reflexion aufgrund konkretistischer Apperzeption des innerlich Wahrgenommenen erarbeitet hat, auch bei der neuen Sicht der Dinge seinen Aussagewert behält.

Befassen wir uns indessen noch einen Moment mit dem Ausdruck „Projektion". Halten wir als Erstes fest, dass „Projektion" im tiefenpsychologischen Sprachgebrauch eine völlig andere Bedeutung hat als in dem des ideologischen Positivismus. Theologen assoziieren nämlich mit dem Ausdruck Projektion) meistens Ludwig Feuerbach und reagieren dann mit heftiger Abwehr gegen dieses Wort. Nun ist aber zu bedenken, dass Feuerbach aufgrund philosophischer Spekulation (nicht aufgrund von Empirie!) zu diesem Begriff kam. Ferner, dass er vom Menschenbild der Aufklärung ausging: von der Vorstellung, die Vernunft bzw. das Ich sei das einzige Geistige im Menschen. So fasste er denn die christlichen Glaubensinhalte als etwas vom Ich frei Erfundenes auf: als illusionäre Hilfskonstruktion zur Überwindung der Angst. Dazu kommt noch, dass Feuerbach als aggressiver Religionskritiker die unter Philosophen der späten Aufklärung verbreitete Meinung unterstützte, eine machthungrige Priesterschaft habe diese aus Angst geborene Illusion für ihre eigenen Zwecke ausgenutzt. Dass der Ausdruck „Projektion" dadurch für Theologen zu einem roten Tuch wurde, ist begreiflich.

Nun ist aber mit Nachdruck darauf hinzuweisen, dass „Projektion" im tiefenpsychologischen Sprachgebrauch eine völlig andere Bedeutung hat als im positivistischen. Erstens geht man in der Tiefenpsychologie vom neuen – durch die Entdeckung des Unbewussten zustande gekommenen – Menschenbild (Abb. 7) aus. Zweitens ist der Begriff „Projektion" hier empirisch begründet. Er dient hier dazu, einen beobachtbaren Sachverhalt zu benennen und zwar einen Sachverhalt innerhalb des psychischen Prozesses, der auch außerhalb jenes Bewusstseinszustands, in dem Visionen empfangen werden, zu beobachten ist. Bevor wir jedoch auf die Projektionen im Wachzustand eingehen, sei noch Folgendes festgehalten: Zwar werden die in der Vision geschauten Gestalten heute nicht mehr als konkrete Wesen aufgefasst, sondern als bildsprachlicher Ausdruck. Diese bildsprachlichen Ausdrücke gelten jedoch nicht als Illusionen, sondern als Veranschaulichungen realer psychischer Mächte: von Mächten, deren Einwirken auf das Ich erfahren und beobachtet werden kann.

In den Sprachgebrauch der empirischen Psychologie eingeführt wurde der Begriff „Projektion“ nicht aufgrund von Beobachtungen bei visionären Zuständen, sondern – entsprechend der Herkunft der Tiefenpsychologie aus der Medizin – beim Bemühen um das Verständnis psychischer Krankheiten. Sigmund Freud hat ihn ca. 1895 eingeführt, als er sich darum bemühte, das Zustandekommen der Hysterie, der Angstneurose und der Paranoia zu verstehen. Freud kam zum Schluss, dass das Ich eine Abwehrtendenz hat: dass es dazu neigt, unangenehme, peinliche und schmerzhafte Erlebnisse und Einsichten von sich wegzuschieben bzw. zu verdrängen. Die verdrängten, unbewusst gewordenen Inhalte wurden nun in der Folge oft (scheinbar) in der Außenwelt wahrgenommen, z. B. in der Einstellung anderer Menschen zu einem selbst. Oft wurden sie auch als Stimmen gehört, die einem Vorwürfe machten oder einen auslachten. Dieses Hören von Stimmen (sowie auch das Sehen nicht vorhandener Gestalten) würde in der damaligen Psychopathologie als Halluzination bezeichnet. Zur Benennung der Tatsache, dass aus dem unbewussten Bereich der Psyche Kommendes scheinbar außen wahrgenommen wurde, gebrauchte Freud den Ausdruck „Projektion“.

Freud bemühte sich jedoch von Anfang an, nicht nur Störungen des Seelenlebens, sondern auch das Funktionieren der normalen Psyche zu ergründen. Dabei stellte sich heraus, dass die Projektion unbewusster Inhalte etwas ganz Normales ist. Während aber die erst später entdeckte Projektion bei Visionen sozusagen mit den Händen greifbar ist, ist die von Freud beschriebene Projektion im Wachzustand subtiler Art. Auch kommen die im Wachzustand auftretenden nicht wie die im visionären Zustand aus dem „überpersönlichen“ bzw. arteigenen Unbewussten, sondern aus dem persönlichem. Es handelt sich deshalb dabei auch nicht um weiterführende, zielgebende oder erhellende Botschaften, sondern – zur Hauptsache – um nicht eingestandene negative Eigenschaften. In der Regel ist es ja so, dass ein Mensch, der zu Rücksichtslosigkeit, zu Ehrgeiz und Machtstreben, zu Habgier oder Rachsucht neigt, diese Eigenschaften wegen ihrer Missbilligung durch das Kollektiv verdrängt, sie aber dann an anderen Menschen „wahrnimmt“: dass er nun Menschen seiner Umgebung als rücksichtslos, ehrgeizig und machthungrig zu erkennen glaubt. Es wurde zwar festgestellt, dass der Projektionsträger gewöhnlich ein „Häkchen“ hat, an das sich die Projektion anhängen kann, doch wird jeweils nicht dieses Häkchen wahrgenommen, sondern das eigene Verdrängte, das sich daran angehängt hat.

C. G. Jung schuf für die Gesamtheit der von einer Person verdrängten Eigenschaften den handlichen Ausdruck „Schatten“. Es ist nun eine Erfahrung, dass zu Beginn einer Analyse sich vorwiegend Schatten-Träume einstellen: Träume, welche die verdrängten negativen Eigenschaften des Analysanden darstellen. Eine schwierige Aufgabe ist es dann, seinen Schatten zu integrieren: sich erstens einzugestehen, dass man diese Eigenschaften hat. Dies geht in der Regel nicht ohne große Widerstände vor sich, da ja das Ich dazu neigt, das Unangenehme abzuwehren. Eine noch schwierigere Aufgabe ist es dann, mit diesen Eigenschaften zu leben: diese, da man sie schon nicht ausrotten kann, auf ein erträgliches Maß zu reduzieren, sie eventuell sogar hilfreich einzusetzen.

Die Rücknahme der Schattenprojektion ist ein Musterbeispiel für die Kooperation zwischen Unbewusstem und Bewusstsein. Auf die Projektion aufmerksam gemacht wird das Ich vom Unbewussten: durch die Schatten-Träume. Das Sich-Eingestehen und die Integration des Projizierten ist zwar zu einem beträchtlichen Teil Sache des Ich, doch kann das Ich diese Aufgaben kaum je bewältigen ohne die Hilfe des Selbst: ohne jenen aus dem Unbewussten kommenden Kraftzuwachs, der in der Sprache der Theologie als Gnade bezeichnet wurde. – Übrigens umfasst der Begriff „Schatten" nicht nur negative Eigenschaften, sondern auch schlummernde positive, d. h. dem betreffenden Menschen nicht bewusste Fähigkeiten. Auch diese werden oft in der Projektion wahrgenommen, was dann zur Überschätzung anderer Menschen und meistens auch zu Enttäuschung über deren Verhalten führt. Dass Letzteres bei der Verliebtheit eine große Rolle spielt, ist wohl bekannt.

Aus dem Raum der empirischen Psychologie wurde schon mehrmals gegen die Verwendung des Ausdrucks „Projektion" opponiert; in jüngerer Zeit vor allem aus der Schule der sogenannten Daseinsanalyse, einer philosophisch geprägten Schule, die sich an die Gedankengänge Martin Heideggers anlehnt und auch dessen Terminologie übernommen hat. Als Argument wird von Daseinsanalytikern vor allem angeführt, mit „Projektion" würden mechanistische Vorstellungen assoziiert. Der Einwand ist an sich nicht unberechtigt, hat doch Freud dieses Phänomen zu einer Zeit beobachtet und benannt, als er noch von einem psychischen Apparat sprach und noch glaubte, psychische Vorgänge mithilfe des Energiebegriffs der Physik erklären zu können. So mag denn damals die Vorstellung eines Projektionsapparates der Verwendung des Ausdrucks „Projektion" Pate gestanden haben. Heute jedoch kommt diesem Wort in der Tiefenpsychologie keinerlei erklärende Bedeutung mehr zu. Es dient lediglich zur Benennung eines zu beobachtenden Sachverhalts, und zwar eines Sachverhalts, von dem wohl jeder Psychologe weiß, dass er – wie alles Psychische – nicht erklärt werden kann. Dies ist jedoch kein hinreichender Grund, auf den eingebürgerten Terminus „Projektion" zu verzichten. Man spricht ja auch von Helligkeitssehen, obwohl kein Neurobiologe sagen kann, wie dies vor sich geht, da es ja im Sehzentrum der Großhirnrinde – dort, wo wir Helligkeit wahrnehmen – stockfinster ist.

Zu erkennen, dass der Mensch dazu neigt, einen Schatten zu bilden und dass dieser Schatten dann in der Projektion auf andere Menschen wahrgenommen wird, war eine der großen Entdeckungen der Pioniere der Tiefenpsychologie. Allerdings war es im Grunde genommen nur die Wiederentdeckung eines infolge des positivistischen Menschenbilds vergessenen Sachverhalts. In den Schulen der Spiritualität war dieser schon lange vor Beginn unserer Zeitrechnung bekannt, auch wenn sie ihn – aufgrund ihres jeweiligen Weltbilds – anders interpretierten. Wenn z. B. in der Tradition des Joga gesagt wurde, der Schleier der Göttin Maya lege sich einem im Samsarazustand befindlichen, d. h. unbewusst dahinlebenden Menschen über die Dinge, war das gemeint, was wir heute als Alltagsprojektionen im Wachzustand bezeichnen. Das Gleiche meinte Buddha, wenn er von der Verblendung als einem der menschlichen Kardinallaster sprach. Mit der Befreiung, die in Indien als Ziel der spirituellen Schulung galt, war in erster Linie die Befreiung von diesem Verblendetsein bzw. von der Illusion der Maya gemeint. Heute bezeichnen wir als Ziel des Individuationsprozesses – des Analogons zur spirituellen Schulung in archaischer Zeit – die individuelle Bewusstwerdung, und die analytische Erfahrung zeigt, dass individuelle Bewusstwerdung sich zu einem beträchtlichen Teil aus der Rücknahme von Projektionen – durch das Heben des Maya-Schleiers – ergibt.

Nicht nur Verdrängtes wird im Wachzustand projiziert. Auch wenn das Unbewusste auf eine neue Einstellung drängt, wird diese in der Regel erst einmal in der Projektion wahrgenommen. Dies gilt für das Individuum wie für das Kollektiv. So kündigte sich zu Beginn der Neuzeit das kommende Menschenbild der Aufklärung in der Projektion auf den Menschen der Antike an. In ihm glaubte man zur Zeit der Renaissance und des Humanismus, einen Menschen gefunden zu haben, der seinen Blick nicht auf den Himmel richtete, sondern auf „diese" Welt: der sich nicht vom göttlichen Willen bestimmen ließ, sondern selber erkannte und bestimmte, was richtig ist. Einen Menschen ferner, der nicht blind an Autoritäten glaubte und sein Wissen aus überlieferten Schriften schöpfte, sondern auf eigene Beobachtungen stützte und auf Erkundung ausging. Dass der Mensch der Antike ganz anders war, als man angenommen hatte: dass er vor allem ein Homo religiosus war, der bei seinen Entscheidungen auf den Willen der Numina achtete, erkannte man erst im 20. Jahrhundert, als das Menschenbild der Aufklärung nicht mehr auf den engen Kreis der „Gebildeten" beschränkt blieb, sondern ins allgemeine Bewusstsein eindrang und auf breitester Front in Leben umgesetzt wurde.

Heute, da wiederum ein neues Menschenbild zur Verwirklichung drängt – das Bild eines Menschen, der bewusst bezogen ist auf Mitmensch und Umwelt – wird dieses wiederum in der Projektion wahrgenommen. Das Bezogensein auf die Natur glaubt man z. B. bei Indianern zu finden, obwohl jene, sofern sie in ihrer angestammten Kultur verblieben, nicht bewusst bezogen sind, sondern noch in unbewusster Partizipation mit Sippe und Natur leben. Die Bezogenheit auf das Unbewusste glaubt man bei fernöstlichen Kulturen zu finden, sieht jedoch nicht, dass dort noch vor dem Hintergrund einer mythischen Weltsicht gelebt und gelehrt wird: einer Weltsicht, die da, wo wir vom Unbewussten reden, von einem außen befindlichen, kosmischen Geist spricht.

Im christlichen Raum wird das neue Menschenbild heute hauptsächlich auf das frühe Christentum projiziert: auf das „noch reine, vom griechischen Geist noch nicht verdorbene" Christsein vor der Dogmatisierung des christlichen Mythos. Dies zeigt sich u. a. darin, dass das Interesse sich mehr und mehr auf die Person Jesu, d. h. auf dessen vorbildliche menschliche und religiöse Haltung richtet und dass das, was im Credo über ihn ausgesagt wird – der einst auf Jesus projizierte christliche Mythos – im allgemeinen Bewusstsein verblasst.

Die Wirkkraft des innerlich Wahrgenommenen

Um den kategorialen Unterschied zwischen sinnlicher und innerer Wahrnehmung zu erfassen, müssen wir Sinneswahrnehmung einschränken auf Wahrnehmung der Natur. Was einem von anderen Menschen mitgeteilt wird – sei es direkt, sei es über kulturelle Gestaltungen – muss, obwohl es auch über die Sinnesorgane einfließt, ausgeklammert werden, weil dabei (beim „Sender") immer auch innerlich Wahrgenommenes im Spiel ist.

Sinneswahrnehmung hat, wenn sie so verstanden wird, erstens Abbild-Charakter, während es sich beim innerlich Wahrgenommenen zum überwiegenden Teil um bildhafte Veranschaulichungen unanschaulicher, meistens psychischer Realitäten handelt.

Sinneswahrnehmung ist ferner neutral in dem Sinn, dass sie dem Ich lediglich Information vermittelt. Einerseits regt sie zum Denken, d. h. zur Verknüpfung von Sachverhalten an, andererseits zum Bewerten: zur Entscheidung, ob etwas für uns bekömmlich ist oder nicht. Innere Wahrnehmung hingegen wandelt das Ich. Die wandelnde Wirkung der inneren Wahrnehmung lässt sich auf zwei Komponenten zurückführen. Das sind einmal die in der Bildersprache des Unbewussten kodierten Texte. Diese können in unsere Begriffssprache übersetzt werden. Ein Mensch, der bereit ist, auf die Stimme des Unbewussten zu hören, kann ihr Hinweise für seine Einstellung und sein Verhalten entnehmen und diese in bewusst gelebtes Leben umsetzen. Daneben wirkt innere Wahrnehmung auch unmittelbar wandelnd auf das Ich. Ausdruck dieser dynamischen Qualität ist ihr prinzipieller Erlebnischarakter. So haben Träume immer einen Gefühlston. Sie können einem Angst einjagen, sie können beruhigen oder beglücken. Zur kunstgerechten Bearbeitung eines Traumes gehört es somit, nach dessen Gefühlston zu fragen. Erleben ist schwer zu vermitteln. Erfassen kann jemand fremdes Erleben im Grunde genommen nur dann bis zu einem gewissen Grad, wenn er selber gleichartige Erlebnisse gehabt hat. Auch gibt es kein Maß, mit dem Intensität des Erlebens gemessen werden kann. Intensives Erleben drückt sich teilweise im Aussehen des Analysanden aus, mehr aber noch in der psychischen Wirkung: in der Art, wie es die Einstellung ändert.

Große Träume und Visionen sind in der Regel sehr erlebnisintensiv. Besonders Visionen können mit einem Schlag einen Wandel der Person herbeiführen. Eine meiner Analysandinnen brachte sich in viele Schwierigkeiten durch eine Haltung, die in der spirituellen Tradition als geistlicher Hochmut bezeichnet wurde. Korrekturträume schlug sie in den Wind. Da überfiel sie eine Vision. Darin fand sie sich vor einen Gerichtshof gestellt, der ihr u. a. befahl, niederzuknien und mit der Stirn den Boden zu berühren. Nach der Vision war sie völlig verwandelt. Sie war – und ist seither – die Bescheidenheit in Person.

Nicht immer ist die wandelnde Wirkung des innerlich Wahrgenommenen so dramatisch. Wenn ein Mensch einigermaßen bereit ist, auf die Botschaften des Unbewussten zu hören, geht die Wandlung unauffällig, in kleinen Schritten, vor sich.

Notwendig ist eine Wandlung einerseits bei Fehlverhalten wie im vorliegenden Fall. Indessen ist permanente Wandlung von jedem Menschen gefordert im Zug des Individuationsprozesses, gehe dieser nun spontan vor sich oder unter analytischer Begleitung. Psychotherapie – im Unterschied zur Psychagogik – wird besonders dann notwendig, wenn die vom arteigenen Programm geforderte Wandlung verweigert wird und zwar deshalb, weil der Mensch dann auf infantiler Stufe verharrt und sich neurotische Symptome einstellen. Dieses Sich-Verweigern setzt sich oft weit in die Therapie hinein fort. Man spricht dann von (unbewusstem) Widerstand gegen Bewusstwerdung. Dieser äußert sich u. a. darin, dass alles Deuten von Träumen zu nichts führt, obwohl der Analysand sich an ihrem Inhalt sehr interessiert zeigt. Er nimmt die Botschaften des Unbewussten nur mit dem Intellekt auf, zum Herzen dringen sie nicht vor und deshalb ändert sich kaum etwas. Es gilt als Regel, dass Widerstände geachtet werden müssen, d. h., dass man sie nicht brechen darf (und meistens auch nicht brechen kann!). Harrt man geduldig aus, kommt es eines Tages, oft völlig unerwartet, zum „Aha"-Erlebnis. Oft belehrt dann der Analysand sogar den Analytiker darüber, wo der Fehler lag und was richtig ist, und zwar so, als hätte ihm der Analytiker bei der Interpretation der Träume nie etwas Derartiges gesagt. Meistens vollzieht sich dann die Wandlung wie von selbst; allerdings oft nur, bis der nächste Schritt fällig wird und sich wiederum Widerstand einstellt.

Bis jetzt habe ich immer von innerer Wahrnehmung gesprochen. Im Hinblick auf ihren wandelnden Charakter wäre der Ausdruck „innere Erfahrung" treffender, und zwar Erfahrung in dem Sinn, wie Theologen von religiöser Erfahrung sprechen.

Bei den vorhin beschriebenen Widerständen handelt es sich um solche bei einzelnen Bewusstwerdungsschritten. Nun beobachtet man aber auch einen prinzipiellen, heute fast universell verbreiteten Widerstand. Dieser lässt sich formulieren mit dem Satz: „Kann ich mich überhaupt auf die Weisungen des Unbewussten verlassen?" Auf diesen Widerstand bezieht sich Jungs berühmter Ausspruch, im Verlauf eines Individuationsprozesses stelle sich früher oder später die religiöse Frage. Nicht Zustimmung zur christlichen Religion meinte Jung damit, wie Theologen oft glauben, sondern religiöse Haltung: das, was in theologischer Terminologie als „fides, qua creditur" bezeichnet wird.

Man muss sich dabei nicht nur auf die Aussage C. G. Jungs stützen. Jeder Analytiker kann diese Beobachtung machen. In dem Moment nämlich, in dem der Analysand zur Gewissheit gelangt, dass – in tiefenpsychologischer Terminologie gesagt – auf den inneren Meister unbedingter Verlass ist, ist der tote Punkt überwunden. Dann berührt die innere Wahrnehmung nicht mehr nur den Intellekt, sondern wird zur inneren Erfahrung, die wandelnd wirkt. Dann ergibt sich jenes Hand-in-Hand-Gehen von Ich und Selbst, das in unserer spirituellen Tradition „Wandeln unter den Augen Gottes" genannt wurde. Dann stellt sich – in theologischer Sprache ausgedrückt – Glauben im Sinne der „fides qua" ein, ebenso Hoffnung im Sinne von Zuversicht, dass es am Ende recht herauskommt, und Liebe im Sinne von bewusstem Bezogensein auf Mitwelt und Umwelt. All dies kann bei der Begleitung von Individuationsprozessen immer wieder beobachtet werden.

Dass der Widerstand gegen das Geschehenlassen-Können bzw. gegen religiöse Haltung heute so verbreitet ist, hängt vielleicht mit der allgemeinen Verkopfung zusammen, vielleicht auch damit, dass heute die meisten Menschen (auch die Kirchgänger) unter der Dominanz des im Ich zentrierten positivistischen Menschenbildes aufwachsen. In gewissem Ausmaß scheint er jedoch ein allgemein menschliches Problem zu sein, zumindest eines, das sich aus dem Leben auf einer höheren Entwicklungsstufe des Bewusstseins ergibt: aus einem höheren Grad von Herauslösung des Ich aus dem unbewussten Einssein mit der äußeren und inneren Natur.

Wie dieser Widerstand überwunden wird, ist unterschiedlich. Er kann durch ein numinoses Erlebnis – einen „großen" Traum oder eine Vision – im eigentlichen Sinn des Wortes zerschlagen werden. In den meisten Fällen löst er sich einfach auf. Immer aber bestätigt sich die Erfahrung, dass die Auflösung des Widerstands gegen religiöse Haltung nicht im Belieben des Ich steht, – dass sie nicht willentlich herbeigeführt werden kann – sondern dass sie geschieht. Für dieses Geschehen hat die Theologie den Ausdruck Gnade geschaffen und die Tiefenpsychologie hat kein besseres Wort dafür gefunden. Wichtig scheint es mir jedenfalls zu sehen, dass der theologische Ausdruck „Gnade" – ebenso wie der Ausdruck „fides qua" – sich auf Beobachtungen seelischer Reifungsvorgänge stützt. So ist es denn auch kein Zufall, dass die Gnadentheologie sich im Mittelalter entfaltet hat: zu einer Zeit, in der in einer Vielzahl von Orden das Sich-Üben im geistlichen Leben professionell betrieben wurde und die gelehrten Theologen in der überwiegenden Mehrzahl Ordensleute waren.

Trotz der Gleichheit der Beobachtungen scheint es mir aber doch wichtig, nicht darüber hinwegzusehen, dass bei der Vorstellung über die Herkunft der Gnade zwischen Tiefenpsychologie und Theologie der gleiche Unterschied besteht wie bei der Vorstellung über die Herkunft von Offenbarung. Lassen wir jedoch diesen Unterschied auch hier noch auf sich beruhen, denn für die Wirksamkeit des als Gnade bezeichneten Geschehens spielt es keine Rolle, ob man sich vorstellt, es komme vom Himmel herab oder aus dem unbewussten Bereich der Psyche.

Da es in diesem ersten Teil des Buches um die Einführung in die Tiefenpsychologie geht, sei indessen noch dargelegt, wie die Beobachtung des Wirkcharakters innerer Erfahrung sich im Rahmen der tiefenpsychologischen Theorie ausnimmt. Beachten wir hierzu, dass Jung – im Unterschied zu Freud – die Psyche als selbstregulierendes System aufgefasst hat. Er hat damit eine Betrachtungsweise lebendiger Systeme vorweggenommen, die sich später in der gesamten Naturbetrachtung durchgesetzt und für das Naturverständnis als äußerst fruchtbar erwiesen hat. Fassen wir die Psyche mit Blick auf ihre Fähigkeit zur Selbstregulation ins Auge, ergibt sich das Verständnis für die Wirkkraft des innerlich Wahrgenommenen sozusagen von selbst. Vorerst scheint es mir allerdings dienlich, sich darüber klar zu werden, was wir heute unter Psyche verstehen.

Heutige Auffassung von Psyche

Im mittelalterlichen Weltbild galt die Psyche bzw. Seele noch als Geistwesen, das sich vom Körper trennen kann. Im Zug der Entwicklung der biologischen Wissenschaften unterschied man dann am Menschen bis weit ins zwanzigste Jahrhundert hinein verschiedene „Seinsschichten“: eine vegetative, eine animalischc, cin psychische und eine geistige. Mit dem Übergang von der mechanistischen zur systemischen Betrachtung der Natur dehnte sich der Begriff des Psychischen dann sozusagen über alle diese Seinsschichten aus. Gleichzeitig kam die Unterscheidung zwischen bewusst Psychischem und unbewusst Psychischem hinzu. Was man früher geistige Schicht nannte, nennt man heute Bewusstsein. Das unbewusste Psychische, das man einst mit der traditionellen psychischen Seinsschicht gleichgesetzt hat, reicht bei der heutigen Sicht bis hinab in die Zelle. Zudem wird es – im Unterschied zum Bewusstsein als dem subjektiv Psychischen – als objektiv Psychisches verstanden.

Diese Betrachtungsweise gilt für jene Fachbereiche, welche psychische Fähigkeiten ins Auge fassen: für die medizinische Psychologie und die Psychosomatik. In der Biologie, die mehr auf die Fähigkeit der Lebewesen zur Selbstregulation achtet, wird – mit Blick auf den hierarchischen Aufbau der Organismen – von verschiedenen Integrationsebenen bzw. Ebenen der Selbstregulation gesprochen: von der intrazellulären und interzellulären Ebene, der Ebene der Organe und Organsysteme sowie der des Verhaltens. Die Ebene des Bewusstseins interessiert Biologen nicht.

Ferner ist zu beachten, dass man heute unter Leib und Seele bzw. Psyche und Soma nicht mehr zwei zu selbstständiger Existenz befähigte Wesenheiten sieht, sondern zwei Aspekte des an sich einheitlichen Lebewesens Mensch. Diese Sicht ergab sich dadurch, dass man die Art und Weise bewussten Erkennens ins Auge fasste, d. h. nicht mehr einfach von den gegebenen Dingen ausging. Es wurde erkannt, dass das Ich (das Subjekt) das Nicht-Ich (die objektive Wirklichkeit) sich nur in der Weise einverleiben kann, dass es sie in Begriffspaare zerlegt. Beim Vordringen hinter die Fassade des Augenscheins entstand durch fortschreitende Abstraktion eine Hierarchie von Begriffspaaren. Als „höchstes“ Begriffspaar ergab sich das von Soma und Psyche. Hand in Hand mit der Einsicht in diesen Zwang bewussten Erkennens zur Unterscheidung wurde die komplementäre Betrachtungsweise erfunden: die Möglichkeit, „letzte" Begriffspaare „im Kopf" wieder zusammenzufügen im Wissen darum, dass die raumzeitlichen Gebilde an sich einheitlich sind. Unter Psyche wird somit heute der psychische Aspekt des an sich einheitlichen Lebewesens Mensch verstanden. Die heute sich formende Weltsicht ist nicht mehr dualistisch wie die des Mittelalters, auch nicht mehr monistisch wie die positivistische bzw. materialistische, sondern unistisch.

Im Licht der unistischen Betrachtung ist es im Grunde genommen nicht mehr korrekt, von der Selbstregulation der Psyche zu sprechen, so als würde diese sich selbst regulieren. Man müsste eigentlich sagen: Das, was wir als Psyche bezeichnen, ist u. a. der Selbstregulierungsaspekt des Lebewesens Mensch. Diese Regulation spielt sich, wenn wir von der relativ autonomen Selbstregulation der Körperzellen absehen, im Nervensystem ab: in jenem Gewebe, das auf die Verarbeitung und Weiterleitung von Information spezialisiert ist. Innerhalb des Nervensystems lässt sich eine ganze Hierarchie von Integrations- bzw. Regulationszentren ausmachen. Beachten wir die Tatsache, dass wir bei informationsverarbeitenden Systemen – seien diese technisch oder lebendig – zwischen Hardware und Software unterscheiden müssen, so muss man sagen, die als Integrationszentren bezeichneten Komplexe von Nervenzellen (Neuronen) bilden die Hardware der Regulation. Worin die Software besteht und wie die Nervenzellen mit ihr umgehen, wissen wir nicht. Wie erwähnt, konnte bis heute nur aus Äußerungen des Systems (mit den Methoden der Psychologie und der Ethologie) auf dessen Software geschlossen werden.

Blicken wir auf die Hierarchie der neuronalen Zentren. Als oberstes, umfassendstes Regulationszentrum hat die Neurobiologie in jüngster Zeit das Gesamtintegrationssystem ausgemacht.[7] Dieses riesige, über die ganz Hirnrinde verteilte System (im Jargon Integrator genannt) besteht aus ca. 8 Milliarden Nervenzellen, wobei jede von ihnen über bis zu zehntausend Fortsätze (Dendriten) mit anderen Zellen dieses Systems verbunden ist. Der Gesamtintegrator verfügt (als Software) über all die ungezählten phylogenetisch erworbenen Sollwerte von den Blutspiegeln bis hinauf zu den Verhaltensmustern, ebenso – als in der Zeit zu vollziehendem Sollwert – über das Programm für die Entwicklung des Ich: jenes Programm, dessen Verwirklichung als Individuationsprozess bezeichnet wird.

Selbstregulation eines Systems heißt Verwirklichung und Aufrechterhaltung der dem System eingegebenen Sollwerte. Um dies in einer ständig sich verändernden Umgebung zu vollbringen, benötigt das System ständigen Zufluss von Information. Solche empfängt der Gesamtintegrator „von überall her": Information über die Außenwelt, über den Zustand des gesamten Organismus sowie über das, was im Bewusstsein vor sich geht. Ihm werden überdies die Instinktmotivationen angeboten, und er entscheidet dann, welcher Instinkt bzw. welche Instinktmischung im gegebenen Moment zum Zuge kommt.

Das, was mittels der tiefenpsychologischen Methode – durch Beobachtung der Wechselwirkung zwischen Bewusstsein und Unbewusstem – als Selbst ausgemacht werden kann, ist wahrscheinlich ein Aspekt dieses Gesamtintegrationssystems: die „Seite", die mit dem Ich in Wechselwirkung steht bzw. das Ich (an der „langen Leine") reguliert. Gerade letztere Formulierung mag auf manche Leserin, manchen Leser schockierend wirken. Es sei indessen bedacht, dass auch unser Bewusstsein (unser Ich, unsere „Vernunft") nicht im luftleeren, „kosmischen" Raum schwebt, sondern Ausdruck der Aktivität von Hirnrindenzellen ist. Es sei aber auch gleich gesagt, dass wir die Natur nur beschreiben, nie aber erklären können: dass schon das, was in einer schlichten Körperzelle geschieht, trotz aller Erkenntnisse der modernen Zellbiologie, unser Verständnisvermögen restlos übersteigt: dass es bewusstseinstranszendent ist.

Kommen wir zur Wirkkraft des innerlich Wahrgenommenen zurück. Gehen wir davon aus, dass Selbstregulation eines Systems durch Verarbeitung von Information nach dem Prinzip des rückgekoppelten Regelkreises geschieht und dass in einem solchen Regelkreis zwischen einem Merkbogen und einem Wirkbogen zu unterscheiden ist. Der Merkbogen führt zum Integrationszentrum hin, der Wirkbogen führt von diesem weg. Die theoretische Tiefenpsychologie hat nun, aufgrund von Beobachtungen, ein Blockschema des Informationsflusses zwischen Psyche und Außenwelt sowie innerhalb der Psyche erarbeitet (Abb. 3, S. 35). Betrachtet man dieses Schema vom Standpunkt des Ich aus, sieht man, dass diesem zwei unterschiedliche Informationsströme zufließen: der sinnliche und der innere. Auch sieht man, dass die beiden Informationsströme unterschiedliche Funktionen haben. Der sinnliche ist als Merkbogen des informationsverarbeitenden Systems „Ich" zu bezeichnen, der innere hingegen, über den das Ich von dem ihm (in existenziellen Belangen) übergeordneten Ganzheitszentrum Weisungen und Befehle empfängt, als Wirkbogen des Selbst. Daraus wird die beobachtbare Tatsache verständlich, dass die innere Wahrnehmung – im Unterschied zur Sinneswahrnehmung – das Ich wandelt. Die Richtlinien, nach denen das Ich gewandelt und – aufgrund der Rückkoppelung des Ich ans Selbst – korrigiert wird, sind, wie gesagt, festgelegt in der arttypischen, im Gesamtintegrationssystem gespeicherten „Software".

Numinoses Erleben

Ein völlig anderes Gesicht als das eben beschriebene zeigt uns die Psyche, wenn wir uns an die Stelle versetzen, an der die innere Wahrnehmung „ankommt": wenn wir deren Erlebnischarakter betrachten. Es ist dies die Sichtweise, in der der Tiefenpsychologe bei der Feldarbeit der Aktivität des Unbewussten gewahr wird.

Immer ist innere Wahrnehmung mit Erleben verbunden. Im Traum ist dieses in der Regel intensiver als bei Wachfantasien; am intensivsten ist es bei der Vision. Beeindruckend kann dabei sein, was die geschauten Gestalten sagen. Oft wird Erleben bewirkt durch das sich abspielende Geschehen, oft auch durch das Aussehen der darin vorkommenden Personen.

Beschränken wir uns hier auf letztere. C. G. Jung hat nämlich die Vielfalt der in Träumen und Visionen geschauten Gestalten in Kategorien eingeteilt und diese Kategorisierung gibt eine gute Handhabe zum Verständnis der unterschiedlichen Intensität des Erlebens. Als Einteilungsgrund diente Jung die Distanz dessen, was diese Gestalten darstellen, vom Zentrum der Psyche: vom Selbst. Natürlich handelt es sich dabei nicht um räumliche Distanzen. Es liegt eben an der Insuffizienz unserer Sprache, dass wir unräumliches nur mit räumlichen Begriffen ausdrücken können.

Einer oberflächlichen Schicht entsprechen die sogenannten Schattenfiguren. Es sind dies Figuren, die das gleiche Geschlecht haben wie der Träumer und die verdrängte, dem Schatten zugehörige Eigenschaften darstellen. Tieferen Schichten entsprechen jene gegengeschlechtlichen Figuren, die Jung den von ihm sogenannten Bereichen der Anima und des Animus zuordnete: Figuren, welche die Beziehungsfähigkeit des Träumers veranschaulichen, d. h. die Art und Weise, wie dieser sowohl mit anderen Menschen als auch mit seinem Unbewussten umgeht. Je tiefer die Schicht, die veranschaulicht wird, umso mehr nehmen die Figuren archetypische Gestalt an. Je archetypischer die Gestalten sind, umso intensiver ist das Erleben. Am intensivsten ist es dann, wenn das Selbst, der „Macher" der Träume und Visionen selber auftritt. In diesen Fällen nimmt das Erleben jenen Intensitätsgrad an, den man als numinos bezeichnet.

Der Ausdruck „numinoses Erleben" ist allerdings für Menschen, die solches nicht selber gehabt haben, kaum mehr als eine leere Hülse. Für den hingegen, der solche Erlebnisse haben durfte, wird damit ein Schatz benannt, von dem er sein Leben lang zehrt. Er weiß aber auch, dass die Möglichkeit, anderen Menschen mitzuteilen, was er dabei erlebt hat, äußerst gering ist. Diese

Tatsache sollte man bei den folgenden Ausführungen im Auge behalten. Zwar gehört es nun einmal zur theoretischen Tiefenpsychologie, über numinoses Erleben zu reden, doch muss man sich bewusst sein, dass dieses ebenso farblos und trocken ist wie das Reden der Theologie über Gott.

Interessant – für Theologen jedoch oft schockierend – ist nun die Beobachtung, dass das Selbst in jenen seltenen Fällen, in denen es sich selber veranschaulicht, dazu jene Gestalten und Symbole benutzt, welche uns als Gottesbilder bekannt sind. Dabei verwendet es beim heutigen, nicht mehr fest im Christentum eingebetteten Menschen das ganze Spektrum von Gottesbildern, die in den verschiedensten Religionen zur Geltung gekommen sind.

Phänomenologisch ist das Erleben des Selbst – sowohl was das Erscheinungsbild als auch die Erlebnisintensität betrifft – nicht von jenen Ereignissen zu unterscheiden, welche in den Religionen als Gotteserlebnisse bezeichnet wurden. Wir stoßen hier wieder auf jenen kategorialen Unterschied zwischen tiefenpsychologischer und theologischer Interpretation des gleichen Phänomens, auf den wir schon bei der Vorstellung vom Offenbarungsvorgang und vom Gnadengeschehen gestoßen sind.

Ganz fremd ist allerdings christlichen Theologen die Vorstellung nicht, Gott wirke aus den Tiefen der Seele auf das Ich ein. Hingewiesen wird in diesem Zusammenhang jeweils auf das Reden Meister Eckharts vom Christus in uns. Allerdings treten in diesem Zusammenhang auch zwei Missverständnisse auf. Erstens wird oft gesagt, Gott wirke eben über das Selbst auf das Ich. Diese Interpretation mag das Gemüt eines Theologen zwar beruhigen, doch hemmt sie ihn gleichzeitig darin, die Mutation des Bewusstseins nachzuvollziehen: jenen Evolutionsschritt des Bewusstseins, der stattgefunden hat und immer weitere Kreise der Bevölkerung erfasst.

Bedenklicher scheint mir ein zweites Missverständnis: die Meinung, die Tiefenpsychologie setze das Selbst mit Gott gleich. Das stimmt nun ganz und gar nicht, auch wenn es von Theologen noch so oft dazu missbraucht wird, die Tiefenpsychologie zu diskreditieren. Die Ausdrücke „Gott“ und „Selbst“ sind aus zwei völlig verschiedenen Weltbildern hervorgegangen. Sie deckungsgleich zu verwenden ist Unsinn, denn die beiden Weltbilder unterscheiden sich gerade darin, dass in ihnen die Begegnung mit dem Numinosen auf diametral entgegengesetzte Weise interpretiert wird.

Die Tiefenpsychologie sagt nicht, das Selbst sei Gott. Sie sagt lediglich, dasjenige erfahrbare Etwas, das bei früherer Weltsicht als menschennaher Gott bezeichnet wurde, habe sich – im Zug der Entdeckung des Unbewussten – als das Selbst, d. h. als psychische Macht erwiesen. Diese Aussage kann allerdings nur dann richtig verstanden und gewertet werden, wenn man sich vor Augen hält, dass religionswissenschaftlich zwischen menschennahem Gott und transzendentem Schöpfergott zu unterscheiden ist. Die Gestalt des Weltenschöpfers gehört im Grunde genommen nicht zu den religiösen Mythen wie jene des menschennahen, erfahrbaren Gottes, sondern zu den naturerklärenden.

Bei der dogmatischen Ausformulierung des christlichen Mythos sind allerdings diese beiden Gestalten zu einer Einheit verschmolzen worden. Dieser Verschmelzung war jedoch – in früheren Phasen der Bewusstseinsevolution – ein Auseinanderrücken der beiden Gottesvorstellungen vorausgegangen. Bei wenig entwickeltem Bewusstsein „waren" nämlich alle Götter menschennahe Götter. Entsprechend dem engen Horizont des damaligen Menschen stellte man sich die Erschaffung der Welt noch recht naiv vor, z. B. wie die Mandam, die glaubten, eine Ente sei hinabgetaucht, habe einen Schnabel voll Urschlamm heraufgebracht, aus dem dann „Erdmacher" zusammen mit erstem Schöpfer die Erde formte. Je mehr dann Theologen über die Entstehung der Welt nachdachten, umso mehr rückte der Schöpfergott (in der Vorstellung) in die Ferne. Als bei diesem „Hochschieben des Himmels" schließlich die Vorstellung eines transzendenten Weltenschöpfers zustande kam (im historischen Rückblick erstmals fassbar im altägyptischen Reich), ergab sich das Problem, wie es möglich sei, dass dieser „ganz andere" Gott sich den Menschen noch offenbaren und die Gebete des Menschen hören könne. Dabei wurde, als Lösung des Problems, die Gestalt des wesensgleichen Sohnes „gefunden": eines Gottes, der dem transzendenten Schöpfer zwar wesensgleich ist, paradoxerweise aber gleichzeitig den Menschen nahe steht. In der Theologie von Memphis wurde der „Sohn" des transzendenten Ptah in der Sonne – als Sonnenwesen – „erkannt". Ein analoger Prozess vollzog sich später in der nachklassischen griechischen Philosophie, die ja zu einem großen Teil natürliche Theologie war. Die „Hypostasen", die man dort ausmachte – der Logos, der Demiurg und der Nus – wurden als wesensgleiche Söhne des transzendent gedachten Hochgotts aufgefasst. Im geistigen Schmelztiegel von Alexandrien gingen dann, kurz vor Beginn unserer Zeitrechnung, auch jüdische Theologen daran, ihre noch recht anthropomorphe Gottesvorstellung ans griechische Niveau anzupassen. Dabei führte Sirach die Sophia ein, kurz darauf Philo den Logos als Sohn.

Als schließlich in der frühchristlichen Theologie die pneumatische Christologie über die konkurrierende adoptianische den Sieg davontrug, war dies lediglich die Wiederholung dessen, was sich in der altägyptischen, der hellenistischen und frühjüdischen Theologie schon früher vollzogen hatte: die Überbrückung der durch die Entwicklung der Transzendenzvorstellung entstandenen Kluft zwischen Gott und Mensch. Neuschöpfung des Christentums war dann das Trinitätssymbol, das zustande kam durch Einführung des Heiligen Geistes, der aus dem Vater und dem Sohn zugleich hervorgeht. Damit war jene Verschmelzung von Schöpfergott und menschennahem Gott geschehen, die dann unter dem Namen „christlicher Monotheismus" fast zwei Jahrtausende lang Gültigkeit hatte und als Psychomotor für die Entwicklung der abendländischen Kultur wirkte.

Nach dem „Untergang des Abendlandes" und mit dem Aufkommen einer neuen Sicht der Dinge wird diese Verschmelzung wieder gelöst. Das Neue, das der jüngste Evolutionsschritt des Bewusstseins brachte, war, wie gesagt, die Einsicht, dass es sich bei dem, was man sich bisher als menschennahen Gott vorgestellt hatte, um eine psychische Macht – eine Macht im Innern des Menschen – handelt. Den Schöpfergeist wird man sich aber auch bei der neuen Sicht der Dinge als etwas außerhalb des Menschen Befindliches denken. Beim heutigen Wissen über die Evolution und gleichzeitigen Wissen um die Bewusstseinstranszendenz dieses Geschehens ist ja die Vorstellung eines weltschöpferischen Seins auch für Naturwissenschaftler wieder akzeptabel geworden. Allerdings sei gleich vermerkt, dass in Bezug auf diese Vorstellung heute ein (freundlicher) Agnostizismus wohl die einzige mit geistiger Redlichkeit vereinbare Haltung ist.

Kommen wir auf das numinose Erleben zurück. Charakteristisch für dieses ist die Ambivalenz. Ambivalent ist es in zweierlei Hinsicht. Erstens in dem Sinn, wie Rudolf Otto, der den Ausdruck „numinos" in unseren Sprachgebrauch eingeführt hat, es umschrieb. Nach Otto ist numinoses Erleben fascinans et tremendum. Diese Aspekte ergeben sich, wenn man dessen Eindruck auf das Ich ins Auge fasst.

Die zweite Art von Ambivalenz wird erkennbar, wenn man numinoses Erleben mit Blick auf seine Wirkung betrachtet. Es wirkt nämlich auf das Ich – etwas ungeschützt formuliert – sowohl zum Guten wie zum „Bösen" hin. Der Mensch unterscheidet sich ja vom Tier u. a. darin, dass ihm der Drang innewohnt, im Erkennen und im Tun die durch die phylogenetisch erworbenen Muster gesetzten Grenzen zu überschreiten. Da nun das Ich in jedem individuellen Leben aus dem Unbewussten hervorwächst und dann während des ganzen Lebens vom Unbewussten her zur Entfaltung gemäß dem arteigenen Programm gedrängt wird, enthält das innerlich Wahrgenommene nicht nur integrierende – zur Ganzheit führende – Impulse, sondern immer auch desintegrierende: zur Grenzüberschreitung drängende. Auch diese Ambivalenz wird bei numinosem Erleben erfahren. Sie wurde in den Gottesbildern, den Selbstdarstellungen des „Selbst", veranschaulicht, allerdings auf unterschiedliche Weise. Häufig war ein und dasselbe Gottesbild sowohl gut als auch böse bzw. aufbauend und zerstörend, integrierend und desintegrierend. Eine solche Gestalt war z. B. Shiva. Im Zarathustrismus wurde die Ambivalenz der vom Selbst kommenden Impulse auf zwei göttliche Gestalten verteilt: auf den guten Gott Ahura Mazda und den bösen Gott Ahriman. Das christliche Gottesbild scheint auf den ersten Blick nur den guten Aspekt darzustellen. Indessen gehört zum christlichen Mythos auch die Figur des Teufels. Dieser ist zwar Gott untergeordnet, doch ist er integrierendes Element der christlichen Religion. Seine Beziehung zu Gott bzw. die Beziehung Gottes zu ihm hat – im Rahmen der Theodizee – Theologen über all die Jahrhunderte viel Kopfzerbrechen bereitet.

Übrigens lässt sich an den historisch gewachsenen Gottesbildern, wie an vielen anderen kulturellen Gestaltungen, die Evolution des Bewusstseins rekonstruieren. Je differenzierter ein Gottesbild, desto höher die Evolutionsstufe der Population, aus der es hervorging. In der Gestalt des Shiva drückt sich z. B. noch zu einem beträchtlichen Teil das aus, was der Mensch an der außermenschlichen Natur erlebt: das Gesetz von Fressen und Gefressenwerden. Der christliche Mythos hingegen entspricht der höchsten Evolutionsstufe des Bewusstseins vor jener großen Mutation, die sich seit Beginn der Neuzeit vollzogen hat. Er formuliert in seinen Bildern Gesetzmäßigkeiten menschlichen Seelenlebens. Ausgedrückt ist dies übrigens schon im Mythologem von der Menschwerdung Gottes. Betrachten wir in diesem Zusammenhang die Figur des Teufels. Dieser ist nicht mehr ein Naturdämon. Er kennt das Wesen des Menschen. Unter den vielen bösen Eigenschaften, die von Theologen am Teufel „erkannt" wurden, ragt die des Versuchers hervor: desjenigen, der die dem Menschen angeborene Neigung zum Überschreiten seiner Grenzen – sein „Behaftetsein mit der Erbsünde" – ausnutzt.

Im Zeitalter der Aufklärung kam die Meinung auf, der Mensch sei seiner Natur nach gut, er müsse nur über das Richtige belehrt werden, dann könne er es auch tun. Die katholische Kirche hingegen, die immer schon um das „Behaftetsein" des Menschen mit der Erbsünde wusste, hat demgegenüber auf die Unterscheidung der Geister gedrängt: auf die kritische Prüfung der „Regungen der Seele", ob sich darin die Stimme des guten oder des bösen Geistes äußere. Auch wusste sie, dass man den „Einflüsterungen des bösen Feindes" letzten Endes nur dank der Gnade Gottes widerstehen kann. Darin liegt wohl die Tatsache begründet, dass im christlichen Mythos der Teufel Gott untertan ist.

Das Menschenbild der Aufklärung wurde, wie schon mehrmals gesagt, durch die Entdeckung des Unbewussten überwunden. Dabei wurde die Neigung des Menschen zum Bösen wieder entdeckt und zwar als Neigung nicht nur des Ich, sondern als etwas, das schon in der Struktur des Unbewussten angelegt ist. So sprach Jung vom dunklen Aspekt des Selbst bzw. vom archetypischen Schatten im Unterschied zum persönlichen. Damit meinte Jung den Versucher-Aspekt des Selbst: jene vom Selbst kommenden Impulse, die das Ich zum Überschreiten der Grenzen drängen und damit letztlich die Evolution des Bewusstseins bewirken.

Für die Praxis hat diese Einsicht zur Folge, dass man den eigenen Absichten gegenüber kritisch eingestellt ist: dass man prüft, ob sie verantwortbar seien und dass man sich dabei nicht nur auf Überlegungen des Ich allein verlässt, sondern noch hinhört, was das Unbewusste dazu „meint“. Die Erfahrung zeigt, dass sich bei diesem Vorgehen ein Optimierungsvorgang zwischen integrierenden und desintegrierenden bzw. bewahrenden und zum Vorwärtsschreiten drängenden Tendenzen vollzieht.

Numinoses Erleben kann gerade dann auftreten, wenn man diese religiöse Haltung vernachlässigt und zu Hybris – dem Gegenteil von Religiosität – neigt. In diesen Fällen führt numinoses Erleben mit einem Schlag eine „Bekehrung“ (Metanoia) herbei. In anderen Fällen bewirkt es eine „Berufung“: völlige Hingabe an ein bisher nicht gewolltes Unternehmen unter Hintanstellung all dessen, was einem bis dahin wichtig war.

Ob man numinoses Erleben als Begegnung mit Gott oder als Begegnung mit dem Selbst auffasst: Auf jeden Fall führt es zur Gewissheit, dass es etwas dem Ich Überlegenes gibt: zur „Glaubensgewissheit“ bzw. fides qua. Allerdings müssen sich die meisten Menschen – wenigstens vorerst einmal – damit abmühen, die Begriffe „Gott“ oder „Selbst“ zu erlernen: vom Hörensagen durch andere Menschen zu übernehmen, von Menschen zudem, die diese Begriffe in der Regel auch nur erlernt haben. Ihnen bleibt nur die Möglichkeit zur Bereitschaft, die „Regungen der Seele“ zu prüfen und bereit zu sein, bei den Entscheidungen des täglichen Lebens auch die innere Erfahrung miteinzubeziehen. Dies erfordert zwar viel Geduld und Ausdauer, doch kann auch dann schließlich jene Wirkung eintreten, die numinoses Erleben mit einem Schlag herbeiführt.

Das objektiv Psychische

Schon mehrmals wurde erwähnt, dass das Unbewusste der objektiven Wirklichkeit zuzuordnen ist. Das Unbewusste ist ja per definitionem jener Bereich der Psyche, der nicht zum Bewusstsein bzw. Ich, der subjektiven Wirklichkeit gehört, sondern zum Nicht-Ich, der objektiven Wirklichkeit.

So ist denn der Begriff „das objektiv Psychische" ein Grundbegriff sowohl der Tiefenpsychologie als auch des durch die Entdeckung des Unbewussten zustande gekommenen Menschenbildes: jenes Menschenbildes, das sich nahtlos in das neue Weltbild der übrigen empirischen Wissenschaften einfügt. Der Begriff des objektiv Psychischen ist jedoch ein neuer Begriff. In den früheren Weltbildern war er nicht enthalten, weder im theologischen noch im positivistischen. So entsteht denn auch bei denen, die in jenen Weltbildern sozialisiert worden sind, Widerstand gegen die Akzeptanz eines objektiv Psychischen. Größter Widerstand kommt vom positivistischen Weltbild her: von jenem Weltbild, in dem die meisten heutigen Menschen, selbst Fachtheologen, aufgewachsen sind. Wie schon mehrmals gesagt, ist das positivistische Menschenbild im Ich zentriert. Alles Psychische gilt in ihm als subjektiv, auch die erfahrbaren psychischen Mächte.

Für den, der diese Mächte tatsächlich erfahren hat, sind sie allerdings etwas Reales und zudem etwas, das dem Subjekt gegenübertritt und diesem überlegen ist. Da es jedoch zum gelebten Positivismus gehört, sich gegenüber der inneren Erfahrung abzukapseln, kennen wohl die meisten Menschen psychische Mächte nur vom Hörensagen. So werden diese denn – eben weil die Erfahrung fehlt – aus dem positivistischen Vorverständnis heraus als etwas Subjektives apperzipiert. Das Reden vom objektiv Psychischen bzw. von der Realität der aus dem Unbewussten auf das Ich einwirkenden Mächte ist deshalb wohl heute für die meisten Menschen kaum mehr als leeres Gerede.

Mehr Gewicht bekommt das Reden von der Objektivität des unbewusst Psychischen, wenn man sich mit der neuen Vorstellung des objektiv Geistigen befasst: mit der zum neuen Weltbild gehörenden Vorstellung des vom Bewusstsein unabhängigen Geistigen. Diesem Thema wird jedoch ein späteres Kapitel gewidmet sein.

Hier müssen wir nur – im Hinblick sowohl auf den Begriff des objektiv Psychischen wie auf den diesen umschließenden des objektiv Geistigen – auf eine Behauptung eingehen, die gerade von jenen vorgetragen wird, die den Anspruch erheben, ein neues Weltbild zu verkünden. Es ist dies die Behauptung, durch die moderne Physik sei die Unterscheidung zwischen Subjekt und Objekt aufgehoben worden. Zwar lässt sich diese Behauptung bei genauerem Zusehen nicht aufrechterhalten. Da sie aber von philosophierenden Physikern immer wieder vorgetragen – und wegen des großen Prestiges, das Physiker immer noch haben – auch geglaubt wird, müssen wir uns damit auseinandersetzen.

Um es gleich vorwegzunehmen: Was die moderne Physik gebracht hat, ist lediglich die Überwindung des naiven Realismus, von dem die Naturwissenschaft bis dahin ausgegangen war, nämlich der Annahme, wir könnten die objektive Wirklichkeit so erkennen, wie sie ist. Dass dies eine Illusion ist – dass wir das „Ding an sich" nicht erkennen können –, hat zwar Kant schon vor bald zweihundert Jahren aufgezeigt. Mit dieser Tatsache konfrontiert wurden Naturwissenschaftler jedoch erst, als es Physikern gelungen war, in den Bereich der kleinsten Dimensionen vorzudringen. Subatomare Teilchen können eben nur dadurch „sichtbar" gemacht werden, dass man große Mengen von Energie in die Beschleuniger hineinpumpt. Da nun die Teilchen selber praktisch nur aus Energie bestehen, werden sie durch dieses Hineinpumpen verändert. Dazu kommt, dass sie je nach Versuchsanordnung entweder als Welle oder als Korpuskel erscheinen. In einem mühsamen Besinnungsprozess mussten die Pioniere der Atomphysik einsehen lernen, dass sie die Versuchsergebnisse nicht einfach hinnehmen können, sondern immer auch überlegen müssen, inwiefern sie das Untersuchungsobjekt beim Beobachtungsvorgang verändert haben. Zu all dem wies Heisenberg noch darauf hin, dass entweder nur der Ort oder nur der Impuls eines Teilchens bestimmt werden kann, nicht aber beides zugleich. Damit wurden die Physiker noch auf die (anderswo schon bekannte) Aspekthaftigkeit menschlichen Erkennens gestoßen.

Heute ist dies alles leicht zu durchschauen. Damals aber waren die Pioniere der Atomphysik, die ja aus der Tradition des naiven Realismus kamen, mit einer völlig neuen Situation konfrontiert. Wenn der eine oder andere dabei die Äußerung machte, die Unterscheidung zwischen Subjekt und Objekt sei nun aufgehoben, ist dies in der Rückschau verständlich. Weniger verständlich ist hingegen, dass fachliche Enkel jener Pioniere solches heute noch als die große neue Wahrheit verkünden. Es wird allerdings verständlicher, wenn wir bedenken, dass diese Enkel zwar von der Physik herkommen, dass sie ihre „Erleuchtung" hingegen erst erlebten, als sie sich ins Fahrwasser der New-Age-Bewegung begeben hatten und zwar in jene Fraktion derselben, die sich bemüht, durch Meditation und Drogen sich in außergewöhnliche Bewusstseinszustände zu versetzen: in Zustände, in denen das phylogenetisch gefestigte Ich sich auflöst und das ursprüngliche Partizipationserleben wieder überhandnimmt.

Unterstützung erhielt die „Botschaft" vom Aufgehobensein der Subjekt-Objekt-Trennung durch eine andere Fraktion des New-Age: durch die sogenannten Holistiker. Diese verabsolutieren nämlich einen Teilaspekt der systemischen Sicht der Natur: die Einsicht, dass es auch überindividuelle Systeme gibt und dass auch diesen – wie jedem System – die Tendenz zur Ganzheit (to holon) innewohnt. Die primäre Einsicht, dass die raumzeitliche Wirklichkeit aus relativ autonomen Einzelsystemen – aus ganzheitlichen Gebilden mit einer „Oberfläche rundherum" – besteht und dass überindividuelle Systeme nur durch Interaktion von Einzelsystemen zustande kommen, wird von Holistikern ausgeblendet bzw. verdrängt. Nebenbei sei bemerkt, dass auch sie – als New-Age-ler – sich um das Erlangen außergewöhnlicher Bewusstseinszustände bemühen und darin ihre „Erleuchtungen" zu empfangen glauben.

Aus heutiger Sicht ist erkennbar, dass sich die philosophierenden Physiker am Ende einer Sackgasse verfangen haben: einer Sackgasse, in der die Naturwissenschaft seit Anbeginn vorangeschritten ist. Allerdings konnte sie während ihrer analytischen Phase unbehindert darin voranschreiten. Sie stieß erst in dem Moment an eine nicht überschreitbare Grenze bzw. in den Sack dieser Gasse, als sie bei der fortschreitenden Zerlegung der „Mutter Natur" bei den subatomaren Teilchen anlangte. Das Bild der Sackgasse wird hier verwendet für eine Betrachtungsweise, die ausgeht von den „Dingen, die da sind" und die gar nicht danach fragt, wie der Mensch die „Dinge" erkennt bzw. wie weit er sie zu erkennen vermag.

Allerdings hatte, wie erwähnt, Immanuel Kant schon vor bald zweihundert Jahren das Ruder herumgeworfen, indem er vom Erkenntnisvermögen des Menschen ausging. Man kann diese Kursänderung des Denkens heute mit Fug und Recht als die anthropische Wende bezeichnen. Aber auch hier bewahrheitete sich wieder einmal jenes psychische Gesetz, welches im Mythologem von der unscheinbaren Geburt des göttlichen Kindes veranschaulicht wird. Die durch Kant eingeleitete neue Betrachtungsweise, die später einmal zum Kristallisationskern der neuen Weltsicht werden sollte, blieb über ein Jahrhundert lang auf einen kleinen Kreis von Schulphilosophen beschränkt, währenddem gerade nach Kant sich die „alte" Betrachtung, die von den „Dingen" ausging, erst so richtig entfaltet und zu einem geradezu exponentiellen Zuwachs des Sachwissens über die „Dinge" geführt hat.

Dass beim Voranschreiten auf diesem Weg schließlich Physiker an eine Grenze stießen und dass sie mit den dabei sich ergebenden Problemen mithilfe der „alten" Betrachtungsweise nicht zurande kamen, haben wir gesehen. Aber das Zeitalter der Physik dauerte nur bis zur Mitte des 20. Jahrhunderts, dann wurde es durch das Zeitalter der Biologie abgelöst. Die Biologie hat dann die Wende, die Kant mit seinem Denken schon vorweggenommen hatte, nachvollzogen. Dabei wurde die Erkenntniskritik aus dem Luftraum der reinen Philosophie auf den festen Boden naturwissenschaftlicher Empirie herabgeholt. Allerdings hat die Biologie nicht gleich beim menschlichen Erkenntnisvermögen angefangen, sondern weiter unten auf der Evolutionsskala, indem sie sich – in Gestalt der neu aufkommenden Ethologie – bemühte, die kognitiven Fähigkeiten unbewusster Lebewesen zu erforschen: zu erforschen, was Tiere erkennen, wie sie darauf reagieren, was sie an angeborenem Wissen besitzen, wie sie dieses durch individuelles Lernen weiterentwickeln usw.

Gesamthaft wird diese Richtung, die schon bald durch weitere Disziplinen erweitert wurde, als Innerlichkeitsforschung bezeichnet. Dabei ist „Innerlichkeit" nicht räumlich zu verstehen, denn auch sie erfolgt von außen. Auch die Ethologie – immer noch der Hauptträger dieser neuen Forschungsrichtung – erschließt die Innerlichkeit der Lebewesen aus Äußerungen derselben. Der Ausdruck „Innerlichkeit" dient dazu, die neuartige Betrachtungsweise der bisherigen morphologisch-physiologischen, die allein von den „Dingen" ausging, gegenüberzustellen.

Anfänglich beschränkten die Verhaltensforscher sich darauf, die Ethogramme – das Gesamt der Erkenntnis- und Verhaltensmuster – der verschiedenen Arten zu erarbeiten. Da jedoch das Evolutionsdenken heute unabdingbar zum geistigen Rüstzeug eines Biologen gehört, entwickelte sich auf diesem Boden bald einmal die evolutionäre biologische Kognitionsforschung. Diese geht der Frage nach, wie die kognitiven Systeme unbewusster Lebewesen im Zug der Bioevolution fortschreitend an Komplexität zugenommen haben.

Diese Forschungsrichtung war es, welche die letzte Voraussetzung schuf für den erwähnten empirisch fundierten Nachvollzug der durch Kant eingeleiteten anthropischen Wende. Biologische Innerlichkeitsforscher hatten natürlich nicht im Sinn gehabt, die anthropische Wende nachzuvollziehen. Ihnen ging es lediglich darum, das Wissen über Lebewesen zu vermehren. Dabei aber schafften sie jene Ergebnisse herbei, an denen nun die Humanwissenschaft ansetzen kann: jenes prinzipiell interdisziplinäre Bemühen, ein dem Wissensstand unserer Zeit entsprechendes Welt- und Menschenbild zu erarbeiten.

Im Rahmen dieser Arbeit ergab sich unter anderem die Frage nach der Evolution des menschlichen Bewusstseins. Dies wiederum erforderte, dass man sich darüber Rechenschaft gab, welches die charakteristischen Merkmale bewussten Erkennens sind. Da sich unterdessen gezeigt hatte, welch hoch differenzierte kognitive Fähigkeiten schon höhere Tiere haben, lief die Frage nach den Charakteristika von Bewusstsein auf die Frage hinaus, welche besondere kognitive Fähigkeit beim Schritt von tierischen Primaten zum Menschen zu den im Tierreich schon hoch entwickelten kognitiven Fähigkeiten hinzugekommen ist. Es war nun die evolutionäre biologische Kognitionsforschung, die das methodische Rüstzeug zur Beantwortung dieser Frage lieferte. Worin dieses Rüstzeug besteht, soll später, bei der Beschreibung des methodischen Ansatzes zur Erforschung der Bewusstseinsevolution geschildert werden.

Hier sei nur das Ergebnis festgehalten: Es war die schon erwähnte Fähigkeit, zwischen Ich und Nicht-Ich, d. h. zwischen Subjekt und Objekt, zu unterscheiden. Nicht nur die Fähigkeit, sondern sogar der Zwang, zwischen subjektiver und objektiver Wirklichkeit zu unterscheiden, ist somit ein Wesensmerkmal des Homo sapiens: das Merkmal, das den Menschen über alle anderen Lebewesen hinaushebt. Im Rahmen der Gesamtevolution war das In-die-Welt-Treten dieser Fähigkeit ein Schritt von ebenso großem Stellenwert, wie es einst das In-die-Welt-Treten von Leben gewesen ist.

Heute noch zu sagen, durch die moderne Physik sei die Unterscheidung zwischen Subjekt und Objekt aufgehoben worden, erweist sich vor diesem Hintergrund heutigen Wissens geradezu als Unsinn. Es sei aber ausdrücklich noch einmal gesagt, dass die Pioniere der modernen Physik gar nicht imstande waren, das erkenntnistheoretische Problem, das sich ihnen stellte, zu lösen: dass erst die moderne Biologie die Voraussetzungen dafür geschaffen hat.

Theologen mag die ausführliche Erörterung der von New-Age-Kreisen verbreiteten These in diesem Buch abwegig erscheinen. Dass sie das nicht ist, zeigt sich, sobald wir die Art und Weise ins Auge fassen, wie sich die Fähigkeit zur Unterscheidung entwickelt hat: in welcher Weise die Evolution des Bewusstseins vorangeschritten ist.

Wie schon gesagt, nahm der frühe Mensch die gesamte objektive Wirklichkeit außen wahr: neben der durch die sinnlichen Wahrnehmungssysteme vermittelten äußeren auch die in der Projektion wahrgenommene innere. Auch wurde erwähnt, dass die evolutionäre Zunahme der Fähigkeit zur Unterscheidung am Nicht-Ich in der Weise vor sich ging, dass über lange Zeiträume hinweg – bis in unser Mittelalter hinein! – immer deutlicher zwischen zwei Bereichen der Außenwelt unterschieden wurde: zwischen einem sichtbaren physischen und einem normalerweise unsichtbaren metaphysischen bzw. jenseitigen. Aus dieser Art des Weltverstehens, die „seit Anbeginn" für die einzig Richtige gehalten wurde, ist die Theologie hervorgegangen: nicht nur die christliche, sondern alle Theologien, schon die der Stammesreligionen. Für alle Theologen war die jenseitige Welt objektiv wirklich. Ihre Objektivität infragezustellen kam einem „zünftigen" Theologen per definitionem nicht in den Sinn.

Die Kehrseite dieser Tatsache ist nun aber, dass die jenseitigen Wesen sowie die von diesen geschaffenen Heilstatsachen für Theologen „die Dinge" sind, von denen ihr Denken ausgeht. Dass das Wissen darüber den Menschen von Gott offenbart wurde, hat die Theologie nie bezweifelt. Die unter dem Druck der Moderne aufgekommene Fundamentaltheologie befasst sich mit der Frage, wann, wo, mit welchen Zeichen usw. sich Gott den Menschen offenbart hat. Die heute einzig wichtige Frage im Rahmen einer Fundamentaltheologie, ob die überlieferte Offenbarungsvorstellung noch gültig sei, ist hingegen tabu.

Damit kommen wir wieder zur Frage nach dem objektiv Psychischen zurück bzw. zu der Schwierigkeit für Theologen, diesen Begriff zu rezipieren. Die Theologie hat eben die neuzeitliche Erkenntniskritik – die erwähnte anthropische Wende – nicht mitvollzogen. Zwar haben Theologen sich eingehend mit neueren philosophischen Strömungen auseinandergesetzt, dabei aber nur versucht, diese für die Theologie zu vereinnahmen. Überhaupt nicht zur Kenntnis genommen haben sie jene erkenntniskritischen Überlegungen, welche sich auf die Ergebnisse der evolutionären Kognitionsforschung stützen. Im Gegenteil: Bei Diskussionen über den Wandel der Weltsicht erlebe ich immer wieder, dass sie letztere vom hohen Standort derer herab, die im Besitz der göttlichen Offenbarung sind, als nur biologistisch abqualifizieren.

Nun gehört aber zum heutigen Wissensstand die Einsicht, dass alle Vorstellungen von jenseitigen Welten und sich offenbarenden jenseitigen Wesen darauf beruhten, dass innerlich Wahrnehmbares in der Projektion wahrgenommen und deshalb konkretistisch apperzipiert worden ist.

Weil man diesen Sachverhalt heute durchschaut, kann man sagen, die metaphysischen Welten und Wesen der Theologien seien durch die Bewusstseinsmutation ins Innere des Menschen hereingeklappt worden. Da nun das, was man sich bei theologischer Weltsicht als metaphysische Wesen vorgestellt hat, heute nicht mehr konkretistisch, sondern symbolisch aufgefasst (apperzipiert) wird, kann man auch sagen, sie seien durch die Bewusstseinsmutation entkonkretisiert worden. Nach meiner Erfahrung ist es aber für Theologen oft kaum nachvollziehbar, dass diese Entkonkretisierung nicht heißen soll, die jenseitigen Wesen hätten sich in Nichts aufgelöst. Das ist jedoch keineswegs der Fall. Das Neue, das die Bewusstseinsmutation gebracht hat, besteht lediglich darin, dass man jetzt nicht mehr zwischen einem diesseitigen und einem jenseitigen Bereich der Außenwelt unterscheidet, sondern zwischen einer äußeren und einer inneren Wirklichkeit bzw. zwischen einem objektiv Physischen und einem objektiv Psychischen, wobei beide gleichermaßen real sind. Aus diesem Grund halte ich es für unumgänglich, dass sich ein Theologe, der sich über die Beziehung zwischen Tiefenpsychologie und Theologie Klarheit verschaffen will, mit dem Begriff „das objektiv Psychische" gründlich auseinandersetzt.

Innere und außersinnliche Wahrnehmung

Es gilt nun noch, innere und außersinnliche Wahrnehmung gegeneinander abzugrenzen, denn diese Begriffe werden häufig miteinander verwechselt. Innere Wahrnehmung ist der Grundbegriff der Tiefenpsychologie, außersinnliche Wahrnehmung derjenige der Parapsychologie. Sowohl Tiefenpsychologie wie Parapsychologie sind Wissenschaften vom Unbewussten. Dass sich beide zu eigenständigen Disziplinen entwickelt haben, hängt mit ihrer verschiedenen Blickrichtung zusammen. Die Tiefenpsychologie erforscht die Wechselwirkung zwischen dem Unbewussten und dem Bewusstsein, die Parapsychologie diejenige zwischen Unbewusstem und Außenwelt, so weit diese nicht über die uns bekannten Sinnesorgane und die Motorik vermittelt wird.

In der direkten Wechselwirkung zwischen unbewusstem Bereich der Psyche und Außenwelt ist zu unterscheiden zwischen derjenigen mit anderen Psychen und der mit der nichtmenschlichen Natur. Im ersten Fall spricht man – so weit es sich um Wahrnehmung handelt – von Gedankenlesen, im zweiten Fall von Hellsehen. Für diese zwei Arten von Wahrnehmung schuf die Parapsychologie den Oberbegriff außersinnliche Wahrnehmung (ASW).

Im Volksmund (auch im wissenschaftlichen) wird statt von außersinnlicher häufig von außersinnlicher Wahrnehmung gesprochen. Diese Ausdrucksweise hat zu Missverständnissen geführt, denn „übersinnlich" wird allzu leicht mit übernatürlich) assoziiert bzw. verwechselt. Für Theologen mag dies nicht weiter schlimm (vielleicht sogar willkommen) sein. Bei Positivisten hingegen führt es geradezu zu Phobien und damit zur Bestärkung des ohnehin schon vorhandenen Vorurteils gegen diesen Bereich wissenschaftlichen Forschens.

Es sei ausdrücklich betont, dass die Parapsychologie unter außersinnlicher Wahrnehmung etwas durchaus Natürliches versteht und dass sie, ebenso wie die theoretische Tiefenpsychologie, eine Naturwissenschaft ist. Sie arbeitet sogar, wie viele andere Disziplinen, die außerhalb der Tiefenpsychologie Leistungen unbewusster Systeme erforschen, ausschließlich mit positivistischen Methoden.

Die Aufgabe, vor die sich die wissenschaftliche Parapsychologie heute noch gestellt sieht, besteht darin, sogenannte parapsychische Phänomene zu dokumentieren: den Nachweis zu erbringen, dass es außersinnliche Wahrnehmung, Präkognition und Telekinese gibt.

Dabei kommt der Anwendung des methodischen Zweifels, diesem Grundsatz empirischen Forschens, ganz besondere Bedeutung zu. Wegen der heute so weit verbreiteten Neigung zu Okkultismus jeder Art muss der parapsychologische Forscher Berichte über „okkulte" Phänomene erst einmal auf ihren Wahrheitsgehalt untersuchen: muss er untersuchen, wie weit sie von Wunschdenken geprägt sind, ob nicht Übertreibung oder Selbsttäuschung dahinter steht. Ferner muss er die Phänomene nachprüfen: Täuschung, Tricks oder gar Betrug ausschließen. Bei Berichten über sogenannten Spuk muss er sorgfältig abklären, ob die Vorgänge nicht physikalisch, d. h. mittels des Energieparadigmas erklärt werden können. Was bei diesem Vorgehen per exclusionem übrig bleibt, sind die Phänomene, die man – mangels eines besseren Ausdrucks – als parapsychische bezeichnet. Dass es sie gibt, ist einwandfrei erwiesen. Erklären kann man sie jedoch noch nicht.

Nun weiß man aus der Geschichte der Naturwissenschaft, dass immer dann, wenn Phänomene nachgewiesen werden, die mit dem bis dahin gültigen Paradigma nicht erklärt werden können, ein Paradigmenwechsel fällig ist. Dass ein solcher heute im Gang ist, ist schon Vielen klar. Weniger klar ist jedoch, dass es sich dabei im Grunde genommen um zwei Paradigmenwechsel handelt. Den einen haben wir schon erwähnt. Er betrifft die Vorstellung von der Übernatur: von der jenseitigen Welt und den jenseitigen Wesen. Während dieser die Theologie betrifft, betrifft der andere die Naturwissenschaft bzw. die durch diese erarbeitete Erklärung der Natur mittels des Energiebegriffs im Sinne der Physik. Bekannt ist die damit verbundene Weltsicht unter dem Namen „naturwissenschaftliches Weltbild", „Weltbild der Moderne", „wissenschaftlicher Materialismus", „ideologischer Positivismus".

Im Rahmen der neuen Weltsicht, die als Ergebnis dieser beiden Paradigmenwechsel zustande kommt und die schon weitgehend Gestalt angenommen hat, ist der Begriff des objektiv Geistigen, der durch das Aufkommen des Materialismus „gestorben" war, „wieder auferstanden". Allerdings ist er – gemäß der im Mythologem von Leiden, Tod und Auferstehung veranschaulichten Gesetzmäßigkeit – in neuer Gestalt auferstanden: als Vorstellung, die mit dem heutigen Wissen über die Materie kompatibel ist. Ohne hier schon näher auf diesen neuen Begriff des objektiv Geistigen einzugehen, sei doch festgehalten, dass das, was man psychische Energie nennt, unter diesem subsumiert werden kann und wahrscheinlich auch das, was man als parapsychisches Geschehen bezeichnet.

Der Grund, weshalb in einem Buch über Tiefenpsychologie auf die Parapsychologie einzugehen ist, ist jedoch etwas viel Näherliegendes, als der eben besprochene Wandel der Weltsicht. Es ist die Tatsache, dass es telepathische Träume und Visionen gibt. Es stellt sich nun die Frage, wie dieses Phänomen in die tiefenpsychologische Modellvorstellung einzuordnen ist.

Entscheidend hierfür ist ein Ergebnis parapsychologischer Forschung: die Feststellung, dass außersinnliche (telepathische) Wahrnehmung nicht wie die Sinneswahrnehmung ins Unbewusste und ins Bewusstsein fließt, sondern nur ins Unbewusste. Unter Berücksichtigung der Ergebnisse der Neurobiologie kann man sagen, sie fließe direkt nur in den seiner selbst nicht bewussten Bereich des Gesamtintegrationssystems: jenes Systems, das Information „von überall her" empfängt. Der Integrator entscheidet dann, was er von dem außersinnlich Wahrgenommenen ins Bewusstsein aufsteigen lässt. Ins Bewusstsein gelangt es dann über den inneren Informationsstrom: je nach Bewusstseinszustand als Telepathie im Wachzustand, als telepathischer Traum oder telepathische Vision.

Dadurch wird Folgendes verständlich: Es gibt Menschen, die parapsychisch begabt sind (so wie andere musikalisch oder mathematisch). Man bezeichnet diese in der Fachsprache als Sensitive. Trotz ihrer Begabung können sie jedoch über ihre parapsychischen Fähigkeiten nicht willkürlich verfügen. Sie können sich nur bemühen, günstige Bedingungen für den „Empfang" herzustellen. Jeder Sensitive hat da seine eigene Methode. Der eine muss sich nur entspannen, andere benutzen – als sogenanntes Steigrohr für das Unbewusste – eine Kristallkugel, Karten oder Kaffeesatz. Ob der Empfang jedoch klappt bzw. ob das unbewusst Wahrgenommene tatsächlich ins Bewusstsein aufsteigt, hat er nicht in der Hand. Da kann er nur warten, ob es kommt.

Wegen dieses Sachverhalts ist es so schwierig bzw. oft frustrierend, mit Sensitiven Experimente anzustellen. Frustriert werden dabei allerdings nur jene Experimentatoren, die nicht viel von Tiefenpsychologie bzw. von der Wechselwirkung zwischen dem Unbewussten und dem Bewusstsein verstehen.

Individuation

Wir haben gesehen, wie Jung den Individuationsprozess entdeckt hat. Nun gilt es noch, dieses Geschehen in einen größeren Zusammenhang zu stellen. Dann erst lässt sich das Spezifische der Entdeckung Jungs und vor allem auch deren außerordentliche Bedeutung für die heutige Zeit erkennen.

Zunächst ist zu bedenken, dass Individuation nicht nur beim Menschen vorkommt. Sie geschieht bei allen mehrzelligen Lebewesen. Mit dem Evolutionsschritt zur Mehrzelligkeit kam nämlich der individuelle Tod in die Welt und – zwischen Geburt und Tod – die Umsetzung des arteigenen Programms über Jugend- und Erwachsenenform zur Altersform.

Nicht unabhängig von der Umwelt vollzieht sich Individuation, sondern durch Auseinandersetzung mit dieser. Individualität, das Ergebnis von Individuation, ist auch bei Tieren und Pflanzen nicht starre Umsetzung des im Erbgut festgeschriebenen Programms. Es ist gerade die Auseinandersetzung mit der Umwelt, die – mit zunehmender Evolutionshöhe in zunehmendem Maße – Individualität formt bzw. zu einem auf individuelle, nicht wiederholbare Weise gelebten Leben führt.

Während sich aber bei unbewussten Lebewesen Individuation sozusagen auf naturgegebene Weise vollzieht, wird sie beim Menschen zu einer bewusst zu bewältigenden Aufgabe, die gelingen oder misslingen kann. Mit dem In-die-Welt-Treten von Bewusstsein kamen eben zur körperlich-physiologischen Individuation sowie der des Verhaltens zwei neue Arten von Individuation hinzu: die geistig-intellektuelle und die psychische. Bei dem von Jung entdeckten arteigenen Entwicklungsprogramm handelt es sich um psychische Individuation. Diese verläuft anders als die geistig-intellektuelle und erfordert eine völlig andere Betreuung.

Nun ist aber unser Bildungssystem fast ausschließlich auf die geistig-intellektuelle Entwicklung ausgerichtet. Bei der Hypertrophie von Wissenschaft und Technologie ist das begreiflich, sind doch auf dem Markt der Arbeitsmöglichkeiten fast nur jene Leistungen gefragt, die durch diese Art von Individuation erworben werden. Andererseits sind aber heute gerade deshalb so viele Menschen – auch geistig sehr leistungsfähige – psychisch angeschlagen, wenn nicht gar kaputt, weil ob der Dominanz der intellektuellen Individuation die Pflege der psychischen vernachlässigt wird.

Zwar kommt man gegenwärtig bei der Ursachenanalyse der üblen Zustände in fast allen Lebensbereichen mehr und mehr zur Einsicht, dass nicht primär die Strukturen verändert werden müssen, sondern der einzelne Mensch. Die daraus resultierenden Ratschläge haben jedoch nur geringe Wirkung. Erstens weiß der Einzelne bei der heutigen Orientierungslosigkeit und dem Zerfall der überlieferten Werte kaum noch, wonach er sich ausrichten soll. Dazu kommt zweitens, dass – Orientierung vorausgesetzt – der noch so gute Wille zur Veränderung kaum weiterhilft, weil es hier nicht um geistig-intellektuelle Individuation geht, sondern um psychische.

Psychische Individuation hat ihre eigenen Gesetzmäßigkeiten, und ihre Förderung bzw. Begleitung braucht ein spezielles Know-how: ein Erfahrungswissen, das heute kaum mehr vorhanden ist. Die Kirchen besaßen zwar früher ein solches. Unter dem Einfluss der Aufklärung haben sie es jedoch – zum Teil erst im 20. Jahrhundert – verfallen lassen. Die Illusion der Aufklärung, der Mensch müsse über das Richtige nur belehn werden, dann könne er es auch tun, hat nämlich auch in die Kirchen Eingang gefunden. Dort besteht heute religiöse Erziehung – im Unterschied zu früher – vorwiegend aus Belehrung. Dazu kommt, dass die Reste dessen, was man früher Wissen über den Weg der Seele zu Gott genannt hat, aus einer Weltsicht heraus formuliert worden sind, welche für den größten Teil der westlichen Welt kein existenziell tragendes Fundament mehr ist. So war es denn ein säkulares Verdienst von C. G. Jung, dass er – als Krönung seines Werks – Verlauf und Gesetzmäßigkeiten der psychischen Individuation entdeckt bzw. wieder entdeckt hat und auch zeigte, wie dieser Individuationsweg auf einer der heutigen Evolutionsstufe des Bewusstseins entsprechende Weise begangen werden kann.

Geistig-intellektuelle und psychische Individuation unterscheiden sich schon in ihrer „Grundkurve". Die intellektuelle folgt im Prinzip der gleichen Kurve wie die körperliche. In einer ersten Phase strebt sie nach immer größerer Leistungsfähigkeit und erreicht ungefähr in der Lebensmitte deren Maximum, worauf diese dann – ebenso wie die körperliche – mit fortschreitendem Alter kontinuierlich wieder abnimmt.

Bei der psychischen Individuation geht es erstens nicht um etwas quantitativ Bestimmbares, sondern um etwas Qualitatives, eher dem Reifen einer Frucht Vergleichbares. Zweitens sieht das arteigene Programm vor, dass die psychische Entwicklung um die Lebensmitte nicht einen Höhepunkt erreicht, sondern einen Wendepunkt und dass sie dann – sozusagen in einer anderen Richtung – bis zum Lebensende kontinuierlich weiter schreitet, sodass der Mensch, wenn alles richtig läuft, bei seinem Tod wie eine reife Frucht vom Baum des Lebens fällt.

Statt von psychischer Reifung spricht man auch von zunehmender individueller Bewusstheit. Bei Verwendung dieses Ausdrucks ist allerdings im Auge zu behalten, dass unter individueller Bewusstwerdung etwas ganz anderes zu verstehen ist als unter phylogenetischer bzw. unter Evolution des Bewusstseins. Schon auf niedrigen Stufen der Bewusstseinsevolution gab es nämlich Menschen mit sehr hoher individueller Bewusstheit. Man denke z. B. an Buddha und Laotse. Individuell hoch bewusste Menschen fanden Ethnologen auch bei primitiven (= ursprungsnäheren) Völkern.

Was konkret mit individueller Bewusstheit gemeint ist, ist verbal kaum mitteilbar. Es beginnt erst dann einzuleuchten, wenn man sich selber in den Prozess hineinbegibt. Aber auch dann wird es weniger gewusst als gelebt. Dem Verständnis eher zugänglich wird der Begriff wohl, wenn man sich ihm von der Theorie her nähert: wenn man von der Tatsache ausgeht, dass die menschliche Psyche Unbewusstes und Bewusstsein umfasst und dass jeder dieser Bereiche spontanaktiv ist. Weil nun das Bewusstsein bzw. das Ich seiner Natur nach die Tendenz hat, Grenzen zu überschreiten, stellt sich für den Menschen während seines ganzen Lebens die schwierige Aufgabe, die beiden oft divergierenden Tendenzen zu optimieren. In diesem Sinne kann der Individuationsprozess auch als Optimierungsprozess verstanden werden. Das Ergebnis dieser Optimierung nannte Jung psychische Ganzheit. Die Ausdrücke „individuelle Bewusstheit“ und „psychische Ganzheit“ sind synonym.

Vielleicht versteht man noch besser, was Jung unter Ganzheit verstand, wenn man weiß, dass er diese der Zielvorstellung christlicher Spiritualität gegenüberstellte. Er behauptete, das Christentum habe nicht den ganzen, sondern den guten Menschen postuliert in der irrigen Meinung, das (moralisch) Böse sei nicht real, sondern nur eine privatio boni. So seien denn die desintegrierenden Tendenzen der Psyche verdrängt und – wie alles Verdrängte – in der Projektion, an anderen Menschen, „erkannt“ worden. Daher die Aggressivität des Christentums gegen innere und äußere „Feinde“. In Religionen vom gnostischen Typ sah Jung das Problem realistischer gelöst; ebenso bei Buddha, der sagte, wenn man die Kardinallaster Gier, Hass und Verblendung ausrotten wolle, setze man nur neues Leid. Man solle ihnen nur ein Gegengewicht schaffen, indem man sich in deren Gegenteil übe: in Bedürfnislosigkeit, in der Hingabe an andere Menschen und in Bewusstheit, d. h. in der Fähigkeit, Menschen und Dinge so zu sehen, wie sie in Wirklichkeit sind. Ob Jungs Kritik des Christentums richtig oder unrichtig war, bleibe dahingestellt. Jedenfalls verdeutlicht sie, was er unter psychischer Ganzheit verstand, nachdem er bei der Feldarbeit immer wieder feststellte, dass die menschliche Psyche „von Natur aus“ zur Optimierung beider Tendenzen strebt.

Psychische Ganzheit ist zwar das Endziel des Individuationsprozesses, doch ist das Bemühen um Ganzheit eine Aufgabe während des ganzen Lebens. Da aber dem Menschen in den verschiedenen Lebensphasen unterschiedliche Aufgaben zur Lösung auferlegt sind, hat Ganzheit in verschiedenen Lebensphasen ein unterschiedliches Gesicht. Sehen wir uns deshalb den Verlauf psychischer Individuation etwas näher an. Bedenken wir, dass der Mensch als unbewusstes Lebewesen zur Welt kommt und dass Bewusstsein – und damit ein Ich – sich erst während des zweiten Lebensjahres ausbildet. Zu Beginn ist das Ich noch schwach und unselbstständig. Während der ersten Lebenshälfte tendiert nun das arteigene Entwicklungsprogramm dahin, das Ich zu stärken und zu festigen. Über die Phasen von Kindheit, Jugend und Adoleszenz muss der Mensch schrittweise lernen, mit der Außenwelt – mit Menschen und Dingen – zurechtzukommen, damit er den Anforderungen, die das Erwachsenenleben an ihn stellt, gewachsen ist. Nach der Wende der Lebensmitte verlangt dann das innere Programm, dass der Mensch sich aus der übermäßigen Verstrickung in die „Welt" löst und dass er die während des „Hinaustretens in die Welt" verdrängten und vernachlässigten Seiten nachentwickelt. Im Zentrum dieser Nachentwicklung steht in der Regel die Beziehung des Ich zum Unbewussten und – damit zusammenhängend – die Beziehungsfähigkeit zu anderen Menschen und zur Natur.

Jung hat vor allem – wenn auch nicht ausschließlich – die psychische Individuation während der zweiten Lebenshälfte erforscht. Aus diesem Grund wird oft geglaubt, Individuation setze erst nach der Lebensmitte ein. Sie beginnt jedoch, wie gesagt, spätestens mit dem Erwachen von Bewusstsein. Allerdings werden die frühen Phasen der Persönlichkeitsentwicklung erst seit jüngerer Zeit mit tiefenpsychologischen Methoden untersucht. Früher hat sich vor allem die akademische Entwicklungspsychologie damit befasst.

Individuation ist ein natürlicher Vorgang und vollzieht sich in der Regel von selbst. In früheren Kulturen – auch in der unsrigen bis in neuere Zeit – wurde das Durchlaufen der verschiedenen Phasen durch den gesellschaftlichen Konsens unterstützt und begleitet. Konsens bestand z. B. über Rechte und Pflichten, die mit jeder Lebensphase verbunden waren. Auch wurden die Übergänge von einer Phase zur andern durch Riten und Brauchtum „begangen" und damit markiert.

Heute, in der Zeit des Wandels zu einem radikal neuen Welt- und Menschenbild, der begleitet ist von Zerfall der überlieferten Werte und Bräuche, geraten viele, spätestens zur Zeit der Lebensmitte, in eine regelrechte Krise. Bei Menschen, die sich in einer derartigen Situation in tiefenpsychologische Behandlung begaben, hatte Jung die Möglichkeit, das „Drehbuch", von dem früher die Rede war zu entdecken: die „naturgegebene" Folge von Prozessen, die er als Integration des Schattens, als Differenzierung von Anima (beim Mann) und Animus (bei der Frau) sowie als Verbesserung der Beziehung zum Selbst benannte.

Auf Anima und Animus, den bildhaften Ausdruck Jungs für die Art des Bezogenseins auf Mitwelt und Umwelt, ist hier nicht einzugehen. Im Rahmen dieses Buches interessiert vor allem das Bemühen um Verbesserung der Beziehung zum Selbst. Was dabei herauskommt, wenn alles gut verläuft, ist die sogenannte Haltung des Geschehenlassen-Könnens: die so schwer erreichbare Bereitschaft, noch hinzuhören, was das Unbewusste zu den bewussten Absichten „meint", und den „Winken" des Unbewussten (nach Unterscheidung der Geisten) auch dann zu folgen, wenn sie (als „Winke des guten Geistes") der ichhaften Absicht zuwiderlaufen.

Diese Haltung des Geschehenlassen-Könnens ist das, was ich schon verschiedentlich als religiöse Haltung bezeichnet habe. Unter religiositas verstanden ja die Römer, die diesen Ausdruck kreierten, dass man bereit sei, bei seinen Entscheidungen den Willen der Numina zu beachten (= religere).

Dass religiöse Haltung fides qua voraussetzt – die Gewissheit, dass auf den inneren Meister unbedingter Verlass ist – wurde erwähnt, ebenso, dass fides qua nicht erzwungen werden kann, sondern dass sie geschieht dank jenes seelischen Dynamismus, den die Theologie als Gnade bezeichnet hat. Religiöse Haltung ist Voraussetzung für das Erreichen seelischer Ganzheit. Aus diesem Grund konnte Jung sagen, nach seiner Erfahrung stelle sich im Verlauf eines Individuationsprozesses die religiöse Frage.

In Hinblick auf die Beziehung zwischen Tiefenpsychologie und Theologie scheint mir der Nachweis entscheidend, dass das Erlangen religiöser Haltung im arteigenen Programm des Homo sapiens vorgesehen ist. So kann man denn von einer anima naturaliter religiosa reden. Dies scheint mir deshalb von ganz besonderer Bedeutung zu sein, weil heute im allgemeinen Bewusstsein noch das prinzipiell areligiöse, weil ausschließlich im Ich zentrierte Menschenbild der Aufklärung dominiert.

Vielfalt psychologischer Schulen

Wir haben nun die Tiefenpsychologie, wenigstens in ihren Grundzügen, kennengelernt. Wir haben gesehen, welches ihre Vorstellungen von Struktur und Funktion der Psyche sind, auf welche Beobachtungen sich diese stützen und welche Wege sich daraus für Psychotherapie und Psychagogik ergeben.

Nun sieht sich aber heute der Seelsorger mit einer kaum mehr überblickbaren Vielfalt psychologischer Schulen konfrontiert. Diese unterscheiden sich nicht nur in ihren therapeutischen Methoden und Zielen. Sie vertreten auch die unterschiedlichsten theoretischen Vorstellungen sowohl über die kranke wie über die gesunde Psyche. Diese Vielfalt und teilweise Widersprüchlichkeit theoretischer Vorstellungen schafft nicht nur Verwirrung. Sie fördert oft bei Theologen das ohnehin latent vorhandene Vorurteil, die Tiefenpsychologie sei „nur subjektiv“. Da Vorurteile dadurch entstehen, dass man eine Sache zu wenig kennt, soll versucht werden zu klären, worauf die Widersprüchlichkeit beruht: wie es möglich ist, auch hier die Geister zu unterscheiden.

Fragen wir als Erstes, weshalb es nach dem Zweiten Weltkrieg zum „Psychoboom“ gekommen ist: weshalb innerhalb weniger Jahrzehnte psychotherapeutische Schulen und Heilswege wie Pilze aus dem Boden hervorgeschossen sind. Zu einem großen Teil gewiss wegen der zunehmenden Orientierungslosigkeit infolge des Zerfalls der alten Weltbilder und Wertsysteme; zum andern jedoch auch wegen der allgemeinen Intellektualisierung, Technisierung und Rationalisierung, wodurch viele Menschen nicht nur von der umgebenden Natur, sondern auch vom eigenen Körper, den eigenen Gefühlen und von der Instinktsphäre abgeschnitten bzw. entfremdet worden sind.

Beide Kategorien von Mängeln und Bedürfnissen suchen die psychologischen Schulen abzudecken und zwar auf unterschiedlichste Weise. Da besteht die Unterscheidung der Geister vor allem darin zu erkennen, welche Hilfe sie zu geben vermögen. Voraussetzung dafür ist, dass man das Angebot wenigstens in großen Zügen kategorisieren kann.

Ein Einteilungsgrund ist die Frage, von welcher Seite her eine therapeutische Schule sich der Psyche nähert: ob über das Gespräch oder über den Körper. Über das Gespräch erfolgt die Annäherung natürlich in den Schulen, die von Freud, Adler und Jung ausgehen; ebenso bei den philosophisch-anthropologisch orientierten Richtungen der Humanistischen Psychologie, der Gestalttherapie, der Transaktionsanalyse usw. Über den Körper nähern sich z. B. die Bioenergetik, die Integrative Bewegungstherapie, die Initiatische Therapie, Eutonie und Heil-Eurhythmie. In dem Feld zwischen diesen beiden Gruppen sind zwei einander wiederum diametral entgegengesetzte Vorgehensweisen anzusiedeln: die Verhaltenstherapie auf der einen Seite, die autosuggestiven, suggestiven, imaginativen und meditativen Verfahren auf der anderen.

Eine andere Einteilung, die quer durch die erwähnten Schulen hindurchgeht, ergibt sich aus der Frage, ob die Behandlung einzeln oder in Gruppen durchgeführt wird. Auch hier gibt es eine Mittelstellung: die Paar- und Familientherapie.

Die für unser Thema wichtigste Kategorisierung ergibt sich, wenn wir danach fragen, ob es sich um Tiefenpsychologie handelt oder nicht. Nach all dem, was bisher über die Entdeckung des Unbewussten und deren Folgen für die Therapie gesagt wurde, mag diese Frage erstaunen, bewirkte doch diese Entdeckung eine regelrechte Revolution im Umgang mit der menschlichen Psyche. Betrachten wir jedoch die weitere Geschichte der psychotherapeutischen Bewegung, zeigt sich, dass der anfangs so mächtige tiefenpsychologische Impuls nachließ und dass sowohl in der Vorgehensweise wie auch in den theoretischen Vorstellungen ein Zurücksinken auf das positivistische, ja sogar auf das mythische Niveau stattfand. Dies geschah allerdings nicht innerhalb der von den Pionieren gegründeten Schulen, sondern durch Abspaltung aus diesen sowie durch das Auftauchen neuer Richtungen.

Es begann noch vor dem Zweiten Weltkrieg damit, dass aus dem Stammbereich der Schule von Freud verschiedene Neopsychoanalytiker hervorsprossten. Schon bei diesen trat die praktische Bedeutung des Unbewussten mehr und mehr zurück, obwohl natürlich noch alle vom Unbewussten redeten. Neopsychoanalytische Schulen hatten sich vor allem in den USA entwickelt, da viele Schüler Freuds wegen der Judenverfolgungen dorthin emigrierten.

Hatte schon bei den Neopsychoanalytikern der tiefenpsychologische Impuls nachgelassen, fand dann – ebenfalls in den USA – die eigentliche Rückkehr zur positivistischen Bewusstseinspsychologie statt. Sie begann, als 1942 der akademische Psychologe Carl Rogers sein Buch „Counseling as Psychotherapy“ publizierte. Es war die Geburtsstunde der sogenannten Gesprächs-Psychotherapie, bei der sich die Begriffe Therapie und Beratung weitgehend decken. Auch die Gesprächs-Psychotherapie hat sich in viele Schulen aufgezweigt. Das völlige Absinken auf das Niveau des ideologischen Positivismus erfolgte dann in den Fünfzigerjahren durch das Aufkommen der Verhaltenstherapie. Diese interpretierte neurotische Symptome als schädliche Gewohnheiten. Therapie erschöpfte sich darin, diese durch Techniken der Verhaltensmodifikation wieder abzugewöhnen.

In den Sechzigerjahren ereignete sich in den USA eine „Revolution“ innerhalb der Psycho-Welt. Man rebellierte gegen das „medizinische Modell“ und postulierte stattdessen Persönlichkeitsentwicklung. Mit anderen Worten: Man forderte Psychagogik statt Psychotherapie. Dieses Postulat wurde unter dem Namen Humanistische Psychologie erhoben. Allerdings knüpften die „Humanisten“ nicht an das schon vorhandene empirisch erarbeitete Wissen über das arteigene Programm der Persönlichkeitsentwicklung an. Im Gegenteil, sie verließen den Boden der Empirie und hielten sich an philosophische Modelle, u. a. von Heidegger und Husserl.

Als bald darauf die Studentenrevolte ausbrach, löste eine neue Welle die Humanistische Psychologie ab. Die Entwicklung verlief jedoch anders als in Europa. Während sich dort die marxistisch ideologisierte Psychoanalyse durchsetzte, vollzog sich in den USA ein Prozess, den man als Remythisierung der Psychologie bezeichnen könnte. Im Vordergrund stand dort allerdings nicht der mythische Überbau, sondern psychotechnische Praktiken, die man bei Indianern und in ostasiatischen Kulturen entdeckt hatte: Praktiken, die das neue, antirationalistische Lebensgefühl vermitteln sollten. Zusammen mit diesen Praktiken drangen jedoch viele mythische Vorstellungen aus jenen Kulturbereichen in den amerikanischen Raum ein. Es waren mythische Theorien über das Krankheitsgeschehen, über Bewusstseinszustände, über die Wirklichkeit, zu der man in außergewöhnlichen Bewusstseinszuständen Zugang hat usw. Unter dem Namen New-Age schwappte diese Bewegung dann nach Europa hinüber. Jene Schule innerhalb des breiten und bunten Spektrums des New-Age, die sich als wissenschaftliche versteht, nennt sich Transpersonale Psychologie. Ihre theoretischen Vorstellungen erweisen sich bei näherem Zusehen als ein Gemenge von moderner Physik und neognostischen Mythen.

Aus diesem summarischen Überblick über die Geschichte der psychotherapeutischen Bewegung lässt sich wohl leicht erkennen, worum es hier bei der Unterscheidung der Geister geht: dass unterschieden werden muss zwischen dem, was bei einer Praktik getan wird und der Theorie, die ihr zugrunde liegt, einschließlich des Welt- und Menschenbildes, aus dem diese hervorging.

Die meisten Praktiken wirken allein schon dadurch, dass man sie ausführt. Dies gilt nicht nur für Leib-Übungen, Tanz- und Musiktherapie, sondern – bei richtiger Indikationsstellung – auch für die Verhaltenstherapie. Es gilt sogar für die meisten Praktiken, die im Zug der New-Age-Welle von primitiven Kulturen übernommen worden sind. Sie helfen in erster Linie bei jenen seelischen Störungen, die sich aus Verkopfung und Entfremdung ergaben. Da schadet es meistens nicht viel, wenn mit den Praktiken – als theoretischer Überbau – allerhand Kehricht aus überholten Stadien der Bewusstseinsevolution mitgeliefert wird.

Anders sieht es indessen bei seelischen Leiden aus, die auf Desorientiertheit in Bezug auf das Sein und Sollen beruhen. Diese hängen mit dem radikalen Wandel des Welt- und Menschenbildes zusammen, und zwar sowohl des christlichen wie auch des positivistischen. Die einzig wirksame Hilfe bei solchem Leiden bringt das aufrichtige Bemühen, sich Klarheit darüber zu verschaffen, was sich beim großen Wandel des Bewusstseins im Kern verändert hat. Wie man sich darüber Klarheit verschaffen kann, soll im zweiten Teil dieses Buches dargestellt werden.

Hier ist noch einmal auf die New-Age-Bewegung zurückzukommen, insbesondere auf das gnostische Gedankengut, das mit ihr in die westliche Welt eingeflossen ist. Weshalb wird dieses hier geradezu gierig aufgesogen, während zu gleicher Zeit der christliche Mythos mehr und mehr an Attraktivität verliert? Die Antwort wurde früher schon gegeben: Es handelt sich um die Projektion des kommenden Neuen. Wie immer hat sich die Projektion erst einmal ans falsche Objekt angehängt. Wir können sie sogar heute schon zurücknehmen, da wir ja die Möglichkeit haben, den Bewusstseinswandel zu durchschauen. Es lohnt sich jedoch, die Frage zu stellen, weshalb gerade gnostische Mythen als Projektionsträger für das kommende Neue dienen: welches das Häkchen ist, an das sich die Projektion anhängen konnte.

Geben wir uns zuerst darüber Rechenschaft, was wir unter gnostischen

Mythen verstehen. Der Ausdruck „Gnosis“ wirkt ja auf viele christliche Theologen wie ein rotes Tuch. Das kommt daher, dass im frühen Christentum die gnostische Interpretation des „Christus-Geschehens“ mit der theistischen konkurrierte und dass die theistische Interpretation sich erst nach heftigen und lang andauernden Kämpfen gegen die gnostische durchgesetzt hat. So ist denn für viele christliche Theologen Gnosis so etwas wie eine gefährliche Irrlehre, von der man die Hände lassen soll.

Klarere Sicht als die Theologie hat uns die Religionswissenschaft verschafft. Sie hat aufgezeigt, dass die evolutionsmäßig höheren Religionen drei Typen von Religion zugeordnet werden können: dem theistischen, dem gnostischen und dem kosmologischen. Auch hat sie zu sehen gelehrt, dass die strukturelle Verschiedenheit der Religionen vom theistischen und vom gnostischen Typ sich aus deren grundverschiedener Auffassung von der Entstehung der Welt ergab.

Während gemäß jüdischem Schöpfungsmythos ein personaler Gott die Welt durch willentlichen Entschluss geschaffen hat, entstand die Welt nach gnostischer Vorstellung durch Emanation eines unpersönlichen göttlichen Pleroma. Bei diesem Herabfließen göttlicher Substanz entstanden immer niedrigere Sphären und immer niedrigere Wesen: zuerst verschiedene Kategorien von Geist-Wesen, zuletzt der mit Materie behaftete Mensch.

Entsprechend der jüdisch-christlichen Vorstellung von der Entstehung der Welt ist der Mensch hier und Gott dort, und Gott ist etwas völlig anderes als der Mensch. Nach gnostischer Vorstellung hingegen enthält der Mensch noch etwas von der ursprünglichen göttlichen Substanz in sich. Er partizipiert dadurch noch irgendwie am göttlichen Pleroma. Er kann sogar den „göttlichen Rest“ in sich wieder zur Entfaltung bringen und sich dadurch dem göttlichen Pleroma wieder annähern. Entfaltet wird der „göttliche Rest“ vor allem in jenen außergewöhnlichen Bewusstseinszuständen, die man früher als Ekstase bezeichnet hat. Dabei gewinnt der Mensch Gnosis, was sich heute adäquat mit individueller Bewusstheit übersetzen ließe. Daher der Name!

Die gnostische Vorstellung der Seele ist somit bipolar wie die tiefenpsychologische, enthält sie doch außer dem Ich ebenfalls noch etwas Zweites, dem Ich Überlegenes: den „göttlichen Rest“. Es war diese Bipolarität, welche als Aufhänger für die Projektion des neuen Menschenbildes diente, unterscheidet sich doch die tiefenpsychologische Vorstellung der Seele gerade dadurch von der ausschließlich im Ich zentrierten positivistischen.

Schaut man jedoch genauer hin, erkennt man leicht, dass die Projektion sich wieder einmal ans falsche Objekt angehängt hat: dass die gnostische Seelenvorstellung ganz anders ist als die durch die Entdeckung des Unbewussten zustande gekommene. Deutlich zeigt sich dies, wenn man die bei New-Agelern (und bei metaphysierenden Jungianern) beliebteste gnostische Seelenvorstellung ins Auge fasst: die des Inana Joga, einer elitären spirituellen Schule der Vedanta-Religion. Dort wird der „göttliche Rest" Atman genannt. Es wird aber auch – entsprechend der gnostischen Vorstellung von der Herkunft des Menschen – gelehrt, der Atman partizipiere an Brahman, dem absoluten, unpersönlichen Göttlichen. Das ist etwas völlig anderes als die Vorstellung des phylogenetisch zustande gekommenen, das Individuum zentrierenden Selbst im tiefenpsychologischen Modell.

Die Häupter der Transpersonalen Psychologie sehen das allerdings nicht so. Sie bemühen sich gerade deshalb so sehr, sich in außergewöhnliche Bewusstseinszustände zu versetzen, weil sie die gnostischen Mythen für physisch wahr halten und glauben, in ekstatischen Zuständen können sie sich Brahman, den sie auch kosmischen Geist oder kosmisches Bewusstsein nennen, annähern. Dass der Wandel des Bewusstseins im Wesentlichen in der Überwindung der mythischen Weltsicht – des wörtlichen Fürwahrhaltens von Mythen – besteht, haben sie noch nicht mitbekommen.

Die gnostische Seelenvorstellung ist übrigens auch dem Christentum nicht ganz fremd. Es darf nämlich nicht vergessen werden, dass während der ganzen Dauer theistisch-christlicher Orthodoxie gnostisches Gedankengut – sozusagen als Unterströmung – weiterlebte und gelegentlich sogar in den Raum der Orthodoxie einbrach. Eingebrochen ist es z. B. mit den immer wieder aufgegriffenen Schriften des Pseudodionysius Areopagita, die sich eng an den Neuplatonismus, den letzten Höhepunkt der antiken Gnosis, anlehnen. Die Seelenvorstellung der Gnosis wurde vor allem von Mystikern aufgegriffen. Sie schien ihnen nämlich das plausibelste Modell zu sein, wenn sie sich Klarheit darüber verschaffen wollten, was bei ihrem numinosen Erleben vor sich ging. Wohl der bekannteste Rückgriff dieser Art ist der von Meister Eckhart. Dessen Vorstellung des „Christus in uns" entstammt der gnostischen Lehre vom göttlichen Rest im Menschen.

Blicken wir noch einmal auf den Verlauf der Psycho-Bewegung zurück. In deren Zurücksinken auf das positivistische Niveau, und später sogar auf das mythische, drückt sich ein Prozess aus, der sich zu gleicher Zeit im allgemeinen Bewusstsein vollzogen hat. Obwohl nämlich der ideologische Positivismus um 1900 herum – Hand in Hand mit der Entdeckung des Unbewussten – überwunden worden war, breitete er sich in den folgenden Jahrzehnten im allgemeinen Bewusstsein erst richtig aus. Daher – und auch weil die Biologie noch mechanistisch war – das Zurücksinken der theoretischen Vorstellungen der Psyche bei den neu aufkommenden therapeutischen Schulen auf das positivistische Niveau.

Mit der Zeit führte jedoch die Überschätzung der Vernunft, die zum positivistischen Selbstverständnis gehört, zu einer Intellektualisierung und Rationalisierung immer weiterer Lebensbereiche. Die Gegenbewegung, die in den Sechzigerjahren einsetzte – und die sich in der Psycho-Welt als Abkehr vom „medizinischen Modell" und Hinwendung zur Psychagogik manifestierte – kann als Ausdruck des Unbehagens in der verengten, der menschlichen Natur nicht entsprechenden positivistischen Weltsicht verstanden werden. Dass die Jugend gerade in den USA wieder Zugang zu den im Rationalismus zu kurz gekommenen Seiten des Lebens suchte, ist wohl nicht erstaunlich, war doch dort der kulturelle Wurzelboden dünner als in Europa.

Indessen war damals die Zeit zur interdisziplinären Erarbeitung des neuen Menschenbildes mit seinem neuartigen Verständnis des Mythos noch nicht reif. Sie war vor allem deshalb nicht reif, weil die Biowissenschaften noch nicht voll nachgezogen hatten und auch weil die tiefenpsychologische Theorie noch nicht aufgearbeitet war. So hielten denn die „Rebellen von Kalifornien" die mythischen Theorien der indianischen und noch mehr der ostasiatischen Kulturen für echtes Wissen und glaubten, diese mit den Ergebnissen der modernen Physik zusammenbringen zu können.

Die tiefenpsychologische Theorie im Licht heutiger Naturerkenntnis

Als C. G. Jung zwischen 1910 und 1920 seine Modellvorstellung der menschlichen Psyche erarbeitete, hing diese in der wissenschaftlichen Welt sozusagen in der Luft. Heute ist die Situation völlig anders. Heute fügt sich die tiefenpsychologische Theorie nicht nur nahtlos in das Welt- und Menschenbild ein, das durch den Wandel vom mechanistischen zum systemischen Naturverständnis sowie durch die Ergebnisse biologischer Forschung zustande gekommen ist. Es hat sich sogar gezeigt, dass die interdisziplinäre Erarbeitung eines wirklich zeitgemäßen Welt- und Menschenbildes gar nicht möglich ist ohne Miteinbezug der tiefenpsychologischen Theorie. Jung hatte eben mit seinem Modell eine Entwicklung antizipiert, die sich sowohl in den Natur- wie in den Kulturwissenschaften erst in den Jahrzehnten danach vollzog.

Will man zeigen, wie sich die tiefenpsychologische Theorie ins heutige Bild des Menschen und der Natur einfügt, kann man allerdings nicht von Begriffen wie „das Unbewusste", „innere Wahrnehmung", „das Selbst" usw. ausgehen, denn diese Begriffe kommen in anderen Disziplinen nicht vor. Da ist es erforderlich, erst einmal einen gemeinsamen begriffliehen Nenner zu finden, der Vergleiche ermöglicht. Hierzu haben sich die Begriffe „Artspezifität", „Selbstregulation", „Kommunikation" und „Spontaneität" als fruchtbar erwiesen. Zum einen wird durch sie das Wesentliche des tiefenpsychologischen Modells erfasst, zum andern sind es auch Grundbegriffe zumindest der modernen Biologie. Beginnen wir mit der Artspezifität.

Artspezifität

Der paradigmatische Durchbruch von der Bewusstseinspsychologie zur Tiefenpsychologie geschah, wie erwähnt, in dem Moment, als Jung erkannte, dass die in Träumen, Fantasien und Visionen vorkommenden Bilder nicht nur auf einige wenige Grundmuster von Bedeutung zurückgeführt werden können, sondern dass diese Muster für die Spezies Homo sapiens typisch sind: dass es sich dabei um phylogenetisch erworbene kognitive Muster handelt.

Es war denn auch gerade diese Aussage, die bei Kulturwissenschaftlern Widerspruch hervorrief. Dort herrschte damals noch ein Meinungsklima, das die Rezeption dieser Vorstellung geradezu verbot. Es herrschte noch das sogenannte Prinzip des Einzelfaktums, was das Reden von Strukturen bzw. Mustern verdächtig erscheinen ließ. Schwerwiegender war jedoch das damals dominierende sogenannte Prinzip der Substanz: die Gewohnheit, kulturelle Gebilde als „Dinge, die da sind" aufzufassen, wobei man gar nicht daran dachte, zu fragen, wie sie der menschlichen Psyche entsprungen seien.

Dabei spielte es natürlich auch eine Rolle, dass die damalige Biologie mechanistisch-materialistisch war: dass sie – was den Menschen betraf – nur einen Körper ohne Seele kannte. So konnten denn auch Biologen die Aussage nicht akzeptieren, kognitive Strukturen seien angeboren. Ich habe schon erwähnt, dass der Begriff „Art" in der damaligen Biologie lediglich morphologisch-physiologische Merkmale umfasste und dass erst das Aufkommen der Ethologie in den Fünfzigerjahren zur Einsicht führte, dass auch kognitive Fähigkeiten mit dem Erbgut weitergegeben werden. Zwar befasst sich die Ethologie nur mit Tieren, doch war durch sie die Vorstellung vom Vorhandensein phylogenetisch erworbener kognitiver Strukturen beim Menschen immerhin akzeptabel geworden.

Stichhaltige Beweise für deren Vorhandensein erbrachte dann die Humanethologie. Diese untersucht mit den Methoden der Verhaltensforschung – also durch Beobachtung der Motorik – das Verhalten von Menschen quer durch die verschiedensten Kulturen. Untersucht wird u. a. die Mutter-Kind-Beziehung, die Annäherung der Geschlechter, Objekt-Besitz und -Tausch, die Ausbildung von Rangordnungen, Territorialverhalten, innerartliches Feindverhalten sowie explorative Aggression. Für alle diese Bereiche fanden die Humanethologen arteigene, unbewusst ablaufende Muster des Verhaltens: mussten sie eine im Zentralnervensystem vorhandene, phylogenetisch erworbene Software annehmen. Damit war das bis dahin nur mittels der tiefenpsychologischen Methode nachgewiesene Vorhandensein unbewusster kognitiver Strukturen im Menschen durch handfeste, positivistische Methoden einer biologischen Disziplin bestätigt worden.

Es ist nun interessant zu sehen, dass sich auch einige geisteswissenschaftliche Disziplinen auf dieses von der Biologie gebaute Fundament niedergelassen haben: Disziplinen, die bis dahin hoch über der „niedrigen Natur" bzw. dem „nur Biologischen" schwebten. Den Anstoß dazu gab der Linguist Noam Chomsky. Dieser betrachtete Sprache nicht mehr, wie es bis dahin üblich gewesen war, als ein „Ding, das da ist" und das höchstens eine historische Entwicklung hinter sich hat. Chomsky stellte die Frage, wie Sprache im Gehirn repräsentiert und wie sie dort hineingekommen sei. Damit vollzog er für den Bereich der Kulturwissenschaften jene entscheidende Wende des Denkens, die wir weiter oben als anthropische Wende kennengelernt haben. Mit linguistischen Methoden erbrachte Chomsky den Nachweis, dass sich im Gehirn des Menschen phylogenetisch erworbene Software befindet, die es ihm ermöglicht, Sprache zu erlernen und zu gebrauchen. Chomsky bezeichnete diese Software als generative (sprachschöpferische) Grammatik, wobei der Ausdruck „Grammatik" natürlich anders zu verstehen ist als im Schulunterricht.

Auch Eibl-Eibesfeldt, der Begründer der Humanethologie, bezeichnete die von ihm gefundenen Universalien des Verhaltens als Grammatik: als Grammatik des Sozialverhaltens. Analog könnte man für jene Software, die Jung Archetypen (Bedeutung II) nannte, den Ausdruck Grammatik verwenden: Grammatik bewussten Welterfassens. Durch die Arbeiten von Chomsky und Eibl-Eibesfeldt ist somit der Bereich dessen, was Jung als menschliches Unbewusstes erschlossen hatte, erweitert worden.

Erweitert wurde dieser Bereich dann noch einmal durch zwei junge Disziplinen der akademischen Psychologie: durch die Kognitions- und die Emotionspsychologie. Ziel der Kognitionspsychologie ist es, das Funktionieren menschlichen Denkens vom Informationsverarbeitungs-Ansatz her zu untersuchen. Ihre Forschungsgebiete sind: das Lernen und Erinnern von Tatsachen, das Lösen von Problemen, das Ziehen von Schlussfolgerungen sowie der Umgang mit Sprache. Dabei ergab sich, dass alle diese Prozesse durch arttypische, unbewusst ablaufende Muster gesteuert werden. Die Emotionspsychologie erforscht das Bewerten: das Zustandekommen von Urteilen wie etwa in der Frage „Ist das gut für mich?“ oder „Ist das nicht gut für mich?“. Auch sie wies nach, dass dieses Urteilen durch ein artspezifisches, vom Unbewussten her wirkendes Schema von Evaluationsschritten gesteuert wird.

Selbstregulation

Indem Jung die Psyche als selbstregulierendes System auffasste, antizipierte er ein Naturverständnis, das sich erst dreißig Jahre später allgemein durchgesetzt und das mechanistische abgelöst hat: das schon mehrmals erwähnte systemische. Freud (geb. 1856) war noch ganz dem mechanistischen Naturverständnis mit seinem linearen und starren Kausalitätsbegriff verhaftet. Deshalb suchte er denn auch bei der Erforschung von Neurosen in erster Linie nach deren Ursachen, insbesondere nach traumatischen Erlebnissen in der frühen Kindheit. Die Tatsache, dass Jung schon auf dem Boden der systemischen Weltsicht stand, war wohl der tiefste Grund dafür, dass Freud dessen Modell nie akzeptieren konnte. Zwar hat Freud später sein eigenes Modell um das Es und das Überich ergänzt. Dies änderte jedoch weder etwas an seinem personalistischen Standpunkt noch an seinem Verhaftetsein ans mechanistische Weltbild.

Systemisch wird die neue Weltsicht genannt, weil sie die raumzeitlichen Gebilde, die unser Universum ausmachen, als Systeme auffasst: als organisierte dynamische Ganzheiten, die mehr sind als die Summe ihrer Teile. In Hinblick auf die Einordnung der tiefenpsychologischen Theorie in die heutige Sicht der Natur müssen wir die lebendigen Systeme ins Auge fassen: Systeme, wie sie erst in einem fortgeschrittenen Stadium der Gesamtevolution aufgetreten sind. Ist Ganzheit – das Mehr-Sein als die Summe seiner Teile – eine Grundeigenschaft jedes Systems, sind für lebendige Systeme folgende zusätzliche Merkmale kennzeichnend. Erstens sind sie autopoietisch, d. h. sie bauen sich selber auf. Zweitens verändern (transformieren) sie sich ständig und zwar unter Aufrechterhaltung der Ganzheit. Drittens geschieht die Aufrechterhaltung der Ganzheit sowohl bei sich veränderndem äußeren und inneren Milieu als auch bei Transformation des Systems mittels Selbstregulation.

Von der Ganzheit lebendiger Systeme wurde schon gesprochen, als Jung sein Modell konzipierte. Auf den Begriff „Selbstregulation“ kam man jedoch erst viel später und zwar über die Technologie: über das Bemühen, automatisch sich selber korrigierende Waffensysteme zu bauen. Man erfand dabei das Prinzip des rückgekoppelten Regelkreises. Norbert Wiener schuf die mathematische Theorie dazu: eine Theorie, die unter dem Namen Kybernetik bekannt geworden ist. Als dann Biologen feststellten, dass lebendige Systeme das Prinzip der Selbstregulation seit mehr als drei Milliarden Jahren anwandten, verhalf dies der systemischen Betrachtung der Natur zum Durchbruch: zuerst in der Biologie, dann in den restlichen Naturwissenschaften.

Lebewesen sind hierarchisch aufgebaut: an der Basis Zellen, „darüber" Gewebe, Organe und Organsysteme, die schließlich im Organismus – einem Gebilde mit einer Oberfläche rundherum – zusammengefasst sind. Dieser Hierarchie des morphologisch-funktionellen Aufbaus entspricht eine Hierarchie von Regelsystemen. Ein „Wunderwerk" der Selbstregulation ist schon die Zelle. Was sich in einem solchen Gebilde, das meistens nicht größer ist als einige tausendstel Millimeter, an Regulationen abspielt, übersteigt wohl menschliches Fassungsvermögen. Um auch nur eine Ahnung von der Komplexität dieses Geschehens zu bekommen, muss man sich schon gründlich in die Zellbiologie vertiefen.

Für unsere Betrachtung besonders interessant ist jenes Gewebe, das auf Regelung spezialisiert ist: das Nervengewebe und an diesem wiederum die Reflexe bzw. deren Komplexitätszunahme im Rahmen der innerorganismischen Hierarchie. An der Basis finden wir hier den starren Eigenreflex. Etwas „höher oben" beginnen die Fremdreflexe, bei denen Reizort nicht zugleich Reaktionsort ist. An diesen können wir schon zwei Grundfunktionen unterscheiden: das Meiden (z. B. beim Wischreflex) und das Gewinnen (z. B. beim Schluckreflex). Die Fremdreflexe können ihre höhere Leistung vollbringen, weil zwischen den ins Zentralnervensystem hineinführenden (afferenten) und den aus diesem herausführenden (efferenten) Neuronen (Nervenzellen) Zwischenneurone eingefügt sind: Nervenzellgruppen, die eine Verrechnung vollbringen und so eine Regelung ermöglichen.

Je höher hinauf man im Zentralnervensystem steigt, umso mehr werden diese Zwischenneuronengruppen zu eigentlichen Nerven- bzw. Regulationszentren. Weit oben – im Zwischenhirn – finden wir die Zentren der Instinkte: jener Motivatoren des Verhaltens, die vom Ich als Triebe erlebt werden. Auch bei den Instinkten finden wir die Unterteilung in gewinnende (Ernährungs-, Kumpan- und Sex-Instinkt) und meidende (Ausscheidung, Wärmeregulation, Schmerzmeidung usw.). Charakteristisch für Instinkte ist nun, dass sie nicht mehr direkt auf die Erfolgsorgane einwirken, sondern dass sie ihre Motivationen dem ihnen übergeordneten Gesamtintegrationssystem anbieten. Dieses entscheidet dann – aufgrund einer Beurteilung der Gesamtlage – welcher Instinkt im gegebenen Moment zum Zuge kommen darf.

Nun wird von Neurobiologen die Ansicht vertreten, Bewusstsein sei zustande gekommen, als gewisse Bereiche des Gesamtintegrationssystems die Fähigkeit erlangten, sich selber zu integrieren (= zu reflektieren). Betrachtet man diesen Evolutionsschritt mit Blick auf die Selbstregulation, kann man sagen, mit ihm habe die Umkehr eines Prinzips stattgefunden, das für alle tiefer liegenden Stufen der innerorganismischen Hierarchie gültig ist: des Prinzips relativer Autonomie mit Kompetenzabgabe nach oben. So ist z. B. eine Zelle weitgehend autonom. Sie ist „eine Welt für sich". Trotzdem untersteht sie zu einem gewissen Grad der Regelung „von oben her", muss sie einen Teil ihrer Kompetenz „nach oben" abgeben.

Für das Bewusstsein ist die Situation gerade umgekehrt. Zwar ist das Ich relativ autonom (allerdings in einem ganz andern Sinn als die übrigen Regulationszentren!), doch muss es sich aufs Ganze gesehen, „nach unten" ausrichten: nach dem, was im „darunter"liegenden, seiner selbst nicht bewussten Teil des Gesamtintegrationssystems für existenziell richtig befunden wird. In der Sprache der Tiefenpsychologie wird dieser Sachverhalt benannt als Optimierung der Intentionen des Bewusstseins und des Unbewussten bzw. des Ich und des Selbst, auch als Streben nach psychischer Ganzheit oder – anlehnend an die Sprache der philosophischen Alchemie – als Vereinigung der Gegensätze (complexio oppositorum).

Bedenken wir jetzt noch, was früher über die heutige Auffassung von Psyche gesagt wurde: dass wir im Grunde genommen nicht mehr von der Psyche reden dürfen, sondern nur noch vom psychischen Aspekt des an sich einheitlichen Lebewesens Mensch.

Überblickt man all dies, dürfte augenfällig sein, dass sich das tiefenpsychologische Modell – unter dem Selbstregulations-Aspekt betrachtet – nahtlos in das von der Naturwissenschaft erarbeitete Bild des Menschen einfügt.

Kommunikation

Selbstregulation geschieht durch Kommunikation: durch Übermittlung von Nachrichten von einem Sender zu einem Empfänger. So geschieht die „Regelung" des Ich durch Übermittlung von „Botschaften" des Selbst über die innere Wahrnehmung.

Für die Gestalt, in der Nachrichten übermittelt werden, wird der Ausdruck „Sprache" verwendet. Bis weit ins zwanzigste Jahrhundert hinein verstand man unter Sprache nur die menschliche Wortsprache. Die Theologie kannte zwar noch die Sprache Gottes. Diese kann jedoch für die folgende

Betrachtung ausgeklammert werden. Mit dem Aufkommen der Verhaltensforschung wurde es bald zur Selbstverständlichkeit, von einer Sprache der Tiere zu reden: einer Sprache, die nur zu einem Teil aus Lautäußerungen besteht, zu einem großen Teil jedoch aus Haltungen, Bewegungen und Gebärden sowie aus Düften.

Die menschliche Wortsprache und die Sprache der Tiere gehören zur Kategorie der zwischenorganismischen Sprachen. Nun gibt es auch innerorganismische Sprachen. Zu diesen gehört die Sprache des Unbewussten, denn diese dient ja dazu, innerhalb der Psyche Nachrichten zu vermitteln (vgl. Abb. 3, S. 35). Um festzustellen, wie sich die tiefenpsychologische Theorie im Licht der heutigen Naturerkenntnis ausnimmt, müssen wir unseren Blick somit auf die „innerorganismischen" Sprachen richten.

Von diesen gibt es eine ganze Menge. Entsprechend dem hierarchischen Aufbau höherer Lebewesen, dem, wie gezeigt, eine Hierarchie der Regulationszentren entspricht, lässt sich auch eine Hierarchie sprachlicher Kommunikation innerhalb eines Organismus feststellen. So gibt es eine Kommunikation auf der zellulären Ebene: sowohl innerhalb der einzelnen Zellen als auch der Zellen miteinander. Auf einer höheren Ebene liegt die Kommunikation innerhalb des Nervensystems. Diese neuronale Kommunikation ist selber wiederum hierarchisch geordnet, entsprechend den verschiedenen Ebenen der Integration vom Rückenmark aufwärts über die verschiedenen Zentren des Mittel- und Zwischenhirns zu denen von Kleinhirn und Großhirn.

Schon dieser Überblick über die innerorganismische Sprachhierarchie würde genügen, um zu erkennen, dass sich das tiefenpsychologische Modell, auch unter dem Kommunikationsaspekt betrachtet, ins heutige Menschenbild einfügt. Wir können der Sache jedoch noch mehr Profil geben, wenn wir die verschiedenen Sprachcodes betrachten. Voraussetzung für sprachliche Kommunikation ist nämlich, dass die zu übermittelnden Nachrichten kodiert sind. Allgemein bekannt sind jene Codes, die vom Menschen geschaffen wurden, z. B. unsere Buchstabenschrift oder der Morse-Code.

Eine besondere Gruppe unter diesen vom Menschen geschaffenen Codes sind die Geheimcodes. Solche zu dechiffrieren erfordert beträchtliche Detektivarbeit. Die Codes, in denen die zwischen-organismischen Tiersprachen sowie alle innerorganismischen Sprachen verschlüsselt sind, waren für den Menschen bis vor Kurzem Geheimcodes. Es war eine ganz besondere Leistung der modernen Biologie, diese zu entschlüsseln. Dass C. G. Jung den Code der Sprache des Unbewussten entschlüsselt hat und wie er dabei vorgegangen ist, haben wir gesehen.

Betrachten wir nun die innerorganismischen Codes. Auf der untersten

Ebene, der zellulären, finden wir einen haptischen (abgreifbaren) Code. Die Nachricht wird dabei durch die räumliche Form eines Moleküls verschlüsselt. Sie zu „lesen" setzt Stereognosie voraus. Praktisch sieht das so aus, dass das „erkennende" Molekül eine Form hat, die in die Form jenes Moleküls, das die Nachricht überbringt, hineinpasst.

Innerhalb des Nervensystems wird zum Teil auch der haptische Molekülcode verwendet: an den Synapsen, d. h. dort, wo zwei Nervenzellen miteinander in Kontakt treten. Innerhalb der Nervenzellen jedoch bedient sich die Natur des sogenannten neuronalen Codes. Entschlüsselt wurde dieser bisher noch nicht. Immerhin wissen wir, dass in ihm zwei Methoden zur Anwendung kommen bzw. miteinander kombiniert werden: zum einen die Frequenzmodulation elektrischer Potenzialschwankungen, d. h. der Taktfolge, in der die Nervenzelle „feuert"; zum andern die Weiterleitung der Nachricht über mehrere parallele Nervenfasern, sodass sie am Zielort in Gestalt eines „Akkords" empfangen wird.

Zuoberst auf der Skala der innerorganismischen Sprachhierarchie steht die Wortsprache. Diese dient zwar vor allem der zwischenorganismischen Kommunikation. Sie ist aber gleichzeitig den innerorganismischen Sprachen zuzuordnen, u. a. deshalb, weil sie auch beim Selbstgespräch angewendet wird. In der Wortsprache kommt ein weiterer Code zur Anwendung: ein Symbol-Code. Der Ausdruck „Symbol" ist hier allerdings im Sinn der Semiotik zu verstehen, nicht im Sinn der Tiefenpsychologie.

Nun lässt sich auch die Sprache des Unbewussten – die Sprache der Träume, Fantasien und Visionen – klarer orten. Sie ist einzuordnen zwischen der Sprache, die ausschließlich neuralen Regulationen dient und der menschlichen Wortsprache. Kodiert ist sie ebenfalls in einem Symbol-Code. Dieser ist jedoch – im Unterschied zu den vorwiegend aus Begriffen bestehenden „Symbolen" der Wortsprache – ein Bilder-Code.

Dass heute die Sprache des Unbewussten und die Wortsprache dermaßen differieren, ist, wie erwähnt Ergebnis der Bewusstseinsevolution. Wenn wir bedenken, dass die innerorganismische Hierarchie in gewissem Grad den Verlauf der Bioevolution widerspiegelt, liegt es auf der Hand, dass die Sprache des Unbewussten die ursprünglichere ist und dass sich die Wortsprache – als Sprache des entwickelten Bewusstseins – aus dieser herausdifferenziert hat.

Die obere Sprachgruppe – die der Träume und die Wortsprache – umfasst Sprachen, deren wir innewerden. Sie sind Kennzeichen des zu Bewusstheit, d. h. zur Unterscheidung von Ich und Nicht-Ich fähigen Lebewesens Mensch. Dass wir der „niedrigeren" innerorganismischen Sprachen nicht innewerden, ist gerade ein Aspekt jenes psychischen Sachverhalts, den wir als das Unbewusste bezeichnen. Wenn ich sagte, das unbewusst Psychische reiche bis hinab in die Zellen, meinte ich damit gerade die Tatsache, dass schon im intrazellulären Bereich hochkomplexe Selbstregulation und damit auch Kommunikation stattfindet, ohne dass wir des Geringsten davon innewerden.

In diesem Zusammenhang sei noch auf Folgendes hingewiesen: weder das Bewusstsein mit seinem Ich noch der innere Informationsstrom schweben irgendwo im freien kosmischen Raum, sondern kommen – ebenso wie die gesamte Regulation – durch die Aktivität von Nervenzellen zustande. Irgendwie muss somit im „obersten" Bereich des Gesamtintegrationssystems – in jenem Bereich, der sich selber integriert und dadurch Bewusstheit erzeugt – eine Umkodierung stattfinden. Meines Erachtens konzentriert sich das, was man psychophysisches Problem nennt, heute auf die Frage, wie diese Umkodierung geschieht. Falls diese Frage je gelöst werden kann, dann gewiss erst, wenn es gelungen ist, den neuronalen Code zu verstehen. Immerhin ist es ein Zeichen des Sich-Findens von empirischer Psychologie und Biologie, wenn das psychophysische Problem, über das schon eine Bibliotheken füllende Menge von Büchern voll Spekulationen geschrieben worden ist, auf diese konkrete, im Prinzip empirisch lösbare Frage eingekreist werden kann.

Kommen wir noch einmal auf die innerorganismische Sprachhierarchie zurück. Ein weiterer Aspekt erschließt sich uns, wenn wir die Arbeiten von Noam Chomsky in Betracht ziehen. Chomsky hat hervorgehoben, dass die Wortsprache generativ ist: dass der Mensch imstande ist, aus einer sehr begrenzten Zahl von Lauten (Phonemen) eine unbegrenzte Zahl von Sätzen herzustellen. Er wies, wie erwähnt, darauf hin, dass diese Fähigkeit in unbewussten neuronalen Strukturen, für die er den Ausdruck generative Grammatik prägte, begründet sein muss.

Betrachten wir nun die innerorganismischen Sprachen, stellen wir fest, dass die untere Gruppe nicht generativ ist, sondern starr: dass auf allen unterhalb der Bewusstheit liegenden Ebenen der Umfang des zu Übermittelnden genetisch festgelegt ist. Was hier variiert, ist der Grad der Starrheit bzw. des Festgelegtseins. Absolut starr ist die haptische Molekülsprache der intra- und interzellulären Ebene. Hier muss die Bedeutung jedes Zeichens, das über Molekülketten und -kaskaden weitergereicht wird, genau festgelegt sein, damit der Organismus auf dieser Ebene richtig funktioniert.

Oberhalb der intra- und interzellulären Sprache – bei der neuronalen – ergab sich ein gewisser Spielraum, zumindest auf der oberen unbewussten Integrationsebene: dort, wo die Verhaltensmuster gespeichert sind. Wie die ethologische Forschung gezeigt hat, ist seit dem Erwerb der Fähigkeit zu individuellem Lernen eine gewisse Variationsbreite des Verhaltens aufgekommen. Diese zeigt sich auch in jenem Bereich des Verhaltens, den wir als Sprachen der Tiere bezeichnen. Dies ändert aber nichts daran, dass die Tiersprachen nicht generativ sind. Auch die Variationsbreite des Ausdrucks ist nämlich genetisch festgelegt, ebenso wie das ganze Set der mitteilbaren Nachrichten. So kann denn in einem vollständigen Ethogramm die ganze Summe dessen, was eine tierische Art mitteilen und verstehen kann, umschrieben werden.

Wie steht es nun mit der Sprache der Träume: mit der Sprache, die wir als Sprache des Unbewussten bezeichnen? Diese ist ebenso wie die Wortsprache, die aus ihr hervorging, generativ. Daher das weite, erst zu einem kleinen Teil beackerte Feld, das sich durch die Entschlüsselung der Sprache des Unbewussten der tiefenpsychologischen Hermeneutik eröffnet hat.

Noch ein Wort zur Sprache der Gene. In ihr kommt zwar der haptische Molekül-Code zur Anwendung, doch nimmt sie – gegenüber der intra- und interzellulären Sprache – eine Sonderstellung ein. Während Letztere absolut starr ist, ist die Sprache der Gene in gewisser Hinsicht generativ. Sie ist generativ in der Phylogenese. In der Ontogenese hingegen ist sie starr. Da dient die DNA lediglich als Archiv, in dem der Bauplan für die jeweilige Spezies – bzw. für diese individuelle Variante innerhalb der betreffenden Spezies – festgeschrieben ist: der Bauplan einschließlich Funktionsanweisungen, von dem während des betreffenden individuellen Lebens Kopien gezogen werden.

Spontaneität

Ein weiteres Charakteristikum des Jungschen Modells ist die Spontaneität des Unbewussten. Freud stellte sich das Unbewusste noch reaktiv vor. Wurden die aus dem Bewusstsein verdrängten, unbewusst gewordenen Inhalte mittels der psychoanalytischen Methode bewusst gemacht, verlor das Unbewusste, nach Ansicht von Freud, seine das Ich bedrängende und störende Kraft. Nach Jung hingegen ist das Unbewusste spontanaktiv. Erstens bewirkt und überwacht es die Entwicklung des Ich nach dem in ihm gespeicherten arteigenen Programm. Zweitens ist es der Schöpfer der sogenannten Gestaltungen des Unbewussten: nicht nur der Träume und Mythen, sondern auch jener „Einfälle", die nach Überarbeitung durch das Bewusstsein als große Dichtung, große Malerei, Architektur und Plastik sowie als große, weiterführende Ideen in die Kulturgeschichte eingehen.

Gerade diese Vorstellung von der Spontaneität des Unbewussten erregte gewaltigen Widerstand bei denen, die noch vom Menschenbild der Aufklärung ausgingen: von jenem Menschenbild, in dem das Ich als einzige Quelle der Spontaneität galt. Allerdings wurde die Spontaneität des Ich damals noch anders gesehen als heute, wo man in ihr etwas erkennt, das mit dem Energie-Paradigma nicht fassbar ist. Das mechanistische Menschenbild implizierte eben die Idee des Maschinenmenschen: des Menschen, der sich – gemäß dem ontologischen Reduktionismus – völlig auf energetische Prozesse im Sinne der Physik zurückführen lässt. Eine Maschine funktioniert zwar durch Energie-Zufuhr. Sie ist jedoch nicht spontanaktiv. Sie muss eingeschaltet werden. Die Frage, auf welche Weise die menschliche „Maschine" eingeschaltet wird, wurde allerdings von Positivisten ausgeblendet.

Auch nach dem Übergang vom mechanistischen zum systemischen Naturverständnis machte man sich vorerst über die Spontaneität keine großen Gedanken. Erst in der jüngsten Zeit trat die Tatsache ins Blickfeld, dass Spontaneität das Charakteristikum alles Lebendigen ist und dass es sich dabei um etwas handelt, das mit dem bisherigen naturerklärenden Paradigma – dem der physikalischen Energie – nicht vereinbar ist.

Spontaneität ist nicht nur Aktivität. Immer ist sie auch mit Form- bzw. Gestaltwerdung verbunden, während die Energie, sich selbst überlassen, alle Gestalt zerstört. Man denke an eine Feuersbrunst. Gerade die Gestalt aber verschwand während der analytischen Phase der Naturwissenschaft immer mehr aus dem Blickfeld. In den Vordergrund rückte das Prozessuale. Auf einen Schlag jedoch war das Interesse an der Gestalt wieder da, als man über die Morphogenese zu staunen begann: über die Tatsache, dass aus einer befruchteten Eizelle oder aus einem Samenkorn sich ein Lebewesen von hochkomplexer makroskopischer wie mikroskopischer Gestalt entfaltet. Es war aber nicht mehr wie bei den einstigen Naturkundlern das Sich-Erbauen an der wundersamen Formenfülle der Natur. Das Interesse galt jetzt dem Phänomen der spontanen Form-Werdung nach dem im Genom verschlüsselten Plan.

Aber nicht nur die Ontogenese – das Werden eines einzelnen Lebewesens – wurde als Ausdruck der Spontaneität erkannt. Als noch viel staunenswerteres Beispiel von Spontaneität erkannte man die Phylogenese, ja die Evolution überhaupt: die kosmische, die chemische, die Bioevolution sowie die Evolution des Bewusstseins. Welche Folgen die Entdeckung der Spontaneität als etwas mit dem bisherigen Paradigma der Naturerklärung nicht mehr Vereinbarem für die Weltsicht hatte, soll im nächsten Kapitel besprochen werden.

Das objektiv Geistige aus heutiger Sicht

Durch die Entdeckung der inneren Wahrnehmung ist der positivistische Empiriebegriff erweitert und der ideologische Positivismus überwunden worden. Die tiefenpsychologische Feldarbeit erwies – und erweist täglich – die Realität unbewusst psychischer Mächte: jener auf das Ich einwirkenden Mächte, die einst bei konkretistischer Apperzeption des innerlich Wahrgenommenen für metaphysische Geistwesen gehalten wurden.

Was aber sind diese Mächte? Erfahren werden sie als etwas Immaterielles: als etwas, das man im traditionellen Sprachgebrauch als Geistiges bezeichnet hat. Aufgrund tiefenpsychologischer Erfahrung kann man mit Fug und Recht sagen, durch die Entdeckung des Unbewussten sei der wissenschaftliche Materialismus überwunden worden: mit dem Begriff des objektiv Psychischen, diesem Fundamentalbegriff der Tiefenpsychologie, sei das objektiv Geistige – das vom Bewusstsein unabhängige Geistige – wieder ins Menschenbild eingeführt worden.

Wie aber ist das ins heutige Wissen über die Natur einzuordnen: in jenes Bild der raumzeitlichen Wirklichkeit, das nicht wie das des menschlichen Unbewussten mithilfe des erweiterten Empiriebegriffs erarbeitet worden ist, sondern nach dem Prinzip des methodischen Positivismus? Im vorigen Kapitel haben wir gesehen, dass sich das tiefenpsychologische Modell durch seine Charakteristika – die Vorstellung der Artspezifität, der Selbstregulation, der Kommunikation und der Spontaneität – nahtlos ins heutige Wissen über die Natur einfügt. Erkennbar wurde dies im Rahmen der interdisziplinären humanwissenschaftlichen Grundlagenforschung.

Bei dieser Arbeit zeigte sich nun auch sehr eindrücklich, dass heute die verschiedenen natur- und kulturwissenschaftlichen Disziplinen sowie die Tiefenpsychologie – Disziplinen, deren Entwicklung bis anhin getrennte Wege ging – auf einen Punkt hin konvergieren: dass aus ihren Ergebnissen nicht nur ein Menschenbild, sondern auch ein Weltbild resultiert, in dem – nach der Phase positivistisch-materialistischer Sicht – wiederum das seinen legitimen Platz hat, was man früher als das objektiv Geistige bezeichnet hat.

Unter dem objektiv Geistigen wird zwar heute oft – z. B. im Gefolge des Philosophen Karl Popper – die Kultur verstanden: der exteriorisierte, nunmehr zum Objekt der Kulturwissenschaften gewordene Menschengeist. Mit Blick auf das Weltbild ist jedoch unter dem objektiv Geistigen etwas gänzlich anderes zu verstehen: das unabhängig vom Bewusstsein – dem subjektiv Geistigen – existierende Geistige, d. h. ein Geistiges, das schon da war, bevor Bewusstsein in die Welt trat.

Halten wir der Klarheit halber noch einmal fest, dass die Theologie zwar seit eh und je über das objektiv Geistige reflektiert hat, dass sie aber von einer ganz bestimmten Vorstellung desselben ausging: von der Vorstellung geistiger Wesenheiten, die für sich allein – unabhängig von der Materie – existieren. Es war dies die Vorstellung des objektiv Geistigen, die aus einem ganz bestimmten Grundmuster des Welterfassens hervorgegangen war. Jenes Muster ist jedoch im Zug des großen Evolutionsschrittes des abendländischen Bewusstseins durch ein grundlegend neues abgelöst worden. Wie dieser Schritt vor sich ging, soll im zweiten Teil dieses Buches beschrieben werden.

Hier gilt es nur zu wiederholen, was schon früher gesagt wurde: dass der Wandel der Vorstellung des objektiv Geistigen sich nach der im Mythologem vom Tod und von der Auferstehung eines Gottes veranschaulichten Gesetzmäßigkeit vollzogen hat. Das heißt, dass die alte Vorstellung erst einmal sterben – im Materialismus untergehen – musste, damit sie dann in neuer Gestalt wieder auferstehen konnte.

In welcher Gestalt die Vorstellung des objektiv Geistigen auferstanden ist bzw. gegenwärtig wieder aufersteht, soll in diesem Kapitel betrachtet werden. Die Auferstehung findet, wie gesagt, im Rahmen der Konvergenz der Ergebnisse aller empirischen Disziplinen zu einer einheitlichen Sicht der Welt statt. Was sich davon aus der Entdeckung des Unbewussten ergab, wurde schon dargestellt. Hier geht es noch darum zu zeigen, dass auch die positivistische Methode zur Wiederauferstehung des objektiv Geistigen geführt hat.

Ganz allgemein kann man sagen, der Materialismus sei de facto überwunden worden durch den Übergang von der mechanistischen zur systemischen Sicht der Natur. Nun impliziert aber der Begriff „mechanistische Weltsicht" zumindest zweierlei: Determinismus und Materialismus.

Der Determinismus ergab sich aufgrund des starren Kausalitätsbegriffs, der bis zu Beginn des 20. Jahrhunderts verbindlich war. Als dieser durch die Quantentheorie gesprengt und durch die statistische Auffassung der Kausalität abgelöst wurde, war der Determinismus überwunden. Es war schon an der Basis ein Freiraum entstanden, der sich dann – der Evolutionsachse entlang aufwärts – verbreiterte, sodass schließlich auch der (relativ) freie Wille des Menschen im Weltbild wieder seinen legitimen Platz bekam.

Die Wiederauferstehung des objektiv Geistigen vollzog sich aus der materialistischen Komponente des mechanistischen Weltbildes: dem sogenannten Energieparadigma. Bis weit ins 19. Jahrhundert hinein hat sich die Physik, die damals das gesamte naturwissenschaftliche Denken bestimmte, als Wissenschaft von den Naturkräften verstanden: von mechanischen, thermischen, chemischen, elektrischen und magnetischen Kräften. Erst nach der Mitte des

19. Jahrhunderts wurde der Begriff „Energie" als Oberbegriff für alle diese Kräfte eingeführt. Noch aber unterschied man von der Energie die Masse. Die Masse galt damals als die eigentliche Materie, an der die Energie angreift. Zu Beginn des 20. Jahrhunderts wies dann Albert Einstein nach, dass Masse und Energie äquivalent sind: dass Masse (und damit Materie) als kondensierte bzw. geformte Energie zu verstehen ist. Aus dieser Einsicht erst ging das Energieparadigma hervor: der Glaube, die gesamte raumzeitliche Wirklichkeit – einschließlich des Menschengeistes – lasse sich auf Energie im Sinn der Physik zurückführen (reduzieren). Die Atomphysik entwickelte sich noch vor dem Hintergrund des Energieparadigmas, also noch vor dem Hintergrund der „alten" Sicht der Natur.

Erst mit dem Aufkommen der kybernetischen Betrachtungsweise, die die systemische einleitete, wurde das Energieparadigma überstiegen. Es war die Einführung des Begriffs „Information" (im Rahmen des Begriffs „Selbstregulation"), die zum Durchbruch führte. Information impliziert nämlich etwas Qualitatives; sie hat mit Anordnung, Form bzw. Gestalt zu tun, und das ist etwas, das mit dem rein quantitativen Begriff „Energie" nicht erfasst werden kann.

Information muss allerdings unter zwei Aspekten betrachtet werden: unter dem Träger- und dem Bedeutungsaspekt. Der Informationsträger ist immer eine Form von Energie, also etwas Materielles. Der geistige Aspekt der Information beruht auf der Anordnung der Trägerelemente. Erst durch deren Anordnung bzw. Gestaltung wird Information zu etwas, das von einem Empfänger verstanden werden kann. Die Informationstheorie erfasst nur den Träger-Aspekt. Sie ist eine mathematische Theorie, die in erster Linie dazu geschaffen wurde, Leistungsfähigkeit bzw. Rentabilität technischer Nachrichtenübermittlungssysteme zu berechnen. Mit dem Bedeutungsgehalt – dem geistigen Aspekt der Information – befasst sich die Semiotik.

Natürlich war das Energieparadigma durch Einführung des Begriffs „Information" erst de facto überwunden. Obwohl sich solche Defacto-Durchbrüche im Rückblick als die entscheidenden Weichenstellungen des Denkens erweisen, verging doch noch etliche Zeit, bis man erkennen konnte, dass zur vollständigen Beschreibung der raumzeitlichen Wirklichkeit außer dem Energie- bzw. Materie-Begriff noch – als integrierender Begriff – der des objektiv Geistigen gehört. Vorher musste sich erst noch die moderne Biologie entfalten.

Heute ist es so weit. Jetzt ist es unschwer zu sehen, dass der Begriff des objektiv Geistigen wieder auferstanden ist. Um dies zu zeigen, hat es sich m. E. bewährt, von der Definition der Materie auszugehen, welche die moderne

Physik gibt. Physiker definieren heute Materie als geformte bzw. geordnete Energie. Diese Definition muss, wenn man sie voll erfassen will, unter zwei Aspekten betrachtet werden. Erstens muss man fragen, was angeordnet ist und zweitens, wie dieses Was angeordnet ist. Mit der Frage nach dem Was erfasst man die Energie. Mit der Frage nach dem Wie erfasst man das, woraus sich die neue Vorstellung des objektiv Geistigen entfalten lässt.

Vorerst sei aber noch daran erinnert, dass die anthropische Wende stattgefunden hat: dass man nicht mehr auf naive Weise glauben darf, man könne die Dinge so erkennen, wie sie sind, sondern dass man auch den Vorgang des Erkennens ins Auge fassen muss. Bei der empirisch fundierten Erkenntniskritik hat sich nun ergeben, dass das Ich sich das Nicht-Ich in der Weise aneignet, dass es dieses in Begriffspaare zerlegt und dass es zudem danach strebt, die dabei sich ergebende Vielfalt immer wieder durch Abstraktion unter übergeordnete Begriffspaare zu subsumieren. Diese Erkenntnis führte schließlich zur Errungenschaft des komplementären Denkens, zur Einsicht, dass wir auf den allerhöchsten Abstraktionsebenen zwar immer noch Begriffspaare bilden müssen, weil wir nicht anders können, dass diese jedoch wieder zusammenzudenken, auf noch höherer Ebene „im Geiste" wieder zu vereinen sind. „Erfunden" wurde das komplementäre Denken von dem Physiker Niels Bohr bei seinem Bemühen um eine Lösung des Welle-Korpuskel-Problems, das sich aus den unterschiedlichen Versuchsanordnungen zur Erforschung des Elektrons ergab. In der Folge wurde aber dann der Komplementaritätsbegriff zum Schlüsselbegriff für die Erarbeitung der neuen, durch die Bewusstseinsmutation möglich gewordene Sicht der Welt und des Menschen. Dank der Errungenschaft des komplementären Denkens wurde der bisherige Dualismus des Welterfassens (Diesseits-Jenseits) überwunden und eine unistische Weltsicht wurde möglich. Im Licht dieser unistischen Weltsicht werden unter dem Begriffspaar von Materie und Geist nicht mehr zwei Wesenheiten verstanden, von denen jede für sich allein existieren kann, sondern zwei Aspekte der an sich einheitlichen raumzeitlichen Wirklichkeit.

Die Konsequenz daraus: Wenn wir sagen, mit der Frage nach dem Angeordnetsein der Energie erfassen wir das, was als Keim zum Begriff des objektiv Geistigen bezeichnet werden kann, ist mit dem objektiv Geistigen der Geist-Aspekt der Wirklichkeit gemeint.

Damit sind wir wieder beim Ausgangspunkt für die Entdeckung des neuen Geist-Begriffs: der wissenschaftlichen Definition von Materie. Fragt man, was in einem beliebigen materiellen Gebilde – sei dies ein Kristall oder ein Lebewesen – angeordnet ist, gibt es nur eine Antwort: Energie. Fragt man hingegen, wie die Masse – die Energie in ihrer Kompaktform – in einem materiellen bzw. raumzeitlichen Gebilde angeordnet ist, gibt es unendlich viele Antworten, je nachdem, ob es sich dabei um eines der natürlichen Elemente handelt, um eines der ungezählten Moleküle oder ein Lebewesen.

Betrachtet man auf diese Weise einzelne raumzeitliche Gebilde, erhält man lauter Momentaufnahmen je verschiedenen Angeordnetseins der Energie. Das Wesentliche für das Erfassen des Geist-Aspekts der Natur resultiert daraus noch nicht. Dieses scheint erst auf, wenn wir die Evolution und damit die Achse der Zeit ins Auge fassen. Das heutige Naturverständnis ist ja nicht mehr statisch wie in den ersten Jahrhunderten naturwissenschaftlichen Forschens, wo man die „Dinge" als etwas auffasste, das „seit den Tagen der Schöpfung" einfach da ist.

Integrierendes Element heutigen Naturverstehens ist das Wissen um die Evolution. Richten wir unseren Blick auf diese, wird eine weitere bzw. die entscheidende Dimension des Angeordnetseins sichtbar: eine seit dem Urknall oder Urschwung, also seit ca. 15 Milliarden Jahren, unaufhaltsam fortschreitende Tendenz zu immer komplexerer Anordnung. Zuerst manifestierte sich diese auf atomarer Ebene als Bildung immer komplexerer Elemente, dann auf molekularer als Voranschreiten von einfachsten Molekülen bis zur Bildung von Proteinen und Nukleinsäuren, danach, nach der Entstehung von Lebewesen, als Voranschreiten vom kernlosen Einzeller bis zum Menschen. Dabei geht es nicht nur um Zunahme der räumlichen Anordnung, sondern auch um zunehmende Komplexität des funktionalen bzw. prozessualen Geschehens, und zwar sowohl in den einzelnen raumzeitlichen Gebilden als auch der Wechselwirkung zwischen diesen (Vernetztsein, Bildung überindividueller Systeme).

Es drängt sich somit beim heutigen Stand des Wissens über die Natur und deren Gewordensein unserem zur Unterscheidung gezwungenen Erkenntnisorgan die Unterscheidung zweier völlig verschiedener Tendenzen auf: derjenigen, die wir unter dem Begriff „Energie" zusammenfassen und einer Tendenz, die – bildlich gesprochen – gerade in die entgegengesetzte Richtung geht. Kennzeichnend für die Energie ist nämlich, dass sie, sich selbst überlassen, „in die Senke fällt", d. h. Wertigkeit verliert. Heiße Körper kühlen sich ab, ein Ball, der auf den Boden fällt, kommt nach einer gewissen Zeit zur Ruhe. Je mehr die Energie, ihrer natürlichen Richtung folgend, „in die Senke fällt", umso weniger kann sie dazu dienen, Arbeit zu leisten.

Als Maß für entwertete Energie wurde der Begriff „Entropie" geschaffen. Nun wird Entropie auch definiert als Maß für Unordnung. Das erklärt sich aus der Art und Weise, wie der Entropie-Begriff abgeleitet wurde. Wie dies geschah, interessiert hier nicht. Wichtig jedoch ist (in Hinblick auf die Erarbeitung des neuen Geist-Begriffs) zu sehen, dass das Gegenteil jenes Ungeordnetseins, das durch den Entropie-Begriff umschrieben wird, nicht jenes Geordnetsein ist, das man als Komplexität bezeichnet und das im Verlauf der Evolution zugenommen hat. Das Gegenteil von entropischer Unordnung ist Dichte bzw. höhere Wertigkeit der Energie: die größere Fähigkeit, Arbeit zu leisten. Diese war zur Zeit des „Urknalls" am größten und hat seither ständig abgenommen.

In der Tendenz zu immer komplexerer Anordnung bzw. Gestalt zeigt sich etwas völlig anderes als in jenem Geschehen, das mit dem Energie-Begriff erfasst wird: etwas, das mit der beim einzelnen Lebewesen zu beobachtenden Spontanaktivität „verwandt" ist. Ins Bewusstsein der Biologen tritt gegenwärtig, wie erwähnt, die Tatsache, dass Spontaneität mithilfe des Energieparadigmas nicht erklärt werden kann. Evolutionstheoretiker, insbesondere solche, die von der Physik her kommen wie die Prigoginisten und Chaotiker, glauben zwar gegenwärtig noch, der Evolutionsprozess könne mithilfe des Energie-Begriffs allein erklärt werden.

Immerhin beginnt sich schon da und dort das Staunen über das Phänomen der Autopoiese auf das Phänomen der Evolution auszudehnen. Man beginnt darüber zu staunen, dass die Evolution überhaupt stattgefunden hat. Man beginnt zu erkennen, dass sich in der seit dem Urknall unaufhaltsam fortschreitenden Tendenz zur Hervorbringung immer komplexerer raumzeitlicher Gebilde etwas manifestiert, das sich von dem, das Physiker unter dem Begriff „Energie" erarbeitet haben, grundlegend unterscheidet.

In unserem Sprachgefühl drückt sich diese Unterscheidung schon lange aus. So sprechen wir spontan von Energie-Gefälle und von Höherentwicklung. Für die Tendenz zur Höherentwicklung wurden auch schon neue Ausdrücke wie Orthogenese und Anagenese (griech. orthos=aufrecht, ana=hinauf) kreiert. Im Hinblick auf die abendländische Sprachtradition wie auch auf den Ausgangspunkt unserer Überlegung scheint es mir passender, für das Neue, mit dem Energie-Begriff nicht Fassbare, den Ausdruck „Geist" – im Sinne des objektiv-Geistigen – zu verwenden. Genauer gesagt: es als geistigen Aspekt der raumzeitlichen Wirklichkeit zu benennen, um diesen von dem bisher allein begrifflich erfassten materiellen Aspekt zu unterscheiden.

Natürlich handelt es sich bei dem Gesagten nur um einen Ansatz zum neuen Geist-Begriff. Dieser Ansatz ist noch recht abstrakt und hat wenig Ähnlichkeit mit der gewohnten Vorstellung des Geistigen. Er kann jedoch weiterentwickelt werden bis zu dem, was wir uns traditionellerweise unter Geist vorstellen, wenn wir auf ein Ergebnis der systemischen Betrachtung der Natur zurückgreifen: auf die Einsicht, dass bei der Integration mehrerer Teilsysteme zu einem „höheren" (komplexeren) System jeweils völlig neue Eigenschaften in die Existenz treten. Im Verlauf der Evolution waren dies: bei der Integration von Teilchen zu Atomen die Festigkeit, bei der Molekülbildung der Formenreichtum im Nanobereich und all die Eigenschaften der „Stoffe", die wir im Bereich der mittleren Dimensionen, auf die unsere Sinnesorgane eingestellt sind, wahrnehmen. Beim Schritt zum Lebewesen kamen – neben einer neuartigen Kategorie von Gestalten (morphologischen wie funktionellen) – hinzu die Spontaneität und die Innerlichkeit.

Unter dem Begriff „Spontaneität" kann zwar die Gesamtevolution verstanden werden, drückt dieser Ausdruck doch sehr treffend jene Dynamis aus, die mit dem Begriff „Energie", so wie ihn die Physik erarbeitet hat, nicht erfasst wird. Hier ist jedoch jene besondere Form von Spontaneität gemeint, die beim Evolutionsschritt zum Lebenden neu in die Welt trat, die z. B. in der Autopoiese manifest wird und durch die sich das Lebendigsein vom Totsein unterscheidet. Der Begriff „Innerlichkeit" wurde früher schon erläutert. Man versteht darunter phylogenetisch erworbenes („angeborenes") Wissen, die Fähigkeit, Information zu verarbeiten sowie die Fähigkeit, in einer der momentanen Situation entsprechenden Weise zu reagieren.

Greifen wir, mit Blick auf die Innerlichkeit, auf jene „alte" Stufenfolge am Lebendigen zurück, die durch die Ausdrücke „vegetativ", „animalisch", „psychisch" und „geistig" benannt wurde. Der vegetativen Stufe ordnete man die Fähigkeit zu Fortpflanzung und Wachstum zu, ferner die Fähigkeit zu Ernährung, Stoffwechsel und Ausscheidung. Mit der animalischen Stufe kam das „Instinkthafte" dazu: z. B. Beutefang, Brunstverhalten und Rangordnungskämpfe. Als psychisch bezeichnete man Eigenschaften, die man als Ausdruck des Erlebens auffasste: Freude, Furcht, Zuneigung, Anhänglichkeit.

Als charakteristisch für die geistige Stufe galt das, was wir heute bewusstes Erkennen, Denken und Wollen nennen: der Menschengeist bzw. das subjektiv Geistige. Erinnern wir uns an das, was sich schon auf der vegetativen Stufe an Regulation, Informationsverarbeitung und Kommunikation abspielt. Halten wir uns ferner vor Augen, wie das alles „nach oben hin" ständig mannigfaltiger und leistungsfähiger wird bis zu dem Punkt, an dem Lebewesen imstande sind, Kultur zu schaffen. Betrachten wir all dies, nimmt wohl der Begriff „das objektiv Geistige" Substanz und Farbe an.

Nun dürfte auch der früher besprochene Begriff „das objektiv Psychische" besser einzuordnen sein. Es ist wohl leicht zu sehen, dass mit diesem Ausdruck ein oberer Abschnitt auf der Skala der Entfaltung des objektiv Geistigen benannt wird, jener Abschnitt, der mit dem In-die-Welt- Treten von Innerlichkeit beginnt. Auch dürfte jetzt verständlich werden, wie es gemeint war, als ich sagte, das objektiv Psychische bzw. das Unbewusste reiche – bei der neuen Weltsicht – bis hinab auf die Ebene der Zellen.

Diese ganz grobe Skizze mag hier genügen. Jedenfalls kann daraus ersehen werden, dass beim neuen Selbst- und Weltverständnis der Begriff des Geistigen nicht mehr auf das Bewusstsein beschränkt ist, d. h. nicht mehr auf das, was nach der analytisch – reduktiven Phase der Naturwissenschaft als einziges Geistiges übrig blieb. Als Begriff des objektiv Geistigen umfasst der neue Geist-Begriff das gesamte raumzeitliche Geschehen. Mit ihm wird etwas benannt, das schon ganz zu Beginn unseres Universums nachgewiesen werden kann, denn schon in Gestalt der bloßen Strahlung tritt uns die Energie als etwas Geordnetes gegenüber. So ist denn auch all das, was die Naturwissenschaft noch während ihrer materialistischen Phase unter dem Namen „Naturgesetze" erarbeitet hat, Ausdruck des Geist-Aspekts der Natur.

Für Theologen dürfte interessant sein zu sehen, dass mit dem erfahrungswissenschaftlich begründeten Begriff des objektiv Geistigen wiederum jene Vorstellung in die Sicht der Natur Eingang gefunden hat, welche seit eh und je eine zentrale Vorstellung der Theologie war: die des weltschöpferischen Geistes. Nun dürfte auch klarer ersichtlich sein, dass beim heutigen Wissen über die Großartigkeit des Evolutionsprozesses sowie der Einsicht, dass dieser mit dem Energieparadigma nicht verstanden werden kann, die Vorstellung eines weltschöpferischen Seins zumindest nicht mehr ohne weiteres von der Hand zu weisen ist.

Vor diesem Hintergrund lässt sich auch die Frage beantworten, die von Theologen oft an Tiefenpsychologen gestellt wird: die Frage, woher das Selbst sein Wissen habe. Eines der eindrücklichsten Ergebnisse der evolutionären biologischen Kognitionsforschung ist der Nachweis, welche Fülle von „angeborenem" Wissen schon auf der niedrigsten Stufe des Lebendigen – bei kernlosen Bakterien – vorhanden ist und wie viel Wissen mit jedem Evolutionsschritt dazukommt. So wurde denn der Evolutionsprozess von Biologen – z. B. von Konrad Lorenz – als Erkenntnis gewinnender Prozess bezeichnet. Wenn man bedenkt, dass dieses „angeborene" Wissen im Bereich der unbewussten Lebewesen während drei Milliarden Jahren kontinuierlich zugenommen hat, dass jedoch Bewusstsein erst in allerjüngster Zeit in die Welt getreten ist, liegt wohl die Annahme auf der Hand, dass das phylogenetisch uralte Selbst (jedes unbewusste Lebewesen hat ein Selbst) dem noch sehr jungen Ich in vielen Belangen an Wissen überlegen ist. Vertieft man sich erst noch in die jedes menschliche Begreifen übersteigenden Leistungen, die das seiner selbst nicht bewusste Gesamtintegrationssystem nicht nur des Menschen, sondern schon höherer Tiere in jeder Sekunde vollbringt, wird dies noch selbstverständlicher. Jedenfalls wird dann geradezu unbegreiflich, dass Theologen oft noch behaupten, die Tatsache, dass das Selbst dem Ich weiterführende Botschaften zukommen lässt, könne nur in der Weise erklärt werden, dass Gott direkt das Selbst erleuchte.

Tiefenpsychologie und Theologie

Evolutionsdenken contra Mythos vom goldenen Zeitalter

Bei der Darstellung der tiefenpsychologischen Theorie sind wir mehrmals auf die Tatsache gestoßen, dass diese mit der Theologie in Konflikt gerät: dass z. B. Begriffe wie Offenbarung, Gnade und numinoses Erleben zwar Grundbegriffe sowohl der Tiefenpsychologie als auch der Theologe sind, dass diese aber jeweils auf grundverschiedene Weise verstanden werden.

Es drängt sich deshalb vielen Menschen die Frage auf, welche der beiden Auffassungen die richtig sei. An Versuchen, darauf eine Antwort zu finden, hat es seit der Entdeckung des Unbewussten nicht gefehlt. Überblickt man diese Diskussion, zeichnen sich zwei Tendenzen ab: eine, die auf Konfrontationskurs geht und die jeweils gegnerische Position bekämpft sowie eine, die versucht, Tiefenpsychologie und Theologie miteinander zu harmonisieren. Weder der eine noch der andere Weg erwies sich indessen als fruchtbar. Insbesondere vermochte keiner von beiden aufzuzeigen, wie Kirche und Theologie aus ihrer gegenwärtigen Krise herauskommen können.

Als fruchtbarer erwies sich mir eine Betrachtungsweise, welche die fachgebundenen Standpunkte, die ja von unterschiedlichen erkenntnistheoretischen Voraussetzungen ausgehen, übersteigt, indem sie den Blick primär auf den Ablauf der Zeit richtet: indem sie von der Tatsache ausgeht, dass die christliche Theologie vor bald zwei Jahrtausenden entstand, die Tiefenpsychologie hingegen vor knapp einem Jahrhundert. Wie man mit dieser Betrachtungsweise zu einem auch das kirchliche Anliegen befriedigenden Ergebnis kommt, lässt sich allerdings nicht mit wenigen Sätzen beschreiben. Wir benötigen dazu den ganzen Rest des zur Verfügung stehenden Raumes.

Fasst man die Lage von Theologie und Tiefenpsychologie auf der Zeitachse ins Auge, steht man gleich vor einem Problem: vor der Frage, welchen Einfluss der Zeitablauf auf den menschlichen Geist und die menschliche Situation habe. Da stehen sich nämlich in „Welt“ und Kirche wiederum zwei grundverschiedene Auffassungen gegenüber: die evolutionäre und die, welche sich im Mythos vom goldenen Zeitalter ausdrückt, d. h. die Auffassung, einst sei alles gut gewesen, dann aber immer schlechter geworden.

Auf den ersten Blick scheint dies heute kein Problem mehr zu sein, ist doch die Tatsache der Evolution (nicht aber das, was diese bewirkt hat!) so eindeutig erwiesen, dass jeder, der sie noch bestreitet, als Ignorant anzusehen ist. Auch wird ein Theologe sogleich darauf hinweisen, dass die Kirche heute die Evolution anerkennt. Letzteres stimmt zwar, doch ist zu fragen, inwieweit. Gewiss wird die Bioevolution von der Kirche nicht mehr bestritten, auch nicht die kosmische, sofern man das Wissen darüber überhaupt zur Kenntnis genommen hat. Allerdings ist wohl eher von einem schiedlich-friedlichen Nebeneinanderleben von Evolutionslehre und Schöpfungstheologie zu sprechen: einem Nebeneinander, das weitgehend dadurch zustande kam, dass einerseits Teilhard de Chardin in seiner Darstellung der Evolution Naturwissenschaft und Theologie miteinander vermengte, andererseits Schöpfungstheologen den biblischen naturerklärenden Mythos in Richtung Evolutionslehre zurechtgebogen haben. Immerhin wird heute die Vorstellung einer Evolution des Kosmos und der Lebewesen von kirchlicher Seite offiziell nicht mehr bekämpft.

Anders ist die Situation, sobald man von der Evolution des Bewusstseins spricht. Dies zeigte sich anlässlich eines Symposions, das 1986 auf Anregung des (traditionalistischen) Philosophen Robert Spaemann zusammen mit der römischen Glaubenskongregation abgehalten wurde.[8] Zwar stand dort nur die von Konrad Lorenz begründete evolutionäre Erkenntnistheorie zur Diskussion. Abgesehen davon, dass diese Theorie sich nur mit der Evolution unbewusster kognitiver Systeme befasst, sagt sie im Kern nur aus, diese hätten sich im Sinn der Co-Evolution entwickelt: durch Auseinandersetzung der Lebewesen mit der Umwelt im Dienste des Überlebens. Die zeitlich daran anschließende Evolution des Bewusstseins hatte die päpstliche Kommission noch gar nicht zur Kenntnis genommen. Aber schon die Lorenzsche Theorie wurde in Bausch und Bogen verdammt. Sie wurde als neuer Evolutionismus bezeichnet und zwar als einer, der wesentlich gefährlicher sei als der, den seinerzeit Charles Darwin in die Welt gesetzt hat.

Nun ist aber zur Klärung der Beziehung zwischen Tiefenpsychologie und Theologie gerade die Evolution des Bewusstseins von entscheidender Bedeutung. Was dabei herauskommt, kann zwar gefährlich sein für Leute, die ein Interesse daran haben, an der Vorstellung des Herrschertums von Gottes Gnaden festzuhalten sowie an den sich daraus ergebenden Machtansprüchen der Weihe-Hierarchie. In keiner Weise gefährlich ist das Wissen um die Evolution des Bewusstseins hingegen für die, denen aus dem Grund daran gelegen ist, dass die Kirche die gegenwärtige Krise übersteht, weil sie aus der Sorge um das Seelenheil der Menschen hervorgegangen ist und diesen über zwei Jahrtausende hinweg Seelenheil vermittelt hat.

Die Erforschung der Bewusstseinsevolution ergab nämlich, dass es falsch ist, danach zu fragen, ob die Theologie oder die Tiefenpsychologie Recht habe.

Sie hat gezeigt, dass sogar bis zum Ende des 19. Jahrhunderts das von Theologie und Kirche vertretene konkretistische Verständnis des christlichen Mythos richtig war, weil dieses dem damaligen Entwicklungsstand des Bewusstseins entsprach. Sie ließ aber auch erkennen, dass heute die symbolische Auffassung die Richtige ist, weil sich ein evolutionärer Wandel des Bewusstseins ereignet hat: ein Entwicklungsschritt zu einem differenzierteren Erfassen der objektiven Wirklichkeit, durch den es u. a. zu einem radikalen Wandel der Apperzeption des innerlich Wahrgenommenen gekommen ist. An der Wirkkraft des innerlich Wahrgenommenen hat sich, wie schon gesagt, dadurch nichts geändert. Im Gegenteil. Wenn Kirche und Theologie sich diesen Wandel eingestehen und die entsprechenden Konsequenzen für die Seelsorge ziehen, können sie den Menschen unserer Zeit wiederum das geben, was sie den Menschen der vergangenen zwei Jahrtausende gegeben haben.

Nun ist aber dieses Sich-Eingestehen alles andere als selbstverständlich. Dass die römische Kurie dies vehement von sich weist, zeigte eindrücklich das Symposion von 1986. Dass es aber auch an der Basis der klerikalen Hierarchie nicht viel anders ist, habe ich während der letzten zwanzig Jahre hautnah erfahren. Zwar ist das Reden vom Bewusstseinswandel hier schon beinahe zu einem Gemeinplatz geworden, doch bekommt man bei Gesprächen mit Theologen den Eindruck, es wehre sich in ihrem Innern etwas dagegen, diesen Wandel als Entwicklungsschritt zu sehen: als dränge sie aus dem Hintergrund ihrer Seele etwas dazu, ihn im Sinne des Mythos vom goldenen Zeitalter als Abstieg zu interpretieren.

Ich vermute, dass dies mit der kirchlichen Sozialisation zusammenhängt. Die Interpretation des Zeitablaufs, die sich im Mythos vom goldenen Zeitalter ausdrückt, war ja charakteristisch für die meisten früheren Kulturen. Auf dem Entwicklungszweig, der zu uns führte, galt sie sowohl für das Judentum wie für das Christentum. Im Judentum galt als maßgebliche Zeit die des Bundesschlusses Jahwes mit Abraham, im Christentum die Herabkunft Christi. Zwar wurde und wird immer wieder auf den eschatologischen Charakter des Christentums hingewiesen, doch trat dieser – wenigstens was die Eschatologie der Schöpfung und der Menschheit betrifft – schon früh in den Hintergrund. Dazu kommt, dass die christliche Eschatologie zwar die Wiederkunft Christi „am Ende der Zeiten" lehrt, aber auch, dass sich vorher das Reich des Antichrist ausbreitet: dass vorerst einmal alles schlechter wird.

Dass die goldene Zeit in der Vergangenheit gesehen wird, ist z. B. daran erkennbar, dass im kirchlichen Sprachgebrauch Reform nicht etwa „aggiornamento" an ein unterdessen erreichtes höheres Bewusstseinsniveau bedeutete, sondern Rückbesinnung auf die goldene Zeit. Für die Reform der geistlichen

Orden mag dies noch angemessen gewesen sein, waren diese doch meistens, wenn ein Reformer auftrat, degeneriert. Deutlich wird der Blick rückwärts aber bei jener Reform, die unter dem Namen Reformation in die Geschichte eingegangen ist. Obwohl sie heute als Absetzversuch vom mythischen Weltbild gesehen werden kann, vollzog sie sich doch unter dem Motto „Rückkehr zum ursprünglichen Christentum". Das Nachwirken des Mythos vom goldenen Zeitalter zeigt sich auch in der negativen Besetzung des Ausdrucks „modern" im kirchlichen Bereich. So bedeutete im 15. Jahrhundert die heute so hoch bewertete Devotio moderna so viel wie Abfall von der (einzig richtigen) Sakramentenfrömmigkeit. Noch im 20. Jahrhundert, als sensible Theologen wie Loisy und Tyrell die Entdeckung des Unbewussten in die Reflexion des Glaubensguts einbeziehen wollten, wurde dies mit außerordentlich negativem Akzent als Modernismus bezeichnet. Auch heute noch ist Modernismus im kirchlichen Raum weithin ein Schimpfwort. Welch diametraler Gegensatz zur heute „in der Welt" gängigen Bewertung des Zeitablaufs darin zum Ausdruck kommt, wird erkennbar, wenn man bedenkt, in welcher Bedeutung „modern" in Ausdrücken wie „moderne Physik" und „moderne Biologie" verwendet wird.

Im Mittelalter war auch die Auffassung des Rechts durch den Mythos vom goldenen Zeitalter bestimmt.[9] Auf diesem Gebiet wurde die zurückblickende Tendenz des Christentums noch durch die von den Germanen eingebrachte Rechtsauffassung unterstützt. Recht galt bei den Germanen ebenso wie im kirchlichen Bereich als „einst" von Gott bzw. den Göttern gesetztes Recht. Auch hier bedeutete Reform Wiederauffinden des ursprünglichen Rechts. De facto wurde zwar im weltlichen wie im kirchlichen Bereich ständig neues Recht gesetzt, doch war man überzeugt, dabei nur das Alte, im goldenen Zeitalter offenbarte Recht, wiederherzustellen. Wie sehr diese auf dem Mythos vom goldenen Zeitalter beruhende Selbsttäuschung in der katholischen Kirche heute noch gilt, kann z. B. an der Art und Weise beobachtet werden, wie die Hierarchen die Beibehaltung des eindeutig auf Rechtssetzung beruhenden Pflichtzölibats begründen.

Da sich der Übergang von der Theorie der Rechtsfindung zu der der Rechtssetzung im Verlauf der Neuzeit – ebenso wie die übrige Weiterentwicklung des Bewusstseins – außerhalb der Kirche vollzog, konnte eben in dieser der Mythos vom goldenen Zeitalter weiterwirken. Zwar wurde er nicht expressis verbis formuliert. Aber er ist noch da und wirkt so, wie in der Wissenschaft das wirkt, was man dort als Meinungsklima bezeichnet: als eine im Zug der Sozialisation weitgehend averbal vermittelte, völlig unbewusst sich auswirkende Weichenstellung des Denkens.

Unbewusste Voraussetzungen des Denkens, welche sich als Widerstände gegen eine differenziertere Sicht der Dinge auswirken, müssen erst einmal bewusst gemacht werden. Solange sie unbewusst bleiben, sind alle vorgebrachten Fakten und alle noch so begründeten Argumente wirkungslos. Voraussetzung derartiger Bewusstmachung ist allerdings, dass jemand die Meinungen, die sich als Widerstände auswirken, beim Namen nennt. Aus diesem Grund bin ich, bevor wir über die Erforschung der Bewusstseinsevolution reden, auf das Nachwirken des Mythos vom goldenen Zeitalter eingegangen. Allerdings bin ich mir bewusst, dass noch so deutliches Beim-Namen-Nennen nur bei den Menschen Wirkung zeigt, die – biblisch gesprochen – Ohren haben zu hören.

Zur Erforschung der Bewusstseinsevolution

Die Erforschung der Bewusstseinsevolution ergibt mehr als die geistesgeschichtliche Betrachtung. Zwar setzt sie die Kenntnis der Geistesgeschichte und ihrer Entwicklungsstruktur voraus, doch deckt sie Zusammenhänge und Gesetzmäßigkeiten auf, die mittels der historischen Methode allein nicht erkannt werden können.

Im Hinblick auf unser Problem ist von besonderer Bedeutung, dass erst durch die evolutionäre Betrachtung erkannt werden konnte, was sich beim Wandel des Welt- und Menschenbildes im Kern verändert hat: welche Vorstellungen somit überholt sind und weshalb; ferner, welche neue Sicht der Dinge sich daraus ergibt und auch, welche Konsequenzen sich aus diesen Einsichten für Theologie und Kirche ergeben. Außerdem wurde erst durch die evolutionäre Betrachtung sichtbar, dass dieser radikale Wandel – diese eigentliche Mega-Mutation des Bewusstseins – nicht aus heiterem Himmel hereingebrochen ist, sondern dass sie die Kulmination einer Entwicklung war, die im Grunde schon in der Steinzeit begonnen hat: einer Entwicklung zudem, die zu einem beträchtlichen Teil durch theologische Reflexion entscheidend vorangetrieben worden ist.

Untaugliche methodische Ansätze

Allerdings konnte all dies erst in jüngerer Zeit erkannt werden: erst nachdem es gelungen war, einen griffigen methodischen Ansatz zum Nachweis und zur Erforschung der Bewusstseinsevolution zu finden. Auch wurde bis vor Kurzem gar nicht von einer Evolution des Bewusstseins gesprochen, sondern von kultureller Evolution. Dies lag erstens daran, dass sich vor allem Kulturwissenschaftler mit dieser Frage befassten, zweitens aber – und das ist das Entscheidende für die Untauglichkeit jener Entwürfe – dass damals in den Kulturwissenschaften noch das Prinzip der Substanz die Bahnen des Denkens bestimmte: dass damals dort die anthropische Wende noch nicht vollzogen war.

Aufgekommen ist die Idee, dass sich in der Vielfalt der Kulturen auch eine Evolution ausdrücke, fast gleichzeitig mit der Idee der Evolution des Lebendigen, somit schon bevor Charles Darwin dank eines griffigen methodischen Ansatzes deren Tatsächlichkeit nachweisen konnte. Einer der Ersten, die von kultureller Evolution sprachen, war Auguste Comte (1798-1857). In seiner Dreistufenlehre unterschied er ein theologisches, ein metaphysisches und ein positives Stadium. Als Klassiker der kulturwissenschaftlichen Richtung gelten heute Herbert Spencer (1820-1903), Edward Tylor (1832-1917) und James Frazer (1854-1941). Charakteristisch für diese Forscher war, dass sie das kulturhistorische Material zwar nach bestimmten Merkmalen, jedoch, (was ihnen heute vorgeworfen wird), weitgehend nach Ermessen bestimmten Entwicklungsstadien zuordneten.

Nach Ermessen mussten sie es zuordnen, weil ihnen ein Kriterium für die Bemessung der Evolutionshöhe eines kulturellen Phänomens fehlte.

Kritik gegen diese Entwürfe erhob sich dann gegen die Mitte des 20. Jahrhunderts innerhalb der Kulturwissenschaften selber. Sie ging namentlich von Ethnologen aus, deren unterdessen konsolidiertes Fachgebiet ja durch das große Gewicht, das dem magischen und mythischen Entwicklungsstadium zukam, besonders tangiert wurde. Diese Auseinandersetzung ist unter dem Namen „Evolutionismusstreit" in die Annalen der Ethnologie eingegangen. Die Kritik nahm jedoch das Fehlen eines Kriteriums zur Bemessung der Evolutionshöhe gar nicht wahr. Schwerwiegender als sachliche Einwände gegen gewisse Interpretationen ethnografischen Materials durch die „Evolutionisten" wog die Tatsache, dass unter Ethnologen ein Wandel der Einstellung gegenüber Eingeborenen stattgefunden hatte: ein Wandel, bei dem das schlechte Gewissen der „Söhne" der Kolonisatoren eine Rolle spielt. So verbreitete sich denn die irrige Meinung, die Idee der kulturellen Evolution impliziere die Aussage, die Angehörigen primitiver (= ursprungsnäherer) Kulturen seien dumm und dumpf gewesen. Jedenfalls wurde im „Evolutionismusstreit" mit dem Bade auch das Kind ausgeschüttet: Es setzte sich unter Ethnologen die Meinung durch, von einer kulturellen Evolution könne und dürfe nicht gesprochen werden. Das war natürlich Balsam für Theologen und theologisch geprägte Religionswissenschaftler, die im Reden von kultureller Evolution vor allem einen Angriff auf die christliche Religion sahen.

Heute kann gesehen werden, dass die Entwürfe der „Evolutionisten" der Kritik jener, denen „kulturelle Evolution" ein Dorn im Auge ist, deshalb nicht standhielten, weil ihr methodischer Ansatz ungenügend war. Ungenügend war dieser vor allem, weil jene Autoren die anthropische Wende nicht vollzogen hatten. So richteten sie denn ihren Blick ausschließlich auf kulturelle Schöpfungen, nicht aber auf das kognitive System, das den Menschen zu kulturellem Schaffen befähigt: auf das Bewusstsein. An diesem aber vollzog sich die Evolution. Was in Kulturen als Entwicklung aufschien, war lediglich die Folge der Evolution des Bewusstseins.

Mehr wäre zu erwarten gewesen von jenen Entwürfen, die Naturwissenschaftler seit der Mitte des 20. Jahrhunderts vorlegten. Es waren dies Entwürfe, die man unter dem Titel „vom Urknall bis Albert Einstein" unterbringen könnte. Sie enttäuschten jedoch im Hinblick auf das, worum es hier geht, so sehr, dass sie für die Diskussion der Beziehung zwischen Tiefenpsychologie und Theologie überhaupt nicht in Frage kommen. Erstens wurde auch in ihnen der Ausdruck „kulturelle Evolution" beibehalten, zweitens waren die Ausführungen über diese darin nicht mehr als ein Anhängsel, das sozusagen der Abrundung des Entwurfs diente.

Je nachdem, ob die Autoren von der Physik oder der Biologie herkamen, lag das Hauptgewicht entweder auf der Darstellung der kosmischen Evolution oder der der Lebewesen. Diese beschrieben sie zwar jeweils mit großer Sachkompetenz. Weil sie jedoch auf das kulturhistorische Material gar nicht eingingen, konnten sie die besondere Gesetzmäßigkeit der „kulturellen" Evolution nicht herausarbeiten. Sie extrapolierten einfach die „Mechanismen", die sie als wesentlich für die Bioevolution betrachteten: entweder den von Variation und Selektion oder den der „Selbstorganisation der Materie". Neuerdings wird sogar die Chaostheorie dazu verwendet.

Von einer Evolution des Bewusstseins sprach dann allerdings Jean Gebser. Aber auch sein Entwurf vermochte die Gegner einer „kulturellen" Evolution nicht zu überzeugen, da er lediglich von einer spekulativen Umschreibung von Bewusstsein ausging, nicht aber von einer empirisch fundierten. Das Gleiche gilt für den in jüngster Zeit vorgelegten Entwurf des New-Age-Theoretikers Ken Wilber.

Ein methodischer Ansatz, der greift

Als ich 1970 im Rahmen der Stiftung für humanwissenschaftliche Grundlagenforschung die These vertrat, die scheinbare Unvereinbarkeit von Theologie und Tiefenpsychologie hänge mit der Evolution des Bewusstseins zusammen, sah ich mich mit der geschlossenen Front der Ethnologen, Theologen und Religionswissenschaftler konfrontiert. Aufgrund meiner Kenntnis der Bioevolution war ich jedoch überzeugt, dass die Evolution nach der Entstehung des Menschen weitergegangen ist. Es galt somit erst einmal zu untersuchen, weshalb die Entwürfe der „Evolutionisten" der Kritik der Gegner nicht standgehalten hatten.

Als sich herausstellte, dass es an der Insuffizienz ihres methodischen Ansatzes lag, sah ich mich vor die Aufgabe gestellt, einen Ansatz zu suchen, der greift. Gegen diesen vermochte dann, wie sich unterdessen erwiesen hat, die Kritik nichts Stichhaltiges mehr ins Feld zu führen. Nachdem sich nun gezeigt hat, dass es erst mithilfe dieses Ansatzes zu erkennengelang, was sich beim Wandel des abendländischen Bewusstseins im Kern verändert hat – dass somit von ihm her die Beziehung zwischen Theologie und Tiefenpsychologie geklärt werden kann – soll dieser Ansatz bzw. der Gedankengang, der ihm zugrunde liegt, hier ausführlich geschildert werden.

Unter Evolution versteht man, kurz gesagt, die fortschreitende Komplexitätszunahme eines Systems, sei dieses ein atomares, ein molekulares, ein lebendiges oder ein kognitives. Der Ausdruck „Evolution" ist wertfrei. Ein höheres System ist nicht besser als ein niedriges, es ist lediglich komplexer.

Nun kann aber die Komplexitätszunahme eines Systems erst dann nachgewiesen werden, wenn man dessen charakteristische Eigenschaften kennt. Wollte man somit untersuchen, ob eine Evolution des Bewusstseins stattgefunden hat, musste zuallererst festgestellt werden, was man heute unter Bewusstsein versteht. Das war gar nicht so einfach. Zwar gab es philosophische Definitionen vom Bewusstsein in Hülle und Fülle.

Seit dem Aufkommen einer empirischen Kognitionsforschung hatten diese jedoch ihre Bedeutung eingebüßt. Allerdings ergab sich bald einmal, dass auch die empirische Psychologie, obwohl sie sich in ihren Anfängen unter dem Bewusstseinsparadigma vollzogen hat, nicht sagen konnte, welches die grundlegenden Eigenschaften von Bewusstsein sind. Erstens hatte nämlich die biologische Kognitionsforschung gezeigt, dass viele kognitive Fähigkeiten, die man früher als für den Menschen charakteristisch ansah – sogar die Fähigkeit zu Abstraktion! – schon bei Tieren vorkommen. Zweitens kann die Psychologie nur über den heutigen Menschen etwas sagen und von diesem war aus heuristischen Gründen anzunehmen, dass sein Bewusstsein schon eine lange Evolution hinter sich hat und dass in deren Verlauf verschiedene sekundäre Eigenschaften und Fähigkeiten dazugekommen sind. Man musste somit nach den Anfängen von Bewusstheit fragen.

Wo aber waren diese festzustellen? Vom frühen Menschen besitzen wir nur Knochen, und diese geben keine Auskunft über die kognitiven Fähigkeiten der Menschen, zu denen sie einst gehörten. Nun wusste man aus der systemischen Betrachtung der Evolution, dass bei jedem Evolutionsschritt jeweils völlig neue Eigenschaften und Fähigkeiten in die Existenz getreten sind. Die Frage nach den charakteristischen Eigenschafen von Bewusstsein spitzte sich somit auf die Frage zu, welche kognitiven Fähigkeiten beim Schritt vom tierischen Primaten zum Menschen zu den bis dahin phylogenetisch erworbenen dazugekommen sind.

Ferner wusste man aus der biologischen Evolutionsforschung, dass jedem entscheidenden Durchbruch eine Periode vorausging, während der mehrere divergierende Entwicklungslinien innerhalb einer Stammgruppe sich auf das kommende Neue hin gleichsam vorantasteten. Wenn auch der Durchbruch jeweils nur an einer Stelle gelang, geben doch die „Tastversuche" wertvolle Hinweise, um welchen Neuerwerb es dabei ging. Damit konzentrierte sich das Interesse auf die Primatologie. Da die Menschenaffen schon dem Tier-Mensch-Übergangsfeld angehören, war zu erwarten, dass sich bei ihnen wenigstens Anzeichen von Bewusstheit finden lassen. Diese Hoffnung wurde dann auch erfüllt, denn bei Schimpansen hatte man zumindest zwei kognitive Fähigkeiten beobachtet, welche bei evolutiv niedrigeren Tieren noch nicht mit Sicherheit festgestellt werden konnten: die Fähigkeit zur Repräsentation der Zeit sowie die Fähigkeit zur Unterscheidung zwischen Ich und Nicht-Ich.

Betrachten wir hier nur die Fähigkeit zur Unterscheidung. Diese wurde nachgewiesen durch die Spiegelversuche, auf die mich der Primatologe unseres Arbeitskreises, Professor Hans Kummer, Zürich, hingewiesen hat. Stellt man ein evolutionsmäßig niedriges „Augentier" – z. B. ein Krähenmännchen – vor einen Spiegel, hackt es immer wieder auf sein Spiegelbild ein. Offensichtlich hält es dieses für einen Rivalen. Lässt man hingegen einen Schimpansen, dem man vorher einen Farbfleck an einer Stelle des Fells, die er nicht sehen kann, angebracht hat, vor einen Spiegel treten, greift er nicht nach dem Farbfleck im Spiegelbild, sondern an sich selbst. Es scheint ihm die Erkenntnis zu dämmern: „Der dort im Spiegel bin ich".

Halten wir fest, dass der evolutionäre Durchbruch zu voller Bewusstheit nur auf jener Entwicklungslinie erfolgte, die zum Homo sapiens geführt hat:

dass sich bei Schimpansen nur Ansätze zu Bewusstheit finden und dass die Evolution bei ihnen auf dieser Stufe stehen geblieben ist. Aber gerade das macht Schimpansen im Hinblick auf unsere Frage so wertvoll. Wir können sie als lebende Fossilien aus der Anfangszeit von Bewusstheit betrachten und an ihnen erkennen, welches die gesuchten charakteristischen Merkmale von Bewusstsein sind: die Fähigkeit zur Unterscheidung zwischen Ich und Nicht-Ich bzw. zwischen Subjekt und Objekt sowie die (durch andere Versuche nachgewiesene) Fähigkeit zur Repräsentation der Zeit.

Im Rückblick können wir auch erkennen, dass mit dem Erwerb dieser Fähigkeiten ein Evolutionsschritt gelungen war, der bezüglich Stellenwert dem Schritt von der unbelebten Materie zum Lebewesen gleichzusetzen ist. An diesen neu erworbenen Fähigkeiten setzte dann die Tendenz zur Evolution an und erschloss – als Evolution des Bewusstseins – fortschreitend einen völlig neuen Raum. In zunehmendem Maße vermochte der Mensch sich als etwas von der Umwelt (der objektiven Wirklichkeit) Getrenntes, d. h. als Subjekt, zu erfahren, andererseits an der objektiven Wirklichkeit immer neue Unterscheidungen zu treffen und schließlich immer weiter hinter die Fassade des bloßen Augenscheins vorzudringen. Damit greifen wir aber vor. Vorerst ging es noch darum, den Nachweis zu erbringen, dass eine Evolution des Bewusstseins stattgefunden hat.

Wie war dabei vorzugehen? Bewusstsein kann ja nicht gesehen, dessen Komplexitätsgrad somit nicht direkt festgestellt werden. Indessen hat der Mensch dank seiner Fähigkeit zu Bewusstheit die Fähigkeit, Kultur – genau gesagt: objektunabhängige Kultur – zu schaffen. Kulturen sind somit Äußerungen des bewussten Lebewesens. Aus diesen Äußerungen kann auf die Leistungsfähigkeit des kognitiven Systems, das sie hervorgebracht hat, zurückgeschlossen werden.

Nachdem nun eine erfahrungswissenschaftliche Definition von Bewusstsein gefunden war, musste man sich nicht mehr – wie einst die „Evolutionisten" – darauf beschränken, am kulturhistorischen Material arbiträr verschiedene Phasen zu unterscheiden. Man hatte nun ein Maß, mit dem die Evolutionshöhe bzw. der Komplexitätsgrad einer Kultur bestimmt werden konnte. Wenn sich anhand des kulturhistorischen Materials zeigen ließ, dass darin eine fortschreitende Zunahme der Fähigkeit zur Unterscheidung sowie der Repräsentation der Zeit zum Ausdruck kommt, war der Nachweis erbracht, dass eine Evolution, d. h. eine fortschreitende Komplexitätszunahme des Bewusstseins, stattgefunden hat. Auch ließ sich dann erkennen, wie diese verlaufen ist. Bevor wir auf die Ergebnisse dieser Untersuchung eingehen, ist noch auf zwei Unterschiede zwischen Bioevolution und Evolution des Bewusstseins sowie auf eine methodische Schwierigkeit, die sich daraus ergab, einzugehen.

Erstens unterscheiden sich die beiden Phasen bzw. Ebenen der Gesamtevolution in der Art und Weise, wie evolutionäre Errungenschaften weitergegeben werden. Im Zug der Bioevolution werden diese in den Genen gespeichert und mit dem Genom weitergereicht. Auf der Ebene der Bewusstseinsevolution hingegen erfolgt die Weitergabe evolutionärer Errungenschaften extragenetisch: über die Tradition. Gespeichert werden sie im Gedächtnis der Individuen, die sich diese im Verlauf ihrer Sozialisation aneignen sowie in dauerhaften exteriorisierten Speichern wie Drucksachen, neuerdings auch in Filmen, Tonbändern und digitalen Medien.

Ein zweiter Unterschied zwischen Bioevolution und Evolution des Bewusstseins besteht darin, wie die Zeugen verschiedener Evolutionsstufen erhalten bleiben. Charakteristisch für die Gesamtevolution ist die Auffächerung. Lebewesen fächerten sich – im Zug der Komplexitätszunahme – in Arten auf j das menschliche Bewusstsein hingegen in Kulturen. Arten blieben, sofern sie den Selektionsprozess überstanden, erhalten. Zwar weiß man heute, dass der allergrößte Teil der je entstandenen Arten ausgestorben ist. Diejenigen aber, die überlebten, liegen auf breiter Palette vor uns ausgebreitet und zwar von den primitivsten, den Archebakterien bis zu den komplexesten: der Art des Homo sapiens. Von den ausgestorbenen Arten besitzen wir zudem Fossilien, deren Zahl ständig erweitert wird. All das erleichert dem biologischen Evolutionsforscher seine Arbeit gewaltig. Vor allem kann er viel mehr Details des Verlaufs herausarbeiten, als dies bei der Bewusstseinsevolution je der Fall sein wird. Für Kulturen ist nämlich das „aggiornamento" charakteristisch. Einem inneren Drang folgend, setzt sich der Mensch immer wieder mit seiner Tradition kritisch auseinander. Wird innerhalb eines Entwicklungszweigs eine neue Evolutionsstufe erreicht, besteht die Tendenz, frühere (naivere) Vorstellungen fallen zu lassen. Dieser Sachverhalt erschwerte natürlich die Rekonstruktion der Bewusstseinsevolution. Indessen konnte man diese Schwierigkeit bis zu einem gewissen Grad überwinden, indem man die Tatsache berücksichtigte, dass unterschiedliche Evolutionsstufen des Bewusstseins in drei unterschiedlichen Arten von Staffelung vorliegen.

Eine erste Staffelung finden wir in der zeitlichen Aufeinanderfolge der kulturellen Stadien, welche die historische Forschung für die Hauptstränge der Entwicklung herausgearbeitet hat: für Mesoamerika, für den Großraum Mittelmeer von Mesopotamien bis Britannien sowie für Indien und China. Für alle diese Räume ist die Kulturgeschichte vom Paläolithikum bis in die heutige Zeit dokumentiert. Dabei wurden aber nur die zentralen Achsen der Entwicklung erfasst: jene Zentren, in denen die Bewusstseinsevolution am konstantesten vorangeschritten ist und auch die höchsten Stufen erreicht hat.

Eine zweite, horizontale Staffelung sehen wir rund um jede dieser Achsen. Je weiter eine Kultur von den großen Entwicklungszentren entfernt oder je mehr sie – durch äußere oder innere Ursachen – gegen die Ausstrahlung jener Zentren abgeschirmt war, desto langsamer schritt dort die Bewusstseinsevolution voran, desto frühere Entwicklungsstadien waren dort zu einem bestimmten Zeitpunkt noch vorhanden und konnten von der Forschung noch erfasst werden. Bei dieser horizontalen Staffelung kommt uns – neben äußeren Faktoren – eine menschliche Eigenschaft zugute, die dem Bestreben nach „aggiornamento" diametral entgegengesetzt ist: die Neophobie: die Zurückhaltung gegenüber Neuerungen. In jeder Population sind beide Tendenzen vorhanden, jedoch in unterschiedlichem Mischungsverhältnis.

Der Tatsache, dass Neophobie auch in jenen Populationen verbreitet ist, welche – aufs Ganze gesehen – die höchste Stufe der Bewusstseinsevolution erreicht haben, verdanken wir die dritte Art von Staffelung: die Bewusstseinsstaffelung innerhalb der euroamerikanischen Welt. So persistierten, um nur ein Beispiel zu nennen, in der Volksreligion und im Brauchtum europäischer Völker eine große Zahl von magischen Praktiken. Dies gibt uns die Möglichkeit, die Denkmuster der Menschen, die sie ausüben, „in vivo" zu erforschen.

Kommen wir auf die Fähigkeit zur Unterscheidung zwischen Ich und Nicht-Ich zurück. Diese kann und muss nämlich unter zwei Aspekten betrachtet werden: einerseits als Fähigkeit des Ich, sich seiner selbst – als eines Subjekts – bewusst zu werden, andererseits als Fähigkeit des Ich, das Nicht-Ich (die objektive Wirklichkeit) immer differenzierter zu erfassen. Jeder dieser beiden Aspekte kann als Maß für die Entwicklungshöhe des Bewusstseins dienen. Wir müssen uns jedoch darüber im Klaren sein, was jeder hergibt sowie auch, unter welchem wir jeweils kulturelle Fakten betrachten.

Die Fähigkeit, sich seiner selbst als eines Subjekts bewusst zu werden, äußert sich beim heutigen Menschen u. a. im Erlebnis seiner individuellen Einmaligkeit: in der Einsicht, dass er aufgrund seiner erbmäßigen Veranlagung, aufgrund seiner Prägung durch die gesellschaftliche und kulturelle Umwelt sowie durch die schicksalhafte Verstrickung seines gelebten Lebens ein einmaliges, unwiederholbares Ereignis der Geschichte ist und dass er infolgedessen von allen anderen Menschen, noch mehr aber von Tieren, von Pflanzen und von der unbelebten Natur – trotz aller Ich-Du-Beziehung und ökologischen Vernetzung – getrennt und, im Grunde genommen, mit sich allein ist.

Wir können gewiss davon ausgehen, dass dieses Erleben der individuellen Einmaligkeit Ausdruck der Tatsache ist, dass ein beträchtlicher Grad der Herauslösung aus dem Regelkreis „Lebewesen-Umwelt“, der für unbewusste Lebewesen charakteristisch ist, stattgefunden hat. Es ist deshalb anzunehmen, dass der Mensch zu einer Zeit, als diese Herauslösung erst in geringem Grade vollzogen war, sich auch in geringerem Grade als etwas von seiner Umwelt Getrenntes erlebte. Tatsächlich wurde immer wieder festgestellt, dass „Primitive“ sich mit ihrer sozialen Gruppe, mit Tieren und Pflanzen, ja selbst mit der unbelebten Natur verwandt und gleichsam physisch verbunden fühlen. Es darf wohl angenommen werden, dass dies beim frühen Menschen mit kaum entwickeltem Bewusstsein noch viel mehr der Fall war.

Erlebnismäßig ist für uns dieses Allverbundenheits-Gefühl – die Partizipation bzw. archaische Identität – in normalem Zustand nicht mehr nachvollziehbar. Wir können sie jedoch durch Einnahme halluzinogener Drogen, die ja den Bewusstheitsgrad herabsetzen, künstlich herbeiführen. Die Aussage von Menschen, die solche Drogen genommen haben (vor allem von solchen, die dies bei „primitiven“ Völkern unter kundiger Leitung getan haben), stimmen darin überein, dass in diesem Zustand der Unterschied zwischen Ich und Nicht-Ich aufgehoben wird: dass man sich mit belebten und unbelebten Dingen gleichsam physisch verbunden (unabgetrennt) fühlt.

Diese Partizipation bzw. archaische Identität drückt sich nun in charakteristischen Verhaltensweisen aus: in all dem, was man als Magie, Bann, Zauber usw. sowie als Tabus bezeichnet. Mit Blick auf die Erforschung der Bewusstseinsevolution gilt es nun festzuhalten, dass Partizipation sowie die daraus sich ergebenden Verhaltensmuster nicht Ausdruck beginnender Bewusstheit, sondern Ausdruck eines noch vorhandenen beträchtlichen Rests von Unbewusstheit sind. Mit dem Auftreten von Bewusstheit hörte ja die Unbewusstheit nicht auf. Vielmehr hat man sich den Vorgang so vorzustellen, dass in dem Maße, in dem die Bewusstheit zunahm, die Unbewusstheit zurückging, dass jedoch immer – in unterschiedlichem Mischungsverhältnis – beide nebeneinander bestanden. Im Allverbundenheitsgefühl des frühen Menschen drückt sich somit aus, dass das unbewusste Eingefügtsein in die Umwelt noch überwog. Infolgedessen können uns jene Verhaltensweisen, die Ausdruck der Partizipation sind, nur als indirekte Indikatoren für Bewusstheit dienen: aus der Abnahme der magischen Praktiken und Tabuvorschriften können wir auf Zunahme der Bewusstheit schließen. Aber auch dies ist wertvoll, weil das Charakteristikum von Bewusstheit unter dem hier diskutierten Aspekt – das Individualitätsgefühl – in seinen frühen Entwicklungsstadien anhand von kulturellen Dokumenten kaum nachgewiesen werden kann.

Als direktes Maß zur Bestimmung der Evolutionshöhe einer Bewusstseinsform eignet sich die Fähigkeit zur Unterscheidung zwischen Ich und Nicht-

Ich hingegen dann, wenn wir sie unter dem zweiten Aspekt betrachten: als Fähigkeit, die objektive Wirklichkeit immer differenzierter zu erfassen. Ihr Entwicklungsgrad lässt sich an kulturellen Dokumenten recht gut ablesen.

Das archaische Weltbild

Als es darum ging, mit diesem methodischen Ansatz an das kulturhistorische Material heranzutreten – Kulturen daraufhin zu untersuchen, welch ein Differenzierungsgrad der Fähigkeit zur Unterscheidung sich in ihnen ausdrückt – ergab sich noch einmal eine große Schwierigkeit. Es stellte sich nämlich heraus, dass allen früheren Kulturen (einschließlich der unseres Mittelalters!) ein Selbst- und Weltverständnis zugrunde lag, das vom heutigen kategorial verschieden ist.

Festgestellt worden war diese Andersartigkeit zwar schon lange, z. B. von Ethnografen wie auch von Missionaren. Wollte man jedoch den Grad der Unterscheidungsfähigkeit, der in einer Kultur zum Ausdruck kam, bemessen, genügte die bloße Feststellung nicht mehr. Da musste man die fremdartigen Denk- und Verhaltensweisen verstehen bzw. in ihrer inneren Logik nachvollziehen können.

Vorerst schien dies ein aussichtsloses Unterfangen zu sein, stand man doch vor einer ungeheuren Vielfalt von Kulturen, von denen jede ihre besonderen Vorstellungen und Gebräuche hatte. Die große Leistung der historischen Wissenschaften, vergangene Kulturen plastisch darzustellen, beruhte ja zu einem guten Teil darauf, dass sie deren Besonderheiten – und damit die Unterschiede zwischen ihnen – herausarbeiteten. Vor diesem Hintergrund schien es selbst dann, wenn man sich in das (uns ebenfalls fremd gewordene, zugleich aber noch irgendwie vertraute) Weltbild des Mittelalters versetzte, kaum möglich, die Gedankengänge nachzuvollziehen, die den Glaubensvorstellungen und Riten z. B. der Maya oder gar der Ureinwohner Australiens zugrunde lagen.

Da kam aber das Wissen um die Tatsache zu Hilfe, dass die Evolution erst hatte rekonstruiert werden können, nachdem es gelungen war zu erkennen, dass der ungeheuren Vielfalt von Lebewesen ein gemeinsames Muster (die Fähigkeit zu Reproduktion, Stoffwechsel, Informationsverarbeitung usw.) zugrunde liegt. Es lag deshalb nahe zu fragen, ob sich für die Vielfalt fremdartiger Kulturen nicht ebenfalls ein allen gemeinsames Muster erarbeiten lasse: ein Grundmuster des Weltverstehens und ein daraus sich ergebendes Grundmuster des Umgangs mit der Welt.

Es galt also, Kulturen strukturalistisch zu betrachten: als ganzheitliche Systeme, deren Elemente miteinander in Wechselbeziehung stehen und zweitens, die so betrachteten Kulturen miteinander zu vergleichen. Dabei ließ sich tatsächlich ein Grundmuster des Welterfassens erkennen: ein Muster, das allen untersuchten früheren Kulturen zugrunde lag. Ich bezeichnete es, um es von der kategorial anderen, aus dem Wandel des Bewusstseins sich ergebenden, neuen Art des Weltverstehens begrifflich zu unterscheiden, als archaisches. (Abb. 5)

Charakteristisch für archaische Kulturen ist die Unterscheidung zwischen zwei Bereichen der Wirklichkeit: zwischen einem diesseitigen und einem jenseitigen bzw. einem natürlichen und einem übernatürlichen, einem phy-

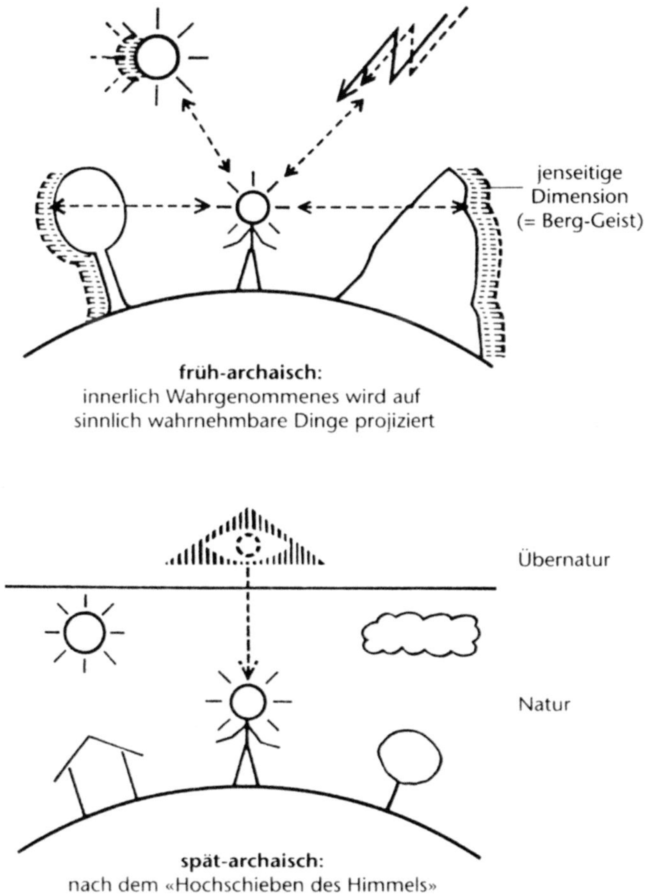

Abb. 5 Das archaische Weltbild © Willy Obrist

sischen und einem metaphysischen. Archaische Weltsicht ist prinzipiell dualistisch.

Den jenseitigen Bereich stellte man sich von normalerweise unsichtbaren Wesen bewohnt vor. Von diesen wurden zwei Klassen unterschieden: einerseits die autochthon metaphysischen Wesen, d. h. die, die dies immer schon gewesen sind, wie Götter und Zwischenwesen, andererseits die, die einst Menschen waren. Letztere, die sogenannten weiterlebenden Toten, ließen sich noch einmal zwei Kategorien zuordnen: erstens der der gewöhnlichen Toten, deren Kult erlosch, sobald keiner mehr da war, der sie noch gekannt hatte, zweitens der der wachsenden Toten, die schon im Diesseits hervorragende Bedeutung gehabt hatten und sich nun in der Vorstellung der „Hinterbliebenen" den autochthon metaphysischen Wesen annäherten. Von den jenseitigen Wesen – den Numina – nahm man an, sie seien dem Menschen überlegen und können sich gegenüber Vernachlässigung rächen, sodass es ratsam schien, ihnen gegenüber eine religiöse Haltung einzunehmen.

Drei Fähigkeiten wurden metaphysischen Wesen quer durch alle Kulturen hindurch zugeschrieben. Erstens die Fähigkeit, auf „diese" Welt einzuwirken und zwar nicht durch „natürliche" Ursache-Wirkung-Ketten, sondern durch bloßes Wollen. Zwar stand es ihnen nach damaliger Vorstellung frei, sich „natürlicher" Mittel zu bedienen, doch war dies nicht nötig. Bloßes Wollen, was „hienieden" geschehen solle, genügte, damit es geschah. Auf diesem Denkmuster beruht der (theologische) Begriff des Wunders.

Zweitens konnten metaphysische Wesen sich nach archaischer Vorstellung inkarnieren, d. h. einen sichtbaren Leib annehmen, sei es den eines Tieres oder eines Menschen. Auf niedrigeren Entwicklungsstufen „konnte" ein jenseitiges Wesen einfach im „Diesseits" auftauchen. Bei entwickelterem Bewusstsein konnte man sich nur noch eine indirekte Inkarnation vorstellen, bei der z. B. ein göttliches Wesen eine Jungfrau befruchtete und diese dann ein göttliches Kind gebar.

Die dritte Fähigkeit, die man metaphysischen Wesen zuschrieb, war die, sich den Menschen mitzuteilen. Diese Art der Mitteilung wurde in unserer sprachlichen Tradition als (übernatürliche) Offenbarung bezeichnet. Geschehen konnte solche Offenbarung nach archaischer Vorstellung auf zweierlei Weise. Zum einen vom Jenseits her, indem ein Geistwesen einen Menschen „erleuchtete" (Inspiration), indem es sich einem Menschen zeigte (Erscheinung) oder indem es einen Menschen ins Jenseits hinübertrug und ihn die jenseitigen Verhältnisse unmittelbar schauen ließ (Entrückung bzw. Entraffung). Zum andern konnte übernatürliche Offenbarung auf scheinbar natürliche Weise geschehen, indem ein inkarniertes Geistwesen während seiner

Erdenwanderung zu den Menschen sprach. Ganz allgemein (und völlig unbezweifelbar) galt bei archaischer Weltsicht, dass der Mensch alles Wissen über die jenseitige Welt sowie über jenseitige Wesen, deren Taten und deren Willen anlässlich eines solchen Offenbarungsvorgangs empfangen habe.

Die Reflexion über das, was durch Offenbarung empfangen war, wurde in unserer sprachlichen Tradition Theologie genannt. Allerdings galt früher, als die christliche Variante der archaischen Weltsicht noch tragend war, nur die christliche Theologie als Theologie. Heute aber, nachdem sich eine vergleichende Religionswissenschaft etabliert hat, ist es selbstverständlich geworden, auch bei Reflexionen primitiver Stämme über ihr Jenseits und ihre Jenseitigen von Theologie zu reden. Im Unterschied dazu gilt christliche Theologie als Wissenschaft. Aber auch da muss bedacht werden, dass von einer wissenschaftlichen Theologie im Sinn dessen, was man heute unter Wissenschaft versteht, erst seit dem Aufkommen der mittelalterlichen Scholastik gesprochen werden kann. Alle frühere christliche Theologie, z. B. die der Kirchenväter ist als vorwissenschaftliche zu bezeichnen.

Kategorial anders als heute war bei archaischer Weltsicht auch die Auffassung „dieser" Welt: die Auffassung von Raum, Zeit und Kausalität sowie die Vorstellung der menschlichen Psyche.

Die Auffassung des Raumes war dynamistisch und qualitativ. Die „Dinge dieser Welt" waren für den archaischen Menschen nicht in dem Sinne fest, dass sie sich nach den uns bekannten Naturgesetzen verhalten hätten. Sie konnten sich nach seiner Anschauung jederzeit auf unvorhersehbare Weise verändern. So konnte z. B., wie gewisse Alpensagen erzählen, nach einem begangenen Frevel der Boden sich öffnen und eine ganze Alp samt Hütten, Mensch und Tier verschlingen und sich wieder schließen, und die Verschlungenen lebten irgendwie weiter, denn es wurde berichtet, dass man zu gewissen Zeiten aus der Tiefe herauf menschliche Stimmen sowie das Läuten von Kuhglocken höre. – Aber nicht nur die „Dinge" waren nicht fest, sogar die Welt als Ganzes hatte nach archaischer Vorstellung die Tendenz, wieder ins Chaos zurückzusinken.

Auch war der Raum für den archaischen Menschen nicht neutral in dem Sinne, dass die Orte darin lediglich durch ihre Koordinaten bestimmbar waren. Die Orte hatten unterschiedliche Qualität. So gab es gute und schlechte Orte. Gute Orte wurden vor allem als Stellen der Theophanie aufgefasst: als Stellen, an denen das Jenseits mit Vorliebe ins Diesseits einbrach. Daher die „heiligen" Orte, die Gnaden- und Wallfahrts-Orte.

Die Zeit wurde nicht als etwas Lineares aufgefasst, das von der Vergangenheit herkommt und in die Zukunft hineinfließt. Für den archaischen Menschen war die Zeit präsentisch, eventuell kreisend. Er fasste nämlich die Zeit so auf, wie er sie wahrnahm: als Gegenwart. Vergangenheit und Zukunft waren sozusagen komprimiert und verloren sich bald einmal in mythische Dimensionen. Verträglich mit dem präsentischen Zeiterleben war das kreisende: die Vorstellung einer Zeit, die nicht voranschreitet, sondern mit dem Wechsel der Jahreszeiten und mit dem scheinbaren Umlauf der Gestirne kreist und so immer wieder vorne beginnt.

Den Grund für die Veränderung der Dinge „dieser" Welt sah der archaische Mensch nicht wie wir in naturgesetzlich bestimmten Ursache-Wirkung-Ketten bzw. -Vernetzungen, sondern in einem akausalen Bewirktwerden durch Mächte. Als Mächte, die die Fähigkeit zu akausalem Bewirken – zum Bewirken durch bloßes Denken und Wollen – besaßen, stellte er sich, wie erwähnt, in erster Linie die „Jenseitigen" vor: sowohl die autochthonen als auch die weiterlebenden Toten, unter letzteren natürlich vor allem die „gewachsenen". Aber auch von bestimmten Menschen nahm er an, sie besäßen diese Fähigkeit: von Zauberern, Magiern, Medizinmännern, Schamanen und – auf höherer Stufe des Bewusstseins – von Wundertätern und Priestern.

Charakteristisch für die archaische Weltsicht war auch eine bestimmte Vorstellung der Psyche. Vor allem glaubte man, diese könne sich vom Körper lösen und zwar nicht erst nach dem Tode, sondern auch während des Schlafes und im visionären Zustand. Darauf beruhte z. B. der Begriff der Entrückung – des Hinübergetragenwerdens eines Menschen in die jenseitige Welt, während der Körper leblos dalag. Auf andere Charakteristika der archaischen Seelenvorstellung, z. B. auf die Beseeltheit der ganzen Natur sowie auf die Annahme einer Vielzahl von unterschiedlichen Seelen im gleichen Menschen, ist hier nicht einzugehen.

Es sei noch einmal betont, dass es sich bei der eben geschilderten archaischen Weltsicht nur um ein Grundmuster des Weltverstehens handelt, um ein Muster, das sowohl in der geografischen Breite wie in der Tiefe der Zeit breit variiert worden ist. Auch muss bedacht werden, dass es nur in Form von Varianten vorliegt. Jede Kultur kann als spezielle Variante dieses Musters – als individuelle Gestalt – gesehen werden. Aus dieser Fülle individueller Gestalten wurde das Muster extrahiert bzw. abstrahiert.

Für die Erforschung der Bewusstseinsevolution, d. h. für das Bemessen der Evolutionshöhe der einzelnen Kulturen, war die Erkenntnis, dass allen früheren Kulturen das gleiche Muster des Welterfassens zugrunde lag, zwar von grundlegender Bedeutung. Sie war jedoch nur ein erster Schritt. Nun galt es noch, diese Weltsicht zu verstehen, denn nur wenn man deren innere Logik nachvollziehen konnte, war es möglich, die Evolutionshöhe einer Kultur zu bemessen. Bevor wir aber auf dieses „Verständnis von innen" zu sprechen kommen, sei noch auf die beiden für die archaische Weltsicht charakteristischen Verhaltensmuster eingegangen: auf Magie und Ritus. Zur Magie gehört all das, was man als Zauberei, Bannung, Hexerei, Apotropaion usw. bezeichnet sowie auch – als deren „Negativform" – die Tabus bzw. Meidungen. Das (aktive) magische Verhaltensmuster besteht darin, dass ein Mensch „Dingen" der Welt – der sichtbaren wie der unsichtbaren – vormacht oder vorsagt, wie sie sich zu verhalten haben. Der Gedankengang, der diesem Vorgehen zugrunde lag, war – vor dem Hintergrund der archaischen Weltsicht – durchaus logisch. Er stützte sich auf die (für den archaischen Menschen indiskutable) Vorstellung der Fähigkeit zu akausalem Bewirken sowie auf die dynamistische Auffassung des Raumes bzw. der „Dinge".

Da der früharchaische Mensch den psychischen Prozess noch fast ausschließlich in der Projektion erlebte, sah sich sein erst wenig entwickeltes, noch unstabiles Ich einer Fülle von Mächten ausgesetzt, die auf geheimnisvolle Weise mit den „Dingen" – den belebten wie den unbelebten – verbunden waren. Wegen des damals noch dominierenden Partizipationserlebens schien ihm aber nicht nur, jedes äußere „Ding" könne auf ihn einwirken, sondern auch, sein eigenes Denken und Benehmen habe unmittelbare Rückwirkung auf die „Dinge". So trat er diesen denn durch Haltung, Geste und Wort entgegen in der Überzeugung, er könne sie auf diese Weise verändern.

Während das magische Verhaltensmuster als Bewirken durch den Menschen allein umschrieben werden kann, liegt dem Ritus die Vorstellung zugrunde, der Mensch bewirke mithilfe metaphysischer Wesen. Riten setzen – im Unterschied zur Magie – religiöse Mythen voraus: Erzählungen über das Sein, die Taten und den „Willen" metaphysischer Wesen.

Das rituelle Tun besteht darin, dass Mythen bzw. einzelne Szenen eines Mythos dramatisiert (inszeniert, aufgeführt) werden. Hinter diesem Tun steht die Vorstellung, in dem Moment, in dem der Mythos aufgeführt wird, geschehe das, wovon der Mythos erzählt, wieder (präsentisches Zeiterleben!). Inszeniert wird das mythische Geschehen im Ritus nicht realistisch wie z. B. in einem Passionsspiel, sondern abgekürzt bzw. zeichenhaft. Es kann ja vorausgesetzt werden, dass die Teilnehmer als Initiierte dessen Inhalt genau kennen. Als Voraussetzung für die Wirksamkeit eines Ritus galt jedoch, dass die Inszenierung auf genau vorgeschriebene Weise durchgeführt werde: durch wortgetreues Aussprechen vorgeschriebener Texte sowie durch genaue Ausführung vorgeschriebener Handlungen, Hantierungen und Gesten.

Der, welcher den Ritus vollzog, wurde Zelebrant, Offiziant oder Priester genannt. Er wurde – zumindest für die Zeit, während der er den Ritus zelebrierte – als wirkmächtiges Wesen aufgefasst. In vielen Fällen stellte man sich sogar vor, er sei dann das metaphysische Wesen selber, dessen Taten er aufführte. Zum wirkmächtigen Wesen gewandelt wurde er – je nach Evolutionsstufe des Bewusstseins – durch Bemalung, durch Überstülpen einer Maske, durch das Aufsetzen eines Kopfputzes oder durch Umhängen von Insignien usw. Immer aber wurde diese Veränderung im Sinne einer ontologischen Veränderung verstanden. In den meisten Fällen galt dies allerdings nur für die Zeit, während der er den Ritus zelebrierte. Oft aber wurde Wirkmächtigkeit durch einen Ritus „bewirkt" und galt dann für den Rest des Lebens. Die in der katholischen Kirche vollzogene Priesterweihe ist ein derartiger, Wirkmächtigkeit „bewirkender" Ritus. Sprachlichen Niederschlag fand übrigens hier die Vorstellung des ontologischen Gewandeltwerdens durch die Weihe im Terminus „Character indelebilis": dem „unauslöschlichen Merkmal", durch das sich der Priester vom Laien gemäß katholischem Kirchenrecht unterscheidet.

Unter dem Gesichtspunkt, was bei einem Ritus bewirkt wird, kann man die Riten einteilen in Weltschöpfungsriten und zivilisatorische Riten sowie in Riten, welche Seelenheil bewirken. Bei Schöpfungsriten wird der jeweilige Schöpfungsmythos inszeniert. Dadurch sollte der Weiterbestand der Welt gesichert respektive die Welt vor dem Zurücksinken ins Chaos bewahrt werden. Zelebriert wurden Schöpfungsriten – zumindest in Religionen, in denen die Sonne als Hochgott verehrt wurde, wie z. B. bei den Maya – nach der Winter-Sonnenwende: nach den sogenannten schrecklichen Tagen, d. h. nach jenen auf die Sonnenwende folgenden Tagen, an denen die Sonnenbahn sich nicht mehr zu heben scheint.

Zu den zivilisatorischen Riten gehören alle die, welche Gedeihen der Saat und der Herden, das Gelingen von Jagd und Fischfang sowie von handwerklichen Verrichtungen aber auch von kriegerischen Unternehmungen bewirken sollten. In der Regel wurden dabei die Taten inszeniert, die der Kulturheros, ein inkarniertes Geistwesen, während seiner Erdenwanderung vollbracht hatte.

Zu den Riten, die Seelenheil bewirken, gehören z. B. die sakramentalen Riten der katholischen Kirche. Am deutlichsten tritt dabei das archaische Denkmuster hervor im Eucharistie-Ritus, bei welchem man sich vorstellte (vorstellt?), der geweihte – durch den Weihe-Ritus wirkmächtig gewordene – Priester bewirke durch das Aussprechen der vorgeschriebenen Wandlungsworte die Transsubstantiation von Brot und Wein in Fleisch und Blut Christi.

Kommen wir auf das Verständnis der archaischen Weltsicht zurück. Dass der frühere Mensch die Welt anders verstand als wir, hat man ja schon lange gewusst. Sich dessen bewusst geworden ist man wohl weniger durch die Arbeiten der Historiker als durch den direkten Kontakt mit „Naturvölkern". Ungezählte Berichte von Reisenden, Händlern, Beamten und Missionaren sind darüber seit Beginn der Kolonialzeit in den europäischen Raum eingeflossen. Den Gedankengängen der „Wilden" zu folgen, hatten die Berichterstatter jedoch nicht vermocht. Sie haben sich höchstens über die „abstrusen" Vorstellungen der „Wilden" gewundert, über deren Dummheit mockiert, und Missionare haben den Aberglauben der „armen Götzendiener" bedauert oder belächelt. Positivisten lachten allerdings auch über den der Christen!

Die Situation änderte sich indessen radikal durch die Entdeckung des Unbewussten, namentlich durch die Erforschung der Vision. Nun konnte man auf einmal verstehen, wie die Vorstellung von der Existenz jenseitiger Wesen – von autochthonen wie von weiterlebenden Toten – zustande gekommen war: dass sie sich dadurch ergab, dass die aus dem Innern kommenden Bilder in der Projektion wahrgenommen und deshalb konkretistisch verstanden (apperzipiert) wurden.

Die Entdeckung, dass der gleiche Bedeutungsgehalt in der Sprache des Unbewussten durch verschiedene Bilder veranschaulicht werden kann, ließ verstehen, weshalb es so viele völlig verschiedene metaphysische Welten (und auch so viele verschiedene Theologien) gab.

Die Stabilität der einzelnen metaphysischen Welten über viele Jahrhunderte hinweg wurde verständlich durch die Erkenntnis, dass die bildschöpferische Instanz des Unbewussten bei Visionen in der Regel diejenigen Bilder verwendet, die der Visionär während seiner Sozialisation erlernt hat sowie auch dadurch, dass Visionäre gerne dazu neigen, abweichende Bilder an den überlieferten Kanon zu assimilieren. Dass die Realität metaphysischer Welten und Wesen nie angezweifelt worden war, ergibt sich aus der Einsicht in den Realitätscharakter des in der Vision Geschauten.

Die für uns erstaunliche Tatsache, dass die Möglichkeit übernatürlicher Offenbarung, das erkenntnistheoretische Fundament fast aller Theologien, nie angezweifelt wurde, – selbst nicht in den frühen Ansätzen zu einer Aufklärung, z. B. bei den Vorsokratikern und während der „Aufklärung" im Islam zur Zeit unseres Mittelalters – wurde begreiflich, als man einsah, dass es bis zur Entdeckung des Unbewussten gar nicht möglich war, zu erkennen, dass bei der Vision der spontane Eindruck trügt.

Als es schließlich gelang, das Grundmuster der archaischen Weltsicht herauszuarbeiten, konnte man zudem erkennen, dass diese ein in sich kohärentes System des Welterfassens war: ein System, das sich aus einer bestimmten Art der Apperzeption des innerlich Wahrgenommenen stringent ergab.

Nun konnten auch die Gedankengänge verstanden werden, auf denen die magischen Bräuche und die Riten beruhten. Es konnte gesehen werden, dass es sich dabei um zwei Muster des Umgangs mit der Welt handelt, denen eine für archaische Menschen zwingende Logik zugrunde lag: eine Logik, die auf der Vorstellung von der Wirkmächtigkeit beruhte, wobei, wie gesagt, bei der Magie die Wirkmächtigkeit des Menschen, beim Ritus die des Menschen und der jenseitigen Wesen ins Auge gefasst wurde. Die Vorstellung der Wirkmächtigkeit ihrerseits konnte verstanden werden dank der Einsicht in die Wirkkraft des innerlich Wahrgenommenen.

Bewusstseinsevolution während der archaischen Phase

Nun war das Instrumentarium zur Erforschung der Bewusstseinsevolution komplettiert. Wegen der dualistischen Struktur der archaischen Weltsicht empfahl es sich, zwischen einem physischen und einem metaphysischen Zweig der Evolution zu unterscheiden. Die Entwicklung auf diesen beiden Zweigen gesondert zu betrachten empfahl sich vor allem deshalb, weil, wie sich bald zeigen sollte, die Auseinandersetzung mit dem sinnlich Wahrgenommenen und den konkretistisch verstandenen Gestaltungen des Unbewussten zu unterschiedlichen evolutionären Errungenschaften führte.

Evolution auf dem physischen Zweig

Der Evolution auf dem physischen Zweig ist die Zunahme der Naturerkenntnis zuzuordnen sowie die Zunahme der Fähigkeit, künstliche Objekte herzustellen und die Kräfte der Natur in den Dienst des Menschen zu nehmen. Die Zunahme dieses Wissens und Könnens ist das, was in Versuchen, die Entwicklung der Menschheit nachzuzeichnen, in der Regel aufgeführt wird. Diese Betrachtung vollzieht sich jedoch noch auf der Ebene der Kulturgeschichte, die allerdings, wie erwähnt, die Voraussetzungen für die evolutionäre Betrachtung schafft.

Die gesuchte Zunahme des Unterscheidungsvermögens auf dem physischen Zweig ließ sich erst dadurch erkennen, dass man fragte, wie sich – im Zug der Naturerkenntnis und Naturbeherrschung – die Auffassung von Raum, Zeit und Kausalität verändert hat. Dabei ergab sich Folgendes: Im Verlauf der Entwicklung wurde das frühe dynamistische und qualitative Raumerleben mehr und mehr von der quantitativen und dreidimensionalen Auffassung des Raumes überlagert. Das präsentische und kreisende Erleben der Zeit wurde mehr und mehr verdrängt durch deren lineare bzw. vektorielle Auffassung, wobei immer deutlicher zwischen Vergangenheit, Gegenwart und Zukunft unterschieden wurde und man sich auch zunehmend darüber klar wurde, dass die Zeit unumkehrbar voranschreitet. Den Grund für die sinnlich wahrnehmbaren Veränderungen schließlich sah man immer weniger in dem willkürlichen Einwirken übernatürlicher Mächte als vielmehr in natürlichen, notwendigerweise wirkenden Ursachen.

Ablesen lässt sich dieser Prozess allerdings weniger an theoretischen Aussagen als am Verhalten: auf niedrigeren Stufen an der Abnahme magischer Praktiken und an der Zunahme echter Riten. Als Indikator für die weitere Zunahme von Bewusstheit erwies sich dann in Bezug auf Verhaltensmuster die Frage, was die Menschen durch Riten zu bewirken für notwendig hielten. Dabei ergab sich, dass allmählich Weltschöpfungsriten sowie zivilisatorische Riten zurückgingen zugunsten von Riten, die Seelenheil bewirken sollten. Den Höhepunkt dieser Entwicklung bildeten auf dem zu uns führenden Zweig die sakramentalen Riten der katholischen Kirche.

Als weiterer Indikator für die Zunahme des Unterscheidungsvermögens erwies sich die Fähigkeit, zu abstrahieren bzw. Begriffe zu bilden. Erfasst werden kann die Zunahme des Abstraktionsvermögens durch Analyse der Sprachen.

Charakteristisch für die Sprachen von „Naturvölkern“ ist nämlich, dass sie keine eigentlichen Abstrakta enthalten. Sie sind vor allem geeignet, eine Fülle feiner Unterscheidungen im Bereich sinnlicher Eindrücke festzuhalten. In diesem Punkt sind z. B. die Sprachen der nordamerikanischen Indianer unseren westlichen Sprachen weit überlegen. Wollen jene Menschen hingegen etwas Abstraktes ausdrücken wie z. B. Krieg oder Frieden, benötigten sie lange und umständliche Umschreibungen. Eine eigentliche Akzeleration der Fähigkeit, Abstrakta zu bilden, ereignete sich in Griechenland während der sogenannten vorsokratischen Zeit. Dabei füllte sich nicht einfach der Wortschatz mit Allgemeinbegriffen an. Hand in Hand damit fand ein Wandel der Sprachstruktur statt. Dieser wiederum kann gesehen werden als ein Wandel der Art und Weise, an die „Dinge“ heranzugehen: als Entwicklungsschritt des Bewusstseins.

Im Rückblick erscheint es nicht zufällig, dass jener Entwicklungsschub sich in Griechenland ereignet hat. Betrachten wir die erwähnten Hauptachsen der Bewusstseinsevolution, ist nicht zu leugnen, dass die Evolution auf derjenigen, die zu uns geführt hat – auf der „mediterranen“ – am weitesten voranschritt. Dies zu sagen ist nicht etwa Ausdruck von Eurozentrismus, wie einem von Dritte-Welt-Sorgern gerne vorgeworfen wird. Es ist lediglich Feststellung der Tatsache, dass der große Durchbruch – die Mega-Mutation des Bewusstseins – in Europa stattgefunden hat.

Dazu hat das alte Griechenland, das ja immer wieder als Wiege der abendländlichen Kultur genannt wird, durch das Vorantreiben der Fähigkeit zur Abstraktion das Fundament gelegt.

Die Leistung der Griechen bestand jedoch nicht nur in der Entwicklung der Fähigkeit zur Bildung von Abstrakta. Ebenso grundlegend war, dass sie sich Gedanken über die Seinsweise der Allgemeinbegriffe machten. Allerdings bewegten sie sich dabei noch entlang der archaischen Denkschemata, sodass sie nur zu einem Begriffs-Konkretismus gelangten: zur Vorstellung, die Begriffe seien eine Art „Geist-Dinge", die sowohl unabhängig von den konkreten Dingen als auch unabhängig vom Menschen, der sie dachte, existieren können. Ihren Gipfel erreichte diese Entwicklungslinie – in unserem Sprachgebrauch Begriffsrealismus genannt – in der Ideenlehre Platos.

Zwar wurde der Begriffsrealismus schon in der Generation nach Plato von Aristoteles überwunden. Aristoteles sagte, die Allgemeinbegriffe haben eine Existenz nur in unseren Köpfen und in den Dingen, aus denen sie abstrahiert werden. Für die Rezeption dieser bahnbrechenden Einsicht war jedoch damals die Zeit noch nicht reif. Dies war erst nahezu anderthalb Jahrtausende später der Fall: in unserem Mittelalter, d. h. als der abendländische Geist dazu ansetzte, die Grenzen der archaischen Weltsicht zu durchstoßen.

Insgesamt hatte die Evolution auf dem physischen Zweig bis zum Beginn der Neuzeit ein bescheidenes Ausmaß. Die weitaus größere Komplexitätszunahme des Bewusstseins vollzog sich während der archaischen Phase auf dem metaphysischen Zweig: als theologische Spekulation, beginnend mit der Theologie der Stammesreligionen, endend mit der wissenschaftlichen Theologie des Hochmittelalters.

Evolution auf dem metaphysischen Zweig

Ausgangspunkt der Entwicklung war eine Weltsicht, die man – in erster Annäherung – als undifferenziert unistisch bezeichnen kann, da bei ihr nur unvollkommen zwischen innen und außen, belebt und unbelebt sowie zwischen lebendig und tot unterschieden wurde. Der unbewusste psychische Prozess wurde damals noch weitgehend in der Projektion wahrgenommen und zwar in der Projektion auf die „Dinge". Dies hatte zur Folge, dass markante „Dinge" (Tiere, Berge, Bäume, Gestirne) und Naturerscheinungen (Winde,

Blitz und Donner) für den Menschen jener Zeit sozusagen eine jenseitige „Dimension“ hatten: eine „Seite“, die auch als jenseitige Person (Berggeist, Baumgeist, Donnerwesen usw.) erlebt werden konnte.

Natürlich handelt es sich dabei nicht um eine räumliche Dimension. Das, was sie in den Augen jener Menschen von den „gewöhnlichen Dingen“ unterschied, fand denn auch seinen Ausdruck in qualitativen Worten wie mana, orenda, wakan usw.: Worten, denen unser „heilig“ entspricht bzw. bis weit in die Neuzeit hinein entsprach. Durch diese jenseitige bzw. Mana-„Dimension“ enthielt jene scheinbar unistische Weltsicht schon den Keim zum später so ausgesprochenen Dualismus in sich: zu jenem Dualismus, der, wie gesagt, vor allem durch theologische Reflexion ausgebildet worden ist.

Die Entwicklung verlief allerdings nicht geradlinig, sondern unter Auffächerung in verschiedenste Varianten mit unterschiedlicher Entwicklungsgeschwindigkeit, von denen zudem viele in eine Sackgasse führten. Auch verlief die Gesamtentwicklung nicht kontinuierlich, sondern wurde oft – wie z. B. beim Übergang von der Kultur der Antike zu der des Abendlandes – von Phasen einer eigentlichen Rearchaisierung unterbrochen bzw. zurückgeworfen.

Überblickt man jedoch das Ganze aus Distanz, lassen sich einige große Linien erkennen. Da ist einmal eine große Bewegung, die man als das „Hochschieben des Himmels“ bezeichnen kann. Der Himmel – als Wohnort der jenseitigen Wesen – wurde nämlich von den „Dingen“, auf die er ursprünglich projiziert war, abgelöst und mehr und mehr in die Ferne gerückt, wobei immer deutlicher der für die archaische Weltsicht typische Dualismus von Diesseits und Jenseits zustande kam.

Dabei entstanden mehr und mehr fest umrissene religiöse Mythen, die von den Taten der Himmelsbewohner erzählten. Auch diese Mythen machten im Zuge des „Hochschiebens des Himmels“ einen Entwicklungsprozess durch. Man könnte sagen, sie seien immer weniger naiv — teils weniger fantastisch, teil weniger plump – geworden.

Hand in Hand mit dem „Hochschieben des Himmels“ erfolgte auch eine Reduktion der metaphysischen Populationen. Kannte man auf frühen Stufen, z. B. auf der der sogenannten animistischen und totemistischen Religionen, noch ganze Heerscharen unsichtbarer Wesen bzw. Geister, nahm deren Zahl, „gegen oben hin“ deutlich ab. In späteren Phasen lässt sich immer wieder die Tendenz zum Monotheismus erkennen, doch setzte sich diese lange Zeit nur unvollständig und vorübergehend durch.

Unterstützt wurde die Herausbildung des Dualismus durch eine qualitative Veränderung des Jenseits. Auf niedrigen Evolutionsstufen des Bewusstseins hatte man sich dieses von gleicher Konsistenz wie das Diesseits vorgestellt. Diese Vorstellung fand man noch in jüngerer Zeit bei „primitiven" Stämmen vor, z. B. bei den Dayaks auf Borneo.[10] Diese glaubten nicht nur, der Weg dort hinauf befinde sich nicht weit außerhalb des Dorfes, sondern auch, das Jenseits sei eine fruchtbare Landschaft, durchzogen von Flüssen voller Fische. Es war dies jene Entwicklungsstufe, auf der man annahm, die Jenseitigen könnten einfach ins Diesseits herübertreten, ohne erst einen „fleischlichen" Leib annehmen zu müssen. Hand in Hand mit dem „Hochschieben des Himmels" stellte man sich dann das Jenseits und die Jenseitigen immer weniger stofflich, bzw. aus einem immer feineren Stoffe bestehend vor. Durch diese Entmaterialisierung des Jenseits kam die Vorstellung des objektiv Geistigen bzw. das Begriffspaar von Geist und Materie zustande: die Unterscheidung zwischen einem immateriellen Jenseits und einem materiellen Diesseits.

Dabei handelte sich allerdings um die archaische Auffassung des objektiv Geistigen. Sie war aus dem archaischen Dualismus von Diesseits und Jenseits hervorgegangen und deshalb – ebenso wie die Auffassung der in der Projektion wahrgenommenen inneren Bilder, auf der die Vorstellung eines Jenseits beruhte – konkretistisch. Was man sich außen, als etwas zu selbstständiger Existenz Befähigtes vorstellt, kann eben nur konkret-dinglich vorgestellt werden. Das hängt mit der Struktur unseres Erkenntnissystems zusammen.

Aus diesem Grund trug der archaische Geistbegriff seine Beschränktheit in sich. Er strebte – im Zug der Bewusstseinsevolution – einem Grenzwert zu: dem Begriff des rein geistigen Wesens. So wie eine konvergierende Zahlenfolge ihren Grenzwert nie erreichen kann, auch wenn der Abstand zwischen ihrem letzten Glied und dem Grenzwert immer kleiner und kleiner wird, konnte der archaische Geistbegriff den seinen nie erreichen. Man mochte sich zwar die metaphysischen Wesen (die autochthonen wie die weiterlebenden Toten) und auch die menschliche Seele, die sich vorübergehend mit dem Leib verband, aus einem noch so feinen, ätherischem Stoff bestehend denken, ganz ohne Stoff ging es nicht. Zwar konnte man sagen, Gott oder auch die Engel seien rein geistig; konsequent zu Ende denken konnte man dies nicht. An dieser harten Tatsache vermochte weder die „Erfindung" des theologischen Transzendenzbegriffs noch alle Theologia negativa etwas zu ändern.

So stieß denn die Bewusstseinsevolution unter archaischen Vorzeichen an eine Grenze: an die Grenze des Konkretismus und zwar nicht nur auf dem metaphysischen Zweig, sondern auch auf dem physischen, denn die archaische Vorstellung von der Existenzweise der Allgemeinbegriffe war, wie gesagt, ebenfalls konkretistisch. Damit die Evolution weitergehen konnte, musste der Dualismus der archaischen Weltsicht bzw. der Konkretismus der archaischen Vorstellung des objektiv Geistigen überwunden werden. Dies war wohl der Grund dafür, dass am Ende unseres Mittelalters die Mega-Mutation des Bewusstseins einsetzte: jener grundlegende Wandel, der zur komplementären Auffassung des Begriffspaares von Materie und Geist – und damit zu einer im vollen Sinn des Wortes unistischen Weltsicht – geführt hat.

Die Mutation des Bewusstseins

Das Ergebnis des Bewusstseinswandels habe ich schon skizziert. Es besteht erstens darin, dass wir über die Wirklichkeit enorm viel mehr wissen als der Mensch des Mittelalters, zweitens aber – und das ist das Entscheidende – dass wir Einblick gewonnen haben in die Art und Weise bewussten Erkennens und deshalb die objektive Wirklichkeit nicht mehr dualistisch auffassen wie der archaische Mensch, sondern unistisch.

Betrachten wir vorerst die Zunahme des Wissens, denn ohne diese wäre die unistische Sicht der Welt gar nicht möglich gewesen. Fragen wir uns, wie es dazu kam, dass in den letzten paar Jahrhunderten ein größerer Wissenszuwachs stattgefunden hat als in den hunderttausenden von Jahren zuvor. Es ergab sich, wie schon erwähnt, daraus, dass zu Beginn der Neuzeit ein völlig neuer Wissenschafts-Typ entstand: der empirische. Da es in diesem Buch darum geht, die Beziehung zwischen Tiefenpsychologie und Theologie zu klären und es sich in erster Linie an Theologen und theologisch sozialisierte Leserinnen und Leser richtet – an Leser, die vom archaischen Wissenschafts-Typ geprägt sind – scheint es mir an dieser Stelle nötig, auf das Zustandekommen dieses neuen, von der Theologie kategorial verschiedenen Typus von Wissenschaft näher einzugehen.

Wie der empirische Wissenschafts-Typ entstand

Der geistige Hintergrund, vor dem er entstand, ist durch zwei Phänomene charakterisiert: durch den schon im Hochmittelalter erwachten ungeheuren Drang nach Wissen sowie durch die Verlagerung des Interesses der geistig wachen Menschen auf das (archaisch ausgedrückt) Diesseits. Dies war aber nur die allgemeine Voraussetzung. Dass sich vor diesem Hintergrund ein völlig neuer, außerordentlich effizienter Typus von Wissenschaft zur Erforschung von Natur und Kultur entwickeln konnte, setzte noch mehr voraus: erstens verschiedene Errungenschaften der Bewusstseinsevolution, von denen jede ihre eigene Geschichte hatte, zweitens deren Integration zu einer völlig neuen Art, an die „Dinge“ heranzugehen.

Zwei dieser evolutionären Errungenschaften konnten aus der Hand der scholastischen Theologie übernommen werden: der Begriffs-Nominalismus und die Logik. Die Theologie hatte zwar diese beiden Instrumente des Denkens nicht erfunden, sie hatte sie aber in mühsamer Arbeit so aufbereitet, dass die Vertreter des neuen Geistes sie einfach übernehmen konnten.

Der Begriffs-Nominalismus war das Ergebnis des sogenannten Universalienstreits: der Auseinandersetzung um die Existenzweise der Allgemeinbegriffe (im Mittelalter Universalien genannt). Bei geistesgeschichtlicher Betrachtung wird der Universalienstreit häufig als Streit um des Kaisers Bart hingestellt, vergleichbar den Diskussionen, wie viele Engel auf der Spitze einer Nadel Platz haben. Bei evolutionärer Betrachtung zeigt sich jedoch, dass der empirische Wissenschaftstypus ohne diese Auseinandersetzung gar nicht hätte entstehen können. Es zeigt sich zudem, dass die mittelalterliche Theologie dabei (ohne dies im Geringsten zu beabsichtigen) eine Weichenstellung vorgenommen hat, die zur Folge hatte, dass der Wandel des Welt- und Menschenbildes in einer Art und Weise vor sich gehen konnte, die den Gesetzmäßigkeiten der Bewusstseinsevolution entsprach.

Beim Universalienstreit ging es um die Frage, ob der noch von Plato vertretene Begriffs-Realismus (oder -Konkretismus) richtig sei oder der von Aristoteles gefundene Nominalismus. Nachdem die sehr emotional geführte Auseinandersetzung sich über zweihundert Jahre hingezogen hatte, fand Wilhelm von Occam (1289-1349) die erwähnte salomonische Lösung, durch welche die Weichen für den Ablauf der Bewusstseinsmutation gestellt worden sind. Kurz gesagt entschied Occam, für die Erkenntnis der übernatürlichen Welt sei der Realismus das Richtige, für die Erforschung der Natur hingegen der Nominalismus (Konzeptualismus).

Eine weitere Voraussetzung für das Zustandekommen empirischer Wissenschaft leisteten die mittelalterlichen Theologen durch das Einüben der aristotelischen Logik. Dadurch erwarben sie die Fähigkeit zum gerichteten Denken. Vorher war nämlich das Denken mehr assoziativ-kreisend gewesen, wie dies in archaischen Kulturen allgemein üblich war. Die Texte der Kirchenväter – noch die des im Mittelalter aufs Höchste verehrten Augustinus – sind Musterbeispiele dafür. Dies änderte sich erst, als im 11. Jahrhundert Gelehrte anfingen, die Regeln der aristotelischen Logik auf das Glaubensgut anzuwenden. Da dies zusehends mit geradezu sportlichem Eifer betrieben wurde, wurden die damals entstandenen Universitäten zu regelrechten Exerzierplätzen, auf denen der abendländische Geist im gerichteten Denken gedrillt worden ist. Dadurch wurde eine weitere unabdingbare Voraussetzung für die spätere Bewältigung des „Diesseits" geschaffen, denn als – im Zug von Renaissance und Humanismus – das Interesse sich diesem zuwandte, stand den Forschern die Fähigkeit zu gerichtetem Denken zur Verfügung.

Mit der Hinwendung zum „Diesseits“ erwachte auch der Sinn für die Bedeutung von Empirie. Man wurde sich bewusst, dass das Wissen über die Dinge „dieser“ Welt nicht mehr aus den Büchern der „Autoritäten“ geschöpft werden darf, wie dies im Mittelalter noch allgemein üblich war, sondern dass man die „Dinge“ beobachten und die gemachten Beobachtungen wiederholen und nachprüfen muss. Allerdings bedeutete Beobachten für die beiden Bereiche, in die der archaische Begriff „Natur“ nun zerfiel – für Natur und Kultur – nicht das Gleiche. Für das Erforschen der Kultur bedeutete es, zurückzugehen auf die Quellen: das Aufsuchen möglichst früher Dokumente sowie deren Prüfung auf Echtheit. Für das Erforschen der Natur bedeutete es nicht nur, diese genau anzuschauen, sondern die Naturvorgänge auch quantitativ zu erfassen und wenn möglich einzelne Abläufe durch experimentelle Anordnung zu isolieren und isoliert zu untersuchen.

Unabdingbar verbunden mit dem Beobachten der Naturvorgänge war die Frage, wodurch sie zustande gekommen seien. Wegleitend war auch dabei ein neues Denken: das Denken in Ursache-Wirkungs-Ketten. Indem dieses Denken vom Grundsatz „gleiche Ursachen, gleiche Wirkungen“ ausging, war es etwas kategorial anderes als die archaische Annahme willkürlich wirkender Mächte.

Völlig neu war allerdings das Kausalitäts-Denken nicht. Schon die Vorsokratiker hatten es angewendet. Schon sie hatten ja programmatisch erklärt, sie wollten nicht mehr von den Göttergeschichten (Mythoi) ausgehen, sondern von den „Dingen, die da sind“ (ta onta) und hatten dann nach deren Ursachen gefragt. Indessen fragten sie sogleich nach den Erst-Ursachen. Dabei langten sie bald bei jenem Sein an, das die Ursache aller Dinge ist, selber jedoch keine Ursache hat: beim Göttlichen. Durch dieses Vorgehen wurde Naturphilosophie (Naturwissenschaft war es noch nicht!) bald einmal zu natürlicher Theologie und dann – in nachklassischer Zeit – wiederum zu Offenbarungstheologie. Dies aber bedeutete Rückkehr zum Glauben an willkürlich wirkende Mächte. Solchem Rückfall in archaisches Mächte-Denken wurde zu Beginn der Neuzeit dadurch ein Riegel vorgeschoben, dass man nun konsequent nur nach den Letzt-Ursachen fragte: nach dem, was die beobachteten Phänomene unmittelbar verursacht. Dadurch gelang es bei diesem zweiten Anlauf, Schritt für Schritt hinter die Fassade des bloßen Augenscheins vorzudringen: die „Mutter Natur“ sowohl in immer kleinere Bestandteile zu zerlegen, als auch die Gesetzmäßigkeiten des Naturprozesses zu ergründen.

Hand in Hand mit dem Suchen nach den Letzt-Ursachen ging das Bemühen, das Beobachtete „unter einen Hut zu bringen": empirisch fundierte Theorien zu erarbeiten. Das immer weitere Vordringen hinter die Fassade des Augenscheins, das zudem auf verschiedenen Sektoren geschah, ermöglichte es, immer allgemeinere Gesetzmäßigkeiten zu erkennen, und dies wiederum machte es nötig, immer umfassendere Theorien zu entwerfen. Dies aber hieß auch, immer umfassendere Begriffe (Abstrakta, Universalien) zu formulieren.

All dies wäre nicht möglich gewesen, wenn die Theologen des Mittelalters nicht zum Schluss gekommen wären, dass der Nominalismus wenigstens für den „irdischen" Bereich seine Existenzberechtigung habe. Durch Überwindung des Begriffs-Realismus (Konkretismus) für diesen Bereich war das naturwissenschaftliche Denken befreit und dynamisiert worden. Nun musste es nicht mehr um ewige, immer gleich bleibende Geist-Dinge kreisen, die irgendwo im Ideenhimmel schwebten. Der Übergang zum Nominalismus – zur Vorstellung, die Allgemeinbegriffe haben eine Existenz nur in unseren Köpfen und in den Dingen, aus denen sie abstrahiert werden – gestattete das Erarbeiten immer neuer Theorien von heuristischem Charakter: von Theorien, die so lange dem weiteren Wissensgewinn dienten, als sie alle einschlägigen Beobachtungen unter einen Hut brachten. Sobald jedoch Beobachtungen gemacht wurden, welche die bisherige Theorie sprengten, konnte man diese wie ein zu klein gewordenes Schneckenhaus hinter sich lassen und durch eine differenziertere bzw. umfassendere ersetzen. Die neue Theorie brachte aber jeweils nicht nur wieder alle beobachteten Phänomene unter einen Hut. Sie führte gleichzeitig zu neuen Fragestellungen und lenkte so die Forschung auf neue, bisher unbeachtete Spuren.

Damit dieser Prozess – dieses durch sogenannte Paradigmenwechsel gekennzeichnete, immer weitere Vordringen hinter die Fassade des Augenscheins – richtig in Gang kommen konnte, musste noch eine weitere Errungenschaft ins Denken empirischer Forscher integriert werden: der methodische Zweifel, d. h. die Bereitschaft, Theorien immer wieder infragezustellen. Das Verdienst, diese Einstellung ins abendländische Denken eingeführt zu haben, gebührt Rene Descartes. Der berühmte Ausspruch dieses Mannes „cogito, ergo sum" („ich denke, also bin ich") war das Ergebnis eines Gedankenexperiments, in dem er sich, frei formuliert, fragte: „Welcher Tatsache kann ich gewiss sein? Habe ich überhaupt Gewissheit, dass ich selber existiere?". Die Antwort war: „Auf jeden Fall steht fest, dass ich darüber nachdenke, und wenn ich nachdenken kann, steht fest, dass ich existiere. Über die Existenz alles anderen – über alle Dinge außerhalb von mir – hingegen habe ich keine Gewissheit, somit kann ich mein Wissen über sie immer wieder in Frage stellen." Descartes hat zwar sein Gedankenexperiment aus persönlicher, existenzieller Not angestellt. Das Ergebnis – die Einsicht in die Notwendigkeit des methodischen Zweifels – wurde jedoch damals von der wissenschaftlichen Gemeinschaft rezipiert und galt fortan als Grundsatz beim Erforschen von Natur und Kultur.

Die Unterscheidung zwischen res cogitans und res extensa, die Descartes formulierte, ergab sich aus seinem Gedankenexperiment. Wegen dieser Unterscheidung wird ihm heute von denen, die behaupten, die Unterscheidung zwischen Subjekt und Objekt sei durch die moderne Physik aufgehoben worden, vorgeworfen, er sei Schuld an der Entfremdung des heutigen Menschen von Mitwelt und Umwelt. Offenbar wissen diese unklaren Geister nicht, wie die genannte Unterscheidung zustande gekommen ist. Auch vermögen sie offensichtlich nicht zu sehen, dass Descartes damit nur den „seit Urzeiten" bestehenden archaischen Dualismus von Leib und Seele auf eine für das damalige neue Denken akzeptable Weise formuliert hat. Zwar hätte der Begriffs-Nominalismus schon damals die Möglichkeit komplementären Denkens in sich geschlossen. Realisiert werden konnte dieses hingegen, zu jener Zeit noch nicht. Dazu musste erst einmal das Wissen über die Natur mittels empirischer Forschung bis hinab in den atomaren Bereich erschlossen werden.

All die erwähnten Elemente – kritische Beobachtung, Kausalanalyse, logisches Denken, Theoriebildung unter Berücksichtigung des Begriffs – Nominalismus sowie die grundsätzliche Anwendung des methodischen Zweifels – wurden im Verlauf der frühen Neuzeit in einem mühsamen Prozess zu einer Einheit integriert: zu jenem geistigen Instrumentarium, das empirische Wissenschaft schuf, wobei Naturkunde zu Naturwissenschaft und Historiographie zu historischer Wissenschaft wurde.

Dank dieses geistigen Instrumentariums war es möglich, Entdeckungen zu machen. Ich habe schon eingangs gesagt, dass Entdeckungen charakteristisch für die Neuzeit sind und dass es Entdeckungen waren, die unsere Sicht der Welt, des Menschen und der Befindlichkeit des Menschen in der Welt de facto verändert haben.

Es ist zwar heute üblich geworden, von der Wissenschaft vergangener Kulturen und der noch existierenden Hochkulturen (z. B. Indiens und Chinas) zu sprechen. Das mag in anderem Zusammenhang erlaubt sein. Hier jedoch, wo es darum geht, den für die Theologie so folgenschweren Wandel des abendländischen Bewusstseins zu erfassen (und zu erkennen, worin die Überlebenschancen des Christentums liegen), muss mit aller Klarheit gesagt werden, dass es sich nie um empirische Wissenschaft im vollen Sinn des Wortes gehandelt hat: weder um Naturwissenschaft noch um Kulturwissenschaft, sondern um Naturphilosophie, Historiographie und Naturkunde, auch wenn bei letzterer Himmelsbeobachtung und Rechenkunst noch so hoch entwickelt waren. Auch muss gesehen werden, dass in allen anderen Kulturen das, was heute als Wissenschaft hochgelobt wird, immer mit mythischen Theorien durchsetzt war: mit Erklärungsmodellen, die gerade durch die empirische Wissenschaft eliminiert worden sind.

Geistesgeschichtliche Betrachtung des Bewusstseinswandels

Wie die schrittweise empirische Erschließung von Natur und Kultur vor sich ging, ist hier nicht darzustellen. Darüber kann sich jeder in wissenschafts-historischen Werken informieren. Uns interessiert ja nicht die quantitative Zunahme des Wissens, sondern die Frage, wie sich – Hand in Hand damit – das Welt- und Menschenbild gewandelt hat. Dieser Frage können wir auf zwei Ebenen nachgehen: auf der geistesgeschichtlichen und der evolutionären.

Betrachten wir das Geschehen geistesgeschichtlich, zeichnen sich zwei aufeinander folgende Phasen ab. Je nach dem Gesichtspunkt, unter dem man sie betrachtet, zeigen sie ein unterschiedliches Gesicht. Da sehen wir eine analytische und eine synthetische, eine des ontologischen Reduktionismus, gefolgt von einer des nur mehr methodischen, eine, die sich unter der Dominanz des positivistischen Empiriebegriffs vollzog und eine, in der auch der durch die Entdeckung des Unbewussten erweiterte Empiriebegriff zugelassen ist; ferner sehen wir eine zunehmend materialistische Phase, gefolgt von einer, in der auch der Begriff des objektiv Geistigen seine Berechtigung hat, schließlich eine monistische Phase, die im Energie-Paradigma ihren Höhepunkt fand, darauf eine unistische, der das komplementäre Denken zugrunde liegt und die somit zwischen einem materiellen und einem geistigen Aspekt der Wirklichkeit unterscheidet.

Analytisch war das naturwissenschaftliche Forschen während der ersten Phase in dem Sinn, dass man sich bemühte, die mit den unbewaffneten Sinnen wahrnehmbaren Gebilde in immer kleinere Bestandteile zu zerlegen. Beispielhaft sichtbar wird dies bei der Erforschung der Lebewesen, wo man mit der makroskopischen Anatomie begann, wo dann die Erfindung des Mikroskops die Feinstruktur der Organe und Gewebe erschloss und dies durch die Erfindung des Elektronenmikroskops noch einmal verfeinert wurde, sodass man nun auch die intrazellulären Organzellen erkennen konnte und wo es schließlich – unter Einbezug von Biochemie und Biophysik – gelang, sogar die Struktur der Moleküle, aus denen das Ganze aufgebaut und in Gang gehalten wird, zu erkennen.

Reduktionistisch im Sinne des ontologischen Reduktionismus wird diese erste Phase naturwissenschaftlichen Forschens genannt, weil sich mehr und mehr der Glaube durchsetzte, ein Lebewesen könne schließlich auf die Gesetze der Physik zurückgeführt (reduziert) bzw. durch diese vollständig erklärt werden. Der Übergang zum methodischen Reduktionismus war insofern ein Evolutionsschritt des Bewusstseins, als sich die Einsicht durchsetzte, dass mit jedem Reduktionsschritt etwas Wesentliches aus dem Blickfeld verschwindet.

In den Kulturwissenschaften ist die analytische Phase dadurch charakterisiert, dass damals das Prinzip des Einzelfaktums (auch Atomismus genannt) dominierte: das Bemühen, einzelne Fakten ans Tageslicht zu heben und so – nach Art eines Puzzlespiels – vergangene Kulturen und Geschichtsepochen zu rekonstruieren.

Die synthetische Phase ist in den Kulturwissenschaften durch die strukturalistische Betrachtungsweise gekennzeichnet: dadurch, dass man nun Kulturen, Gesellschaften, Sprachen usw. als Systeme auffasst und vor allem die Wechselwirkungen zwischen den einzelnen Elementen zu ergründen sucht. Ausgegangen ist diese Betrachtung von den Sprachwissenschaften. Dort wurde sie ausgelöst durch das Buch des Schweizers Ferdinand de Saussure (1858-1913) „Cours de linguistique générale".

Was die synthetische Phase in den Naturwissenschaften charakterisiert, ist die systemische Auffassung der Natur. Diese wurde schon ausführlich beschrieben. Natürlich ist in den Naturwissenschaften analytische Forschung und in den Kulturwissenschaften das Suchen nach Einzelfakten weiterhin unabdingbar. Die Verwendung bzw. Einordnung der Ergebnisse ist jedoch seit dem Übergang in die synthetische Phase eine andere geworden.

Grundlegend für die Gliederung der Geschichte empirischen Forschens in zwei Phasen ist jedoch die Vorstellung dessen, was man unter dem Ausdruck „empirisch erwiesen" verstand. Da war konstituierend für die erste Phase der schon erwähnte methodische Positivismus: der Grundsatz, nur das dürfe als erfahrungswissenschaftlich erwiesen gelten, was mit den Sinnen (den unbewaffneten und den bewaffneten) wahrnehmbar ist. Dass der methodische Positivismus dann unter dem Einfluss der Aufklärung zu einem ideologischen Positivismus bzw. zum Materialismus geworden ist und dass dabei das deterministisch-mechanistische Weltbild entstand, sei nur nebenbei in Erinnerung gerufen.

Hier gilt es, die entwicklungsfördernde Funktion des methodischen Positivismus zu erkennen. Im Rückblick erscheint es als Ausdruck von Instinktsicherheit, dass sich die Forscher in der frühen Neuzeit diese Askese auferlegten. Es war nämlich damals eine schwer erringbare „Tugend". Aber nur so war es möglich, sich das unkontrollierte Fantasieren abzugewöhnen, das bis dahin allgemein üblich war und das in archaischer Zeit zur Erklärung von Natur und Geschichte durch Mythen geführt hatte. Aber nicht nur das weitere Fantasieren wurde durch die Askese des methodischen Positivismus verhindert. Indem man konsequent nach diesem Grundsatz forschte, wurden nämlich nicht nur fortlaufend empirisch fundierte Kenntnisse erarbeitet. Hand in Hand damit wurden – als unbeabsichtigte Nebenwirkung – Natur und Kultur entmythisiert.

Als dann schließlich, nachdem Physik, Chemie und Biologie schon hoch entwickelt waren, das Interesse sich der menschlichen Psyche zuwandte und man bald einmal das Unbewusste entdeckte, wurde, wie dargelegt, der positivistische Empiriebegriff erweitert und damit die zweite Phase empirischen Forschens eingeleitet. Es sei daran erinnert, dass damit ein neuer Typus empirischer Wissenschaft entstand und dass die Tiefenpsychologie die Grundlagenwissenschaft dieser neuen Art empirischen Forschens ist. Es ist aber zu bedenken, dass der erweiterte Empiriebegriff auch für Kulturwissenschaften weiterführend ist, z. B. für die Religionswissenschaft. Es sei auch noch einmal betont, dass für die „klassischen" Naturwissenschaften nach wie vor der positivistische Empiriebegriff die Grundlage bildet.

Was hat nun diese historische Sicht der empirischen Wissenschaft für die Kenntnis des Bewusstseinswandels ergeben? Sie hat wohl gezeigt, dass der zweiten Phase empirischen Forschens ein anderes Weltverständnis zugrunde liegt als der Ersten. Für das, was uns interessiert – für die Integration dessen, was die Theologie vertrat, ins heutige Weltbild – brachte sie hingegen kaum etwas. Allerdings war gar nicht mehr zu erwarten, ist doch die Theologie ein ganz anderer Typus von Wissenschaft. Zwar kann auch das, was in der Theologie während der Neuzeit vor sich ging, historisch dargestellt werden. Gewonnen wird damit aber nichts, denn die Geschichten der beiden Wissenschaftstypen stehen beziehungslos nebeneinander. Mehr ergibt sich indessen, wenn man die Sache unter dem Blickwinkel der Bewusstseinsevolution betrachtet.

Evolutionäre Betrachtung des Bewusstseinswandels

Um es gleich vorwegzunehmen: Bei historischer Betrachtung erscheint der Prozess linear. Die zweite der erwähnten Phasen scheint die geradlinige Fortsetzung der ersten zu sein. Die evolutionäre Betrachtung hingegen zeigt, dass der Prozess dialektisch verlief und außerdem, dass mit dem Übergang von der ersten Phase empirischer Forschung zur zweiten nicht der vollständige Bewusstseinswandel erfasst wird, sondern nur dessen zweiter Schritt. Der erste Schritt begann damit, dass sich die empirische Forschung von der Theologie absetzte.

Auch hier zeigte sich die Effizienz des interdisziplinären Ansatzes zur Erforschung der Bewusstseinsevolution: des Ansatzes, der die Ergebnisse von Naturwissenschaft, Kulturwissenschaften und Tiefenpsychologie miteinbezieht.

Auch hier erwies sich eine Entdeckung der Tiefenpsychologie als fruchtbar. Es war jedoch nicht wie bei der Erschließung der archaischen Weltsicht die Kenntnis der inneren Wahrnehmung und der Projektion, sondern eine Entdeckung, die C. G. Jung bei der Beobachtung von Individuationsprozessen gemacht hatte. Es war die Entdeckung, dass sich der Übergang von einer niedrigeren zu einer höheren Stufe der Bewusstheit nicht geradlinig vollzieht, sondern nach einer Gesetzmäßigkeit, die er als Gesetzmäßigkeit von Gegensatzspannung und transzendierender Funktion bezeichnet hat. Wenn nämlich eine Einstellung bzw. Position des Ich überfällig wird und die seelische Entwicklung zu stagnieren droht, bildet sich – ohne dass das Ich dies beabsichtigt – eine Gegenposition aus, die mit der weiterwirkenden „alten" unvereinbar ist im Sinne des Entweder-Oder.

In dieser Situation hat der Mensch zwei Möglichkeiten. Er kann sich auf die Seite der einen oder der anderen Position stellen: entweder starr auf der überholten verharren oder sich blind auf die andere Seite schlagen. Ein echter Entwicklungsschritt geschieht dabei weder im einen noch im anderen Fall. Der Mensch kann aber auch die Gegensatzspannung aushalten im Wissen, dass die bisherige Position zwar nicht mehr befriedigt, dass er jedoch beim Hinüberwechseln auf die andere (z. B. von der kirchlichen zur explizit atheistischen) etwas aufgeben müsste, das für sein Seelenheil unabdingbar ist. Hält er nun die schmerzhafte Spannung, die sich aus der Unmöglichkeit einer rationalen Lösung ergibt, lange genug aus, indem er sich mit dem Für und Wider sowohl der einen wie der andern Position ernsthaft auseinandersetzt, fällt ihm aus dem Unbewussten ein sogenanntes vereinigendes Symbol ein: eine Lösung, welche zwar beide gegensätzlichen Standpunkte relativiert, indessen das Wertvolle beider in sich vereint. Damit hat sich ein Entwicklungsschritt vollzogen, denn das vereinigende Symbol ist Ausdruck einer höheren Ebene der Bewusstheit. Es kommt zustande durch Transzendieren der auf niedrigerer Bewusstseinsebene unvereinbaren Gegensätze.

Jung hat die Gesetzmäßigkeit von Gegensatzspannung und transzendierender Funktion bei der psychischen Individuation einzelner Menschen, also bei der Ontogenese, beobachtet. Im Rückblick auf die abendländische Geistesgeschichte lässt sich nun erkennen, dass sich auch der phylogenetische Wandel des Bewusstseins nach dieser Gesetzmäßigkeit vollzogen hat. (Abb. 6)

Während der archaischen Phase war die Bewusstseinsevolution vor allem auf dem metaphysischen Zweig vorangeschritten. Ein bedeutsamer evolutionärer Ertrag dieser Entwicklung war, wie gesagt, das Begriffspaar von Materie und Geist. Indessen war dies ein ungleiches Paar. Die Vorstellung vom objektiv Geistigen war am Ende des Mittelalters hochdifferenziert, die der Materie hingegen noch rudimentär. Als sich nun die konkretistische Vorstellung des objektiv Geistigen (in der trinitarischen Gottesvorstellung der Hochscholastik) ihrem Grenzwert, dem „rein geistigen Wesen" bis auf infinitesimale Distanz angenähert hatte und die Entwicklung zu stocken drohte, war die Ausbildung einer weiterführenden Gegensatzspannung nicht möglich. Vorerst musste die Evolution auf dem physischen Zweig nachgeholt werden.

Es ist nun faszinierend zu sehen, wie dies – völlig unbeabsichtigt – geschah. Aus dem Universalienstreit war die Theologie, wie erwähnt, scheinbar als Sieger hervorgegangen, indem sie den Begriffsrealismus für die Reflexion über den christlichen Mythos retten konnte. Durch das Zugeständnis, dass bei der Beschäftigung mit „irdischen" Dingen der Nominalismus erlaubt sei, schien den Theologen kein Stein aus der Krone zu fallen, denn beim „Irdischen" handelte es sich ja ihrer Ansicht nach nur um niedriges Sein. Indessen hatten sie damit, wie gezeigt, den Keim für die Entfaltung des empirischen Wissenschafts-Typus in die Welt gesetzt und damit auch die Möglichkeit erschlossen, dass sich eine echte Gegensatzspannung entfaltete.

Ich habe gesagt, Wilhelm von Occam habe durch seine salomonische Entscheidung die Weichen so gestellt, dass die Mutation des abendländischen Bewusstseins richtig, d. h. nach der für Bewusstseinsschritte charakteristischen Gesetzmäßigkeit ablaufen konnte. Lassen wir nun das Bild vom Bahngeleise auf sich beruhen und erläutern das Geschehen anhand eines anderen Beispiels: anhand des Fluges zum Mond. So wie dort das Mutterschiff, als es in der Nähe des Mondes anlangte, auf eine Parkbahn einschwenkte und – sich der Gravitation überlassend – den Mond ständig umkreiste, begab sich am Ende des Mittelalters auch die Theologie auf eine Parkbahn und überließ sich dort gleichsam der Trägheitskraft, sodass sie keine wesentlichen Errungenschaften mehr zustande brachte (die historisch-kritische Bibelforschung war keine im eigentlichen Sinn theologische Leistung, sondern ergab sich durch Einverleibung einer positivistischen Disziplin). So wie aber die Landefähre

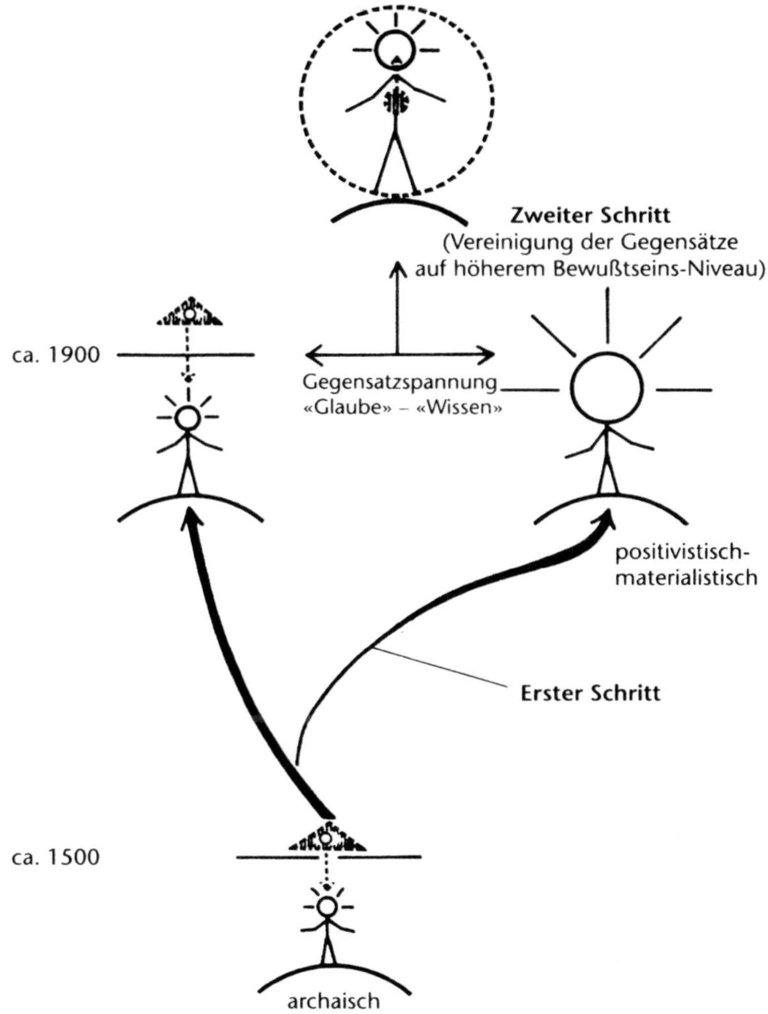

Abb. 6 Die zwei Schritte der Bewusstseinsmutation © Willy Obrist

vom Mutterschiff abdockte, die Astronauten den Mond betraten, Mondgestein sammelten, den Sonnenwind maßen, wandten sich die empirischen Wissenschaften „dieser Welt“ zu und erforschten sie in harter, seriöser Arbeit. Während jedoch die Astronauten ihre Fähre nach getaner Arbeit wieder ans Mutterschiff andockten und dieses sie in die altgewohnte Atmosphäre zurückbrachte, wo sie weiterleben konnten wie zuvor, verlief die Wiederbegegnung der empirischen Wissenschaften mit der Theologie ganz anders.

Der ideologische Positivismus, zu dem das Forschen nach dem Prinzip des methodischen schließlich geführt hatte, ließ sich nicht mehr an die Theologie, so wie diese auf ihrer Umlaufbahn kreiste, andocken. Positivistisch-wissenschaftliche und theologische Weltsicht waren nun unvereinbare Gegensätze. Damit war die Gegensatzspannung – als Voraussetzung für den phylogenetischen Bewusstwerdungsschritt – gegeben. Sie artikulierte sich gegen Ende des 19. Jahrhunderts immer deutlicher unter dem Ausdruck „Dilemma zwischen Wissen und Glauben“ bzw. zwischen positivistischen Wissenschaften und der Theologie.

In diesem Spannungsfeld ereignete sich die Entdeckung des arteigenen Unbewussten. Sicherlich war z. B. Jung einer, der an diesem Dilemma litt. Wohl auch aus diesem Grund konnte er mit Freud nicht einiggehen, als dieser die „archaischen Reste“ als bedeutungslose Rudimente beiseiteschieben wollte. Dass Jung sein weiterführendes Modell, das die Gegensätze überstieg, einfiel, kann als Wirkung der transzendierenden Funktion des Unbewussten gesehen werden.

In Jungs Modellvorstellung der Psyche war der Keim erwachsen, aus dem sich dann im Sinne eines vereinigenden Symbols das neue Welt- und Menschenbild entfalten konnte. Wie bei individuellen Entwicklungsschritten des Bewusstseins wurden auch bei diesem phylogenetischen die beiden bis anhin absoluten Standpunkte relativiert. Der ideologische Positivismus wurde relativiert durch die Erweiterung des Empiriebegriffs, der wiederum das „mit den Augen der Seele Geschaute“ zuließ. Die archaische Weltsicht, auf der die Theologie fußte, wurde relativiert durch die Einsicht, dass das „mit den Augen der Seele Geschaute“ nicht konkretistisch, sondern bildsprachlich bzw. symbolisch zu verstehen ist. Damit war die metaphysische Welt des archaischen Menschen zwar „hereingeklappt“ und entkonkretisiert, gleichzeitig aber – gegenüber dem Positivismus – in ihrer Realität bestätigt worden.

Es scheint mir wichtig zu sehen, dass damit auch der metaphysische Begriffsrealismus, den die Theologen als scheinbare Sieger im Universalienstreit noch für ein paar Jahrhunderte hatten retten können, überwunden war. Dies zu sehen scheint mir vor allem deshalb wichtig, weil sich heute bei Theologen die Sitte eingebürgert hat, auch (wie die Tiefenpsychologen) von Gottesbildern zu reden, hinter diesem Reden sich jedoch die immer noch archaische Vorstellung verbirgt, Gott existiere irgendwo außen, der Mensch könne ihn jedoch nicht so erkennen, wie er ist, er könne sich nur ein Bild von ihm machen.

Des Pudels Kern

Der Wissenszuwachs, den die empirische Forschung gebracht hat, ist enorm. „Enorm“ ist sogar ein schwaches Wort dafür. Der Zuwachs an Wissen war so groß, dass kein einzelner Mensch ihn in seiner ganzen Fülle erfassen kann. Indessen war es nicht nur der quantitative Zuwachs, der zur neuen Weltsicht geführt hat. Entscheidend für den Durchbruch zur neuen, die Gegensätze übersteigenden Sicht der Welt und des Menschen war eine meistens kaum beachtete Nebenwirkung empirischen Forschens. Diese trat ins Bewusstsein im Zug jener Verlagerung der Blickrichtung, die ich auch als anthropische Wende bezeichnet habe: dadurch, dass man nicht mehr nur die „Dinge“ ins Auge fasste, sondern sich auch Rechenschaft darüber gab, wie der Mensch diese erkennt. Dabei wurde man sich der Tatsache bewusst, dass die empirische Forschung de facto gezeigt hat, dass der spontane Eindruck der Wahrnehmung trügt und zwar bei beiden Arten von Wahrnehmung: nicht nur bei dem, was der archaische Mensch „Sehen mit den Augen der Seele“ nannte, sondern auch beim „Sehen mit den Augen des Leibes“.

Dass der spontane Eindruck der Sinneswahrnehmung trügt, zeigte sich schon bei der Erfindung des Mikroskops und des Fernrohrs. Es ging weiter mit der Erfindung all der ungezählten indirekten Methoden, die namentlich in Physik und Chemie entwickelt worden sind. Dieser Tatsache bewusst geworden ist man sich jedoch, wie erwähnt erst von dem Moment an, als es Physikern gelungen war, ins Innere des Atoms vorzudringen. Umgeworfen hat diese Einsicht allerdings kaum jemanden. Unterschwellig hatte man sich ja schon seit Generationen daran gewöhnt, dass wir die Welt mit den unbewaffneten Sinnen nicht so wahrnehmen, wie sie „in Wirklichkeit“ ist. Auch hat die Einsicht, dass hier der spontane Eindruck trügt, nichts geändert an der schon vorhandenen Überzeugung, dass wir mit den Sinnen (mit Ausnahme der innersomatischen, die uns z. B. die Stellung unserer Gliedmaßen bei geschlossenen Augen anzeigen) etwas wahrnehmen, das sich außerhalb von uns befindet bzw. ereignet.

Völlig anders verhielt es sich beim „Sehen mit den Augen der Seele“. Die Einsicht in die bildsprachliche Struktur der Gestaltungen des Unbewussten und in die Projektion führte auf diesem Zweig der Wahrnehmung zu einer Drehung der Apperzeption um 180 Grad: zum Hereinklappen der metaphysischen Welten sowie zu deren Entkonkretisierung.

Man kann die Einsicht, dass der spontane Eindruck der Wahrnehmung trügt, als des „Pudels Kern“ bezeichnen: als Kern jenes komplexen, über Jahrhunderte sich hinziehenden Geschehens, das wir Mutation des Bewusstseins nennen. Sie ist der eigentliche evolutionäre Gewinn, den dieser phylogenetische Entwicklungsschritt gebracht hat. Sie ermöglichte die unistische Weltsicht.

Ein Jahrhundert des Übergangs

Durch die Entdeckung des Unbewussten war das „Dilemma zwischen Wissen und Glauben" überstiegen worden. Mit der tiefenpsychologischen Theorie war ein vereinigendes Symbol entstanden, das den Keim für ein neues menschliches Selbstverständnis bildete. Entfaltet war indessen dieser Keim noch nicht. Es ist zu bedenken, dass weder Freud noch Jung die Absicht gehabt hatten, ein neues Menschenbild zu erarbeiten oder gar die bisherige Weltsicht zu überwinden. Ihre Entdeckungen ergaben sich einzig und allein aus dem Bemühen, Neurosen zu verstehen und zu heilen. Wir haben gesehen, dass sie in erster Linie daran interessiert waren, eine Theorie der Neurosen und eine wirksame psychotherapeutische Methode zu erarbeiten und dass sich dabei die neue Sicht der normalen Psyche sozusagen als Folgeerscheinung ergab.

Zwar waren die bestehenden Weltbilder durch die Entdeckung dieser beiden Pioniere de facto überwunden worden. Eine bahnbrechende Entdeckung zu machen und deren Konsequenzen für die Weltsicht durchzudenken sind jedoch zweierlei Dinge. So ist sich Freud, wie erwähnt, nie bewusst geworden, dass er das erkenntnistheoretische Fundament des ideologischen Positivismus gesprengt hatte. Bis zu seinem Lebensende ist er ein Positivist geblieben. Jung hat zwar über die Folgen seiner Entdeckungen – insbesondere für die Religionen – viel nachgedacht. Er hat die metaphysischen Welten als Projektionen von Gestaltungen des Unbewussten durchschaut, doch blieb er mit einem Teil seiner Seele der archaischen Weltsicht verhaftet. Insbesondere scheint er offenbar den archaischen Charakter des gnostischen Religionstypus nicht voll erfasst zu haben. Schuld daran mag vielleicht gewesen sein, dass er im gnostischen Verständnis der Psyche eine Bestätigung seines Modells zu sehen glaubte.

Dies ist aber nicht der Grund, weshalb man erst in den Siebzigerjahren – ein Jahrzehnt nach Jungs Tod – darangehen konnte, das neue Welt- und Menschenbild von Grund auf zu erarbeiten. Weshalb dies der Fall war, wird erst verständlich, wenn man sich bewusst wird, dass die neue Weltsicht nicht nur eine tiefenpsychologische ist, wie Theologen oft behaupten. Mit den eingangs erwähnten Entdeckungen im Bereich der Physik – der Entdeckung der Relativität von Raum und Zeit sowie der Quantelung der Energie – war nämlich ein zweiter Keim zur neuen Sicht der Dinge entstanden. Dieser wuchs neben dem tiefenpsychologischen – ohne die Entdeckung des Unbewussten in Betracht zu ziehen – heran. Mit der Tiefenpsychologie war ja ein neuer Typus empirischer Wissenschaft entstanden: ein Typus, für den, wie erwähnt, Vertreter der traditionellen empirischen Wissenschaft lange Zeit kein Verständnis aufbrachten.

Bis der positivistische Keim entfaltet war, musste allerdings noch eine lange Reihe von Entdeckungen gemacht werden. So war die lineare und starre Auffassung der Kausalität zu überwinden, die Kybernetik zu entdecken, die systemische Auffassung der Natur zu entwickeln und die Innerlichkeit der Lebewesen bis hinab in die molekulare Dimension zu erschließen. All dies dauerte, wie erwähnt, bis in die Siebzigerjahre. Erst dann konnte man erkennen, dass die Ergebnisse der Tiefenpsychologie und der positivistischen naturwissenschaftlichen Forschung auf einen Punkt hin konvergieren.

Die Entfaltung des positivistischen Keims zur neuen Weltsicht war im Grunde genommen ein Vorwärtsschreiten auf der Bahn, die einst durch das Zustandekommen empirischer Wissenschaft erschlossen worden war. Es war die Fortsetzung des Vordringens hinter die Fassade des Augenscheins. Dass sich dabei durch Einführung des Informationsbegriffs die Überwindung der materialistischen Weltsicht sozusagen von selbst ergab, haben wir gesehen.

Neben diesem Vorwärtsschreiten vollzog sich, von den meisten kaum bemerkt, ein gerade umgekehrter Vorgang: ein Abbauprozess. Abgebaut wurden dabei jene beiden Weltbilder, durch deren Unvereinbarkeit sich im 19. Jahrhundert das „Dilemma zwischen Wissen und Glauben" ergeben hatte. Dieses war ja durch die Entdeckung des Unbewussten erst de facto überwunden worden. Bis weit ins 20. Jahrhundert hinein standen sich die beiden Weltbilder noch als geschlossene Blöcke – wie zwei stark bestückte Festungen – gegenüber: auf der einen Seite die Kirchen, auf der anderen die atheistische Wissenschaft. Allerdings gab es viele bewusst christliche oder jüdische Kultur- und Naturwissenschaftler. Als solche verstehe ich die, welche sozusagen in zwei Welten lebten: bei der Berufsarbeit in der positivistischen, am Sonntag oder Sabbat hingegen in der archaischen. Diese fallen jedoch beim hier Darzustellenden nicht ins Gewicht.

Interessant ist, wie der Abbau der beiden Blöcke vor sich ging. Er geschah nämlich von innen heraus: dadurch, dass die starren Positionen – ohne wesentliche „Feindeinwirkung" – sich einfach aufweichten. In der Tiefenpsychologie nennt man diesen unbewusst verlaufenden Prozess, den man dort bei individuellen Bewusstwerdungsschritten beobachten kann, Enantiodromie (Gegenläufigkeit).

Im positivistischen Block vollzog sich die Enantiodromie sozusagen naturgegeben. Auch in der Natur geht ja der Aufbau neuer Formen immer Hand in Hand mit dem Abbau der bestehenden. Dies beginnt schon bei der Entstehung der Elemente in den Sternen und setzt sich fort bis in die Entwicklung einzelner Lebewesen, ja in den Lebensprozess als solchen. Genauso löste sich, wie geschildert, Hand in Hand mit dem Voranschreiten der Naturerkenntnis, die starre Position des ideologischen Positivismus auf.

Ganz anders verlief die Enantiodromie im archaischen Block. In diesem fand ja, wenn man genau hinschaut, keine echte Weiterentwicklung mehr statt. Zwar sehen wir dort im 20. Jahrhundert in der katholischen Kirche den Triumphalismus aufkommen, in den evangelischen die polternde dialektische Theologie. Ich würde indessen diese beiden Bewegungen als ein letztes Sich-Aufbäumen eines – in Bezug auf seine archaische Struktur – schon todkranken Organismus bezeichnen.

Vor längerer Zeit schon hatten nämlich die Kirchen ein Virus in sich aufgenommen, das dann die Zersetzung ihrer archaischen Struktur von innen her bewirkte. Die „Infektion" fand in dem Moment statt, als theologische Fakultäten die innerhalb des empirischen Wissenschaftstyps entwickelte historisch-kritische Methode übernahmen. Diese Methode beruht auf dem methodischen Positivismus und ist deshalb ihrem Wesen nach antimythisch. So führte sie denn, wie erwähnt, schon im profanen Bereich zu einer Entmythisierung der Geschichte bzw. zur Verdrängung historischer Mythen durch empirisch fundiertes Wissen.

Im Bereich der Theologie hatte die durch das eingeschleppte Virus verursachte, tödliche Krankheit allerdings eine lange Inkubationszeit. Zwar wurde die Geschichte der Kirchen, der Päpste, der häretischen Bewegungen, des Mönchtums, der Theologie, des Kirchenrechts, der Dogmen, des Reliquienkults usw. sorgfältig erforscht, doch berührte dies noch nicht das Fundament christlichen Glaubens: die Überzeugung, die Bibel sei das offenbarte Wort Gottes.

Ernst wurde die Sache erst mit der historisch-kritischen Erforschung der Bibel: durch das Fragen, wie die Bibel entstanden sei. Da zeigte sich nämlich, dass diese ein durch und durch menschliches Werk ist. So erkannte man z. B. bei der Erforschung des NT, dass die Evangelisten die Botschaft des Jesus (seine religiöse Einstellung) und die Botschaft über Jesus (den nach dem Tode Jesu innerhalb weniger Jahrzehnte entstandenen christlichen Mythos) zu einem „historischen Bericht" verschmolzen haben: dass sie den Mythos von der Inkarnation des Sohnes Gottes, von dessen Erdenwanderung, dessen freiwilligem Opfertod, dessen Auferstehung und Himmelfahrt historisierten, indem sie dessen schon erfolgte Projektion auf Jesus festschrieben.

Als die redaktionsgeschichtliche Forschung untersuchte, was jeder Evangelist an eigener Überzeugung – bzw. aus der Gemeindetradition, in der er stand – in seine Schrift hatte einfließen lassen, erkannte man, dass sogar das bisher als wahrer historischer Bericht aufgefasste Leben Jesu komponiert war: Dass „Markus" zu überlieferten Jesusworten szenische Rahmen schuf und diese sowie einzelne überlieferte Jesusgeschichten nach einem von ihm entworfenen örtlichen und zeitlichen Plan zu einem „Leben Jesu" verknüpfte, welches dann „Matthäus" und auch „Lukas" als Vorlage diente. Außerdem zeigte die redaktionsgeschichtliche Forschung, dass die Evangelisten – am großzügigsten „Johannes" – sogar Elemente des christlichen Mythos Jesus in den Mund legten, sodass diese in der Folge als authentische Aussagen Jesu Christi geglaubt wurden und als Fundament für dogmatische Gedankengänge dienten.

Ähnlich ernüchternd wirkte die Erforschung der Urgeschichte des Christentums. Diese ließ unter anderem erkennen, wie der christliche Mythos entstanden ist. Sie zeigte, wie schon erwähnt, dass der Glaube, Jesus sei vom Tode auferstanden, sich auf eine Vision (!) des Petrus stützte, dass die Vorstellung, Jesus sei der Messias gewesen, erst nach dessen Hinrichtung in der Jerusalemer Urgemeinde um sich griff, dass man sich dort aber den Messias noch als menschliches Wesen vorstellte. Sie zeigte ferner, dass die Vorstellung, der Messias (Christus) sei ein himmlisches Wesen, im Judentum der Diaspora beheimatet war und erst durch die Missionierung der Diaspora-Juden in den christlichen Mythos eingegangen ist. Auch ließ sich erkennen, dass die Gleichsetzung des nun als himmlisches Wesen vorgestellten Christus mit der Vorstellung des Logos (der griechischen Variante der Vorstellung vom wesensgleichen Sohn des transzendenten Gottes) sich erst im Schöße der heidenchristlichen Gemeinden vollzogen hat.

Zu all dem ließ die vergleichende Religionswissenschaft, die ja weitgehend von Theologen betrieben wurde, erkennen, dass diese „Botschaft über Jesus" aus lauter Mythologemen besteht, die auch in anderen Kulturen vorkommen: dem Mythologem vom wesensgleichen Sohn, der vom Vater gesandt wird, dem Mythologem der Inkarnation durch Jungfrauengeburt, der unscheinbaren Geburt und der Erdenwanderung eines göttlichen Wesens, das den Menschen ein neues Gesetz und neue Offenbarung bringt, ferner dem Mythologem von Leiden, Tod und Auferstehung, gekoppelt mit dem Mythologem vom erlösenden Opfertod eines Gottes usw.

Die historisch-kritische Erforschung der Bibel vollzog sich zwar an Theologischen Fakultäten. Sie scheint jedoch innerhalb von diesen in einem (zumindest geistig) abgeschotteten Raum vor sich gegangen zu sein, wurde doch weiter theologisiert, als wäre nichts geschehen. Allerdings wurde viel Gedankenakrobatik betrieben. So wurde z. B. versucht, neuere philosophische Strömungen und auch die Tiefenpsychologie in die Theologie hereinzunehmen. Es wurde jedoch in keinem wesentlichen Punkt der Rahmen archaischer Weltsicht überschritten. Ich bin mir bewusst, dass diese Aussage heftigen Widerspruch hervorrufen wird. Aber darin liegt ja gerade die große Selbsttäuschung heutiger Theologen. Sie geben sich der Illusion hin, modern und fortschrittlich zu sein, merken aber nicht, dass sie sich trotz allem brav innerhalb jenes unsichtbaren Zauns bewegen, der die archaische Weide umgibt.

Trotzdem muss es sich beim Kirchenvolk herumgesprochen haben, dass die archaische Weltsicht nicht mehr gilt. Vielleicht wurde es auch nur gefühlt. Anders wäre jedenfalls der große Exodus nicht zu verstehen: die massenhafte Emigration des Kirchenvolks, welche sich sowohl äußerlich als auch innerlich vollzog und noch vollzieht. Jedenfalls ist durch den enantiodromischen Prozess nun auch im archaischen Block der Boden vorbereitet worden zur Rezeption der neuen Weltsicht. Während aber im positivistischen Block diese Bereitschaft vor allem in der Bewusstseinspitze festzustellen ist, findet man sie im archaischen nur an der Basis, im katholischen Bereich sogar fast nur bei Laien.

Kommen wir noch einmal auf die Theologen zurück. Ihr Verhalten scheint mir geradezu ein Musterbeispiel von Verdrängung zu sein, gelangen sie doch alle – zumindest in der Ausbildung – zur Kenntnis der Ergebnisse historisch-kritischer Bibelforschung. Es ist, als würden sie diese, aus Angst, lieb gewordene Vorstellungen aufgeben zu müssen, so wie Freud es bei seinen Patienten beobachtet hat, ins Unbewusste abschieben. Dabei wäre dies gar nicht nötig, weil ja durch die Entdeckung des Unbewussten der Weg zu einem zeitgemäßen Verständnis des Mythos erschlossen worden ist.

Die Mutation des Bewusstseins vollzog sich eben gerade im theologischen Bereich nach jener Gesetzmäßigkeit, die durch das zentrale Mythologem des Christentums – durch das Mythologem von Leiden, Tod und Auferstehung – veranschaulicht wird. Was die historisch-kritische Forschung bewirkte, war ja lediglich das Absterben des überholten Alten: der konkretistischen Apperzeption des innerlich Wahrgenommenen. Ihre Aufgabe im Dienst der Bewusstseinsevolution war es, das Geflecht von historischen Fakten und darauf projizierten Gestaltungen des Unbewussten zu entflechten: das Mythische vom sinnlich wahrnehmbaren Faktischen abzuschälen.

Nun handelt es sich bei dem in der Bibel vorhandenen Mythischen nicht (oder nur zum geringsten Teil) um erklärende Mythen, sondern um religiöse. Diese aber wurden im Zug der empirischen Forschung nicht durch Wissen ersetzt. Zwar führte die Bewusstseinsmutation zur Einsicht, dass religiöse Mythen nicht physisch wahr sind, sondern psychisch. Die psychische Wahrheit, die sie veranschaulichen, ist aber gerade das, wonach der heutige Mensch dürstet. Es ist das, was ihm durch den ideologischen Positivismus und durch die Entfremdung von der archaischen Weltsicht abhanden gekommen ist.

Die historisch-kritische Forschung hat nur die Historisierung des christlichen Mythos rückgängig gemacht: jenen Prozess, der zur Zeit des frühen Christentums außerordentlich wirkungsvoll war, heute jedoch zum größten Hindernis für den Vollzug der Bewusstseins-Mutation geworden ist. Allerdings wissen die historisch-kritischen Bibelforscher mit dem abgeschälten Mythischen nichts anzufangen. Erstens ist ihr Blick auf das historisch Faktische gerichtet, zweitens sind sie – aufgrund ihrer positivistischen Methode – gar nicht in der Lage, den Sinngehalt des Mythos zu erschließen. So kann man sagen, sie hätten die biblischen Mythen gleichsam in ein Depot gelegt, wo sie aufbewahrt werden, bis jemand kommt, der ihren Bedeutungsgehalt erschließen kann.

Unter dem Blickwinkel der Bewusstseinsevolution betrachtet, bestand die Funktion der historisch-kritischen Bibelforschung darin, den „Tod" des überholten Alten herbeizuführen. Damit hat sie eine unabdingbare Voraussetzung für die „Auferstehung in neuer Gestalt" geleistet. Dass diese Auferstehung schon stattgefunden hat – dass das neue Ostern schon da ist – dürfte nach den Ausführungen im ersten Teil dieses Buches wohl klar geworden sein. Nun müsste eigentlich nur noch das neue Pfingsten sich ereignen: müssten die Theologen – und mehr noch die kirchlichen Obrigkeiten – zur Erkenntnis „erleuchtet" werden, dass die der heutigen Bewusstseinsebene entsprechende Art von Exegese die tiefenpsychologische ist.

Lassen wie dies vorläufig auf sich beruhen. Betrachten wir nun – nach all den aufgezeigten Unterschieden zwischen Tiefenpsychologie und Theologie – noch etwas, das beiden gemeinsam ist: etwas, das diese beiden Typen von Wissenschaft vom positivistischen Typ unterscheidet.

Zwei existenzielle Wissenschaften

Erinnern wir uns an das über die innere Struktur der Tiefenpsychologie Gesagte. Wir haben gesehen, dass zu unterscheiden ist zwischen praktizierter und wissenschaftlicher Tiefenpsychologie; ferner, dass es bei der praktizierten um Hilfestellung beim Ringen einzelner Menschen in seelischen Notlagen sowie bei deren Bemühen um seelische Reifung geht. Wenn dann in der wissenschaftlichen Tiefenpsychologie die in der Praxis gemachten Beobachtungen reflektiert werden – mit Blick auf die Funktionsweise der Psyche (theoretischer Zweig) und mit Blick auf den Bedeutungsgehalt des innerlich Wahrgenommenen (hermeneutischer Zweig) – hat dies in erster Linie zum Ziel, den Menschen bei ihrem seelischen Ringen besser helfen zu können.

Analoges gilt für die Theologie. Theologie hatte vor dem Hintergrund der archaischen Weltsicht die gleiche Funktion, die die wissenschaftliche Tiefenpsychologie vor dem Hintergrund der neuen Weltsicht hat. Auch die Theologie ist hervorgegangen aus dem, was Menschen innerlich erfahren haben. Auch das in der Theologie Reflektierte diente dazu, den Menschen bei der Erlangung von Seelenheil behilflich zu sein.

Wegen dieser inneren Struktur bezeichne ich Theologie und Tiefenpsychologie als existenzielle Wissenschaften und grenze sie damit von den positivistischen ab. Um diesen Unterschied in seiner vollen Tragweite zu erfassen und auch um erkennen zu können, welche Konsequenzen sich daraus für die heutige Theologie ergeben, müssen wir auch hier die Sache vor einem erweiterten Horizont betrachten. Dazu möchte ich zuallererst das Begriffspaar von objektivierender und existenzieller Einstellung einführen. Der Mensch kann und muss nämlich alternierend zwei grundverschiedene Haltungen einnehmen. Einerseits muss er fragen, wie die „Dinge" strukturiert sind und funktionieren. Diese Haltung nenne ich die objektivierende.

Andererseits muss er sich fragen, wie er sich im konkreten Leben richtig verhalte. Diese Einstellung nenne ich die existenzielle. Aus objektivierender Einstellung resultiert Sachwissen, aus existenzieller hingegen ethisches Handeln. Bei objektivierender geht es somit um das Wahre, bei existenzieller um das Richtige. Die beiden Haltungen ergänzen sich im Sinn der Komplementarität. Auf einmal kann man zwar nur die eine oder die andere einnehmen, doch ist es für das Erreichen psychischer Reifung unabdingbar, beide in gebührendem Ausmaß zu pflegen.

Der kategoriale Unterschied zwischen den beiden Einstellungen bzw. zwischen dem, was aus jeder von ihnen resultiert, wird meines Erachtens heute viel zu wenig beachtet. Am besten können wir ihn erfassen, wenn wir Menschen betrachten, die sich sozusagen professionell der einen oder der anderen Einstellung gewidmet haben. Da zeigt sich, dass aus der Pflege der objektivierenden der Gelehrte, aus der Pflege der existenziellen der Weise, der Heilige oder, wie man heute sagt, der psychisch reife Mensch hervorging. Da nun Menschen die Neigung haben, sich mit Gleichgesinnten zusammenzuschließen bzw. sich mit vereinten Kräften um das zu bemühen, was ihr innerstes Anliegen ist, gingen aus den beiden so unterschiedlichen Einstellungen zwei unterschiedliche soziokulturelle Gebilde hervor: aus der objektivierenden die Wissenschaften, aus der existenziellen die Schulen der Spiritualität. Diese beiden Gebilde unterscheiden sich nicht nur in ihrer Zielsetzung, sondern auch in der Art und Weise, wie dieses Ziel erreicht werden kann.

Ziel der Wissenschaft ist, wie gesagt, Sachwissen, d. h. Wissen über die objektive Wirklichkeit zu gewinnen. Ein Sachwissen, das einmal gewonnen und schriftlich fixiert ist, geht im Prinzip nicht mehr verloren. So kann jede Generation von Wissenschaftlern auf dem aufbauen, was frühere Generationen erarbeitet haben. Auf diese Weise wird das Wissen über Natur und Kultur (und wurde das scheinbare Wissen über die Übernatur) fortschreitend vermehrt und vertieft. Zwar geht dieses Fortschreiten nicht kontinuierlich vor sich, sondern, wie Thomas S. Kuhn gezeigt hat, über „Revolutionen“ bzw. Paradigmenwechsel. Dies ändert jedoch nichts daran, dass der Fortschritt integrierendes Element der Wissenschaft und der von den empirischen Wissenschaften begründeten Technologie ist.

Ziel der Schulen der Spiritualität hingegen war die psychische Reifung der einzelnen Persönlichkeit. Zwar wurde dieses Ziel je nach kulturellem Kontext verschieden formuliert, z. B. als Erlangen von Heil, von Weisheit, Humanität oder Gnosis sowie als Erlösung, Befreiung oder Selbstwerdung. Schält man jedoch die kulturspezifischen Vorstellungen über die Welt- insbesondere die „jenseitige“ – ab, aus denen heraus diese Ausdrücke formuliert worden sind, zeigt sich, dass mit allen im Grunde genommen das Gleiche gemeint war.

Einen Fortschritt im Sinne des unaufhaltsamen Voranschreitens von Generation zu Generation gibt es beim spirituellen Bemühen nicht. Zwar formulierten spirituelle Neuerer (z. B. Religions- oder Ordensstifter) bei veränderter Bewusstseinslage das Ziel auf neue Weise, schlugen andere Lebensformen, andere Praktiken und Methoden vor. Dies änderte jedoch nichts an der unerbittlichen Tatsache, dass innerhalb jeder Generation jeder Einzelne mit seinem Bemühen um seelische Reifung von vorne anfangen, jeder im Prinzip die gleichen Erfahrungen und gleichen Fehler machen muss wie die Menschen früherer Generationen.

Lernen bedeutet in der Wissenschaft Aneignung von Sachwissen, von Arbeits- und Forschungsmethoden sowie (in manchen Naturwissenschaften) von technischem Können. Die Überlegenheit des Lehrers beruht hier darauf, dass er über größeres Sachwissen verfügt, die Forschungsmethoden besser beherrscht und den Zugriff zu gespeichertem (exteriorisiertem) Sachwissen leichter handhaben kann.

In der spirituellen Schulung bedeutet Lernen gerade nicht Aneignung von Sachwissen, sondern individuelle Bewusstwerdung. Dazu gehören Aha-Erlebnisse über desintegrierende Strebungen in der eigenen Seele, welche die „guten Absichten" zunichte machen, ferner über begangene Fehler und Lieblosigkeiten, über verdrängte Gefühle und Wünsche, aber auch über schlummernde Fähigkeiten, über den Sinn des eigenen Lebens usw.

Der Lehrer ist hier mehr ein Meister im Sinne der Meisterschaft im geistlichen Leben: ein Mensch, der schon einen höheren Grad individueller Bewusstheit erreicht hat, die „Wege Gottes" kennt und mit den desintegrierenden Tendenzen (christlich: mit den Anfechtungen des Teufels) umzugehen weiß. Der spirituelle Meister lehrt zu einem großen Teil dadurch, dass er beispielhaft vorlebt, was er vom Schüler fordert.

Der „springende Punkt" bei spiritueller Schulung besteht darin, zur Erfahrung der Tatsache zu gelangen, dass das Erreichen des Zieles nicht vom bewussten Wollen allein abhängt, sondern letztlich von der „Gnade" einer dem Ich überlegenen Macht, die es „gut mit einem meint". Lernen heißt somit bei spiritueller Schulung im Grunde genommen, sich mehr und mehr einer Haltung anzunähern, bei der das Ich so weit zurückgenommen) ist, dass die ihm überlegene „Macht" wirken kann. Es geht somit um religiöse Haltung bzw. – nach theologischem Sprachgebrauch – um Glauben im Sinne der fides qua creditur.

Die Tatsache, dass das Ringen um religiöse Haltung das Kernelement spiritueller Schulung ist, bestimmte auch das Selbstverständnis des Meisters. Als der „eigentliche" Meister, der die Seele führt, galt (in theistischen Religionen) der „lebendige Gott". Der „irdische" Meister verstand sich lediglich als Begleiter: als eine Art Geburtshelfer, der dem Schüler aufgrund seiner größeren Erfahrung hilft, den „Willen Gottes" zu erkennen und das als „gottgefällig" Erkannte dann auch zu tun.

Schulen der Spiritualität entfalteten sich in allen Religionen. Im christlichen Raum war es das Mönchtum, im Islam die Sufigemeinschaften und im Hinduismus die Jogaschulen. Der Buddhismus war zu Beginn eine Schule der Spiritualität und wurde erst später zu einer Religion. Auch der „philosophische" Taoismus diente vor allem der Schulung in Spiritualität, ebenso – auf niedriger Evolutionsstufe des Bewusstseins – die Ausbildung der Medizinmänner, Schamanen usw.

Immer aber haben sich die Schulen der Spiritualität vor dem Hintergrund eines bestimmten Weltbildes entfaltet. Aus dem Weltbild ergaben sich die jeweiligen Formulierungen des zu erstrebenden Zieles, die Vorstellungen von der dem Ich überlegenen Macht usw. So verschieden jedoch die aufgezählten Schulen der Spiritualität auch waren, entstanden sie doch alle vor dem Hintergrund archaischer Weltsicht.

Wie hat sich nun die Mutation des Bewusstseins auf die spirituelle Schulung ausgewirkt? Um diese Frage zu beantworten, ist die Einsicht in den dialektischen Verlauf des Bewusstseinswandels von großer Hilfe: in die Tatsache, dass dieser sich in zwei Schritten vollzogen hat (Abb. 6, S. 147). Um zu erkennen, welchen Einfluss der erste Schritt auf die spirituelle Tradition hatte, gilt es allerdings weniger auf die empirische Wissenschaft zu blicken als auf die durch diese aufgekommene Philosophie der Aufklärung, insbesondere auf deren Menschenbild. (Abb. 7, S. 160).

Dieses war, wie erwähnt, unipolar, ausschließlich im Ich zentriert. Die Vernunft (= das Bewusstsein) galt als das einzige Geistige in der Welt, denn es war damals die Zeit der „Grabesruhe" des objektiv Geistigen. Die archaische Vorstellung desselben war „gestorben", jedoch noch nicht „in neuer Gestalt auferstanden). Weil man deshalb glaubte, es existiere keine dem Ich überlegene geistige Macht, welche dieses erleuchtete und auch zugehe, fand eine Inflation des Ich statt. Man hielt die Vernunft für das übergroße Licht, mit dessen Hilfe es dem Menschen möglich sei, die hintersten Winkel der Wirklichkeit zu erhellen. Ferner erlag man zur Zeit der Aufklärung der irrigen Meinung, der Mensch sei seiner Natur nach gut. Man glaubte somit nicht nur, er könne mithilfe der Vernunft allein erkennen, was das Richtige sei, sondern auch, wenn er es erkannt habe, könne er es ohne weiteres tun. Dass dadurch die mühsame spirituelle Schulung – als Schulung zu religiöser Haltung und zur Unterscheidung der Geister" – überflüssig erschien, dürfte klar sein.

Der zweite Schritt der Bewusstseinsmutation, der ja durch die Entdeckung des arteigenen Unbewussten eingeleitet wurde, führte dann zu einem völlig anderen Menschenbild: zu einem menschlichen Selbstverständnis, zu dem – als integrierendes Element – das Wissen um die Existenz einer dem Ich überlegenen geistigen Macht gehört. Nicht nur wurde die innere Wahrnehmung entdeckt. Man erkannte auch deren das Ich regelnde Funktion bzw. die Wechselwirkung zwischen dem Selbst und dem Ich. Es wurde entdeckt, dass das Streben nach religiöser Haltung zur menschlichen Natur gehört. Man erkannte aber auch die desintegrierenden Tendenzen der menschlichen Psyche sowie auch, dass religiöse Haltung nur dank jenes innerpsychischen Dynamismus zustande kommt, den man in der christlichen Tradition als Gnade bezeichnet hat.

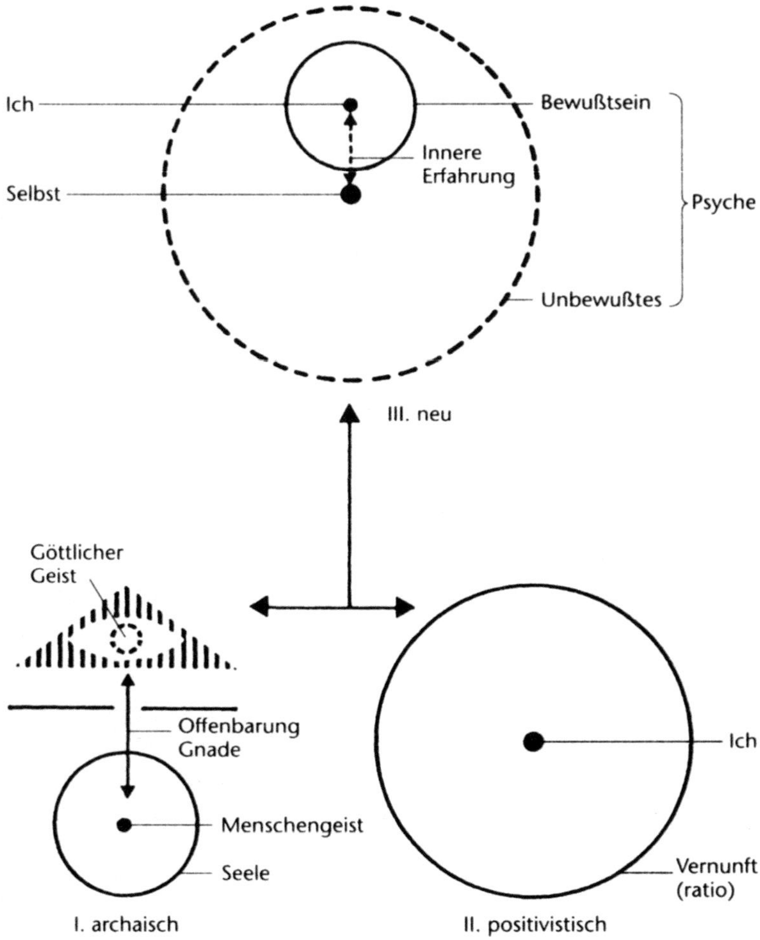

Abb. 7 Der Wandel des Menschenbildes © Willy Obrist

Da Hand in Hand mit der Entdeckung des Individuationsprozesses der Schritt von der Psychotherapie zur Psychagogik vollzogen wurde, war auch wieder die Bedeutung all dessen erkannt, was man in archaischer Zeit in den Schulen der Spiritualität gepflegt und an die Nachwelt weitergegeben hatte. Damit war zumindest der Keim für die Bildung einer spirituellen Tradition vor dem Hintergrund der neuen Weltsicht entstanden.

Es lässt sich nun wohl noch deutlicher erkennen, dass das Primäre bei dem, was man als Tiefenpsychologie bezeichnet, die tiefenpsychologische Praxis bzw. die neue Spiritualität ist und dass die Erkenntnisse des theoretischen wie des hermeneutischen Zweigs der wissenschaftlichen Tiefenpsychologie in erster Linie dazu dienen, dem „erlösungsbedürftigen" Menschen bei seinem Bemühen um Seelenheil bzw. psychische Reifung besser behilflich zu sein. Weil somit existenzielle Haltung Ausgangspunkt und Ziel wissenschaftlicher Tiefenpsychologie ist und weil außerdem eine Lehranalyse integrierendes Element der Ausbildung ist, bezeichne ich die Tiefenpsychologie – im Unterschied zu den ausschließlich auf Gewinn von Sachwissen ausgerichteten positivistischen Wissenschaften einschließlich der akademischen Psychologie – als existenzielle Wissenschaft.

Der Ausdruck „Spiritualität" wird allerdings in der Tiefenpsychologie nicht oft verwendet. Allgemein gebräuchlich ist er hingegen in Kreisen des New-Age bzw. der sogenannten Esoterik. Gewiss ist dort viel ernsthaftes Bemühen um Spiritualität vorhanden, doch muss auch gesehen werden, dass es sich dabei um Spiritualität vor dem Hintergrund archaischer Weltsicht handelt: dass dort vor allem Vorstellungen aus dem Bereich gnostischer Religionen sowohl Terminologie als auch Gedankengänge bestimmen, zum Teil sogar Vorstellungen aus Stammesreligionen vom animistischen wie vom totemistischen Typ.

Wollen wir den existenziellen Charakter der christlichen Theologie erfassen, empfiehlt es sich, auf das Mittelalter zurückzublenden. Damals, im „Erwachsenenalter" des Christentums, waren die beiden soziokulturellen Gebilde, die aus existenzieller und objektivierender Einstellung hervorgehen, voll ausgebildet und standen zudem gleichberechtigt nebeneinander. Es waren dies die geistlichen Orden als Schulen der Spiritualität und die in Form der eben entstandenen Universitäten – der Lehrer-Schüler-Korporationen (universitates magistrorum et discipulorum) – organisierte wissenschaftliche Theologie. Beide standen in lebendiger Wechselwirkung miteinander. Dies war durch die Tatsache gegeben, dass sozusagen alle großen Lehrer der Theologie Ordensleute waren, somit eine spirituelle Schulung durchlaufen hatten und außerdem durch ihr Eingebundensein in einen Orden zu dauernder Pflege der Spiritualität angehalten waren. So floss außer dem durch die Bibel und die Schriften der Kirchenväter vermittelten, einst innerlich Wahrgenommenen auch eigene innere Erfahrung in deren wissenschaftliche Arbeit ein. Zumindest in dieser mittelalterlichen Gestalt erweist sich somit die Theologie im vollen Sinn des Wortes als existenzielle Wissenschaft. Sie war dies wohl noch bis weit in die Neuzeit hinein.

Heute vermag ich davon allerdings nur wenig zu erkennen. Zumindest seit der Rebellion der Sechzigerjahre, die ja auch eine Rebellion im kirchlichen Raum war (und im Vaticanum II ein Ventil fand), scheint mir das, was an Resten archaischer spiritueller Tradition noch vorhanden war, weitgehend zusammengebrochen zu sein. Andererseits begann damals eine eigentliche Hypertrophie der nun weitgehend ihrer existenziellen Quelle beraubten Theologie. Nicht nur ergoss sich eine wahre Flut theologischer Literatur über die euro-amerikanischen Völker, Inhaber theologischer Lehrstühle wurden nun plötzlich auch von (im ideologischen Positivismus verunsicherten) positivistischen Wissenschaftlern als Wissenschaftler und Gesprächspartner ernst genommen.

Zu gleicher Zeit wurden (im katholischen Raum) viele frühere Priesterseminare in theologische Fakultäten umgetauft. Damit und mit dem Aufkommen von Laientheologinnen und -theologen wurde die Ausbildung zu einem ausschließlichen Fach- bzw. Sach-Studium. Der Spiritual, der früher in den Priesterseminarien noch für die Schulung der Priesteramtskandidaten im geistlichen Leben verantwortlich war, wurde zu einer unbedeutenden Randfigur.

Diese Entwicklung mag zu einem großen Teil mit der rasanten Ausbreitung des positivistischen Menschenbildes bzw. Selbstverständnisses zusammenhängen, die ja erst in der zweiten Hälfte des 20. Jahrhunderts stattgefunden hat. So wurde denn nicht nur an den theologischen Fakultäten, sondern auch in der Katechese religiöse Erziehung weitgehend zu einer bloßen Belehrung über theologische Sachfragen.

All dies ändert jedoch nichts daran, dass die Theologie ihrem Wesen nach eine existenzielle Wissenschaft ist. Zudem bin ich der Meinung, dass sie ihre ursprüngliche Aufgabe – Hilfe für die cura animarum zu sein – wieder erfüllen kann, wenn sie es vollbringt, die Mutation des Bewusstseins nachzuvollziehen.

Konsequenzen

Wir haben, nach ausführlicher Darstellung der Tiefenpsychologie, den Vergleich zwischen dieser und der Theologie durchgeführt. Dabei sind wir auf neuartige Weise vorgegangen, indem wir untersuchten, inwiefern sich in diesen beiden Typen von Wissenschaft erkenntnistheoretische Voraussetzungen, Vorstellungen und Gedankengänge aus ganz unterschiedlichen Phasen der Bewusstseinsevolution manifestieren.

Nun leben aber heutige Theologen in unserer Zeit. Will die Theologie nicht zu einem lebenden Fossil werden und vor allem, will sie ihrer Grundfunktion – dem Dienst am Menschen, ihrer Funktion für die Seelsorge – weiterhin gerecht werden, kommt sie nicht darum herum, die Mutation des Bewusstseins nachzuvollziehen. Das kann sie aber nicht von sich aus. Sie ist nämlich keine freie Wissenschaft. Sie ist in die Kirche eingebunden und wird in dem, was sie äußert, von der kirchlichen Hierarchie beaufsichtigt. Besonders krass ist dies in der katholischen Kirche, wo Maßnahmen des Lehramts immer wieder in weiten Kreisen der Bevölkerung Empörung auslösen. Aber auch die Theologen der evangelischen Kirchen sind nicht frei. Abgesehen von geheimen Pressionen werden auch dort von Zeit zu Zeit Lehrzuchtverfahren durchgeführt. Es wird damit notwendig sein, dass auch die Kirchen die Mutation des Bewusstseins nachvollziehen. Kirchen sind nämlich sogenannte geistliche Gemeinschaften, d. h. Gemeinschaftsbildungen, die aus archaischer Weltsicht hervorgegangen sind, deren Selbstverständnis somit auf den hier ausführlich dargelegten archaischen Denkschemata beruht.

Um die Frage zu prüfen, worin für Kirchen der Nachvollzug der Bewusstseinsmutation bestünde, ist es somit nötig, sich über den archaischen Charakter geistlicher Gemeinschaften Rechenschaft zu geben. Dabei wollen wir uns auf die katholische Kirche beschränken, ist diese doch unter allen die archaischste. Heute lässt sich ja erkennen, dass die Reformation, aus der die übrigen Kirchen hervorgegangen sind, ein (wenigstens teilweise gelungener) Versuch war, sich vom archaischen Weltbild abzusetzen.

Konsequenzen für die Kirche

Geistliche Gemeinschaften sind Riten-Gemeinschaften. Als solche haben sie schon auf der Stufe der Stammesreligionen Gestalt angenommen. Ritengemeinschaften sind sie in einem zweifachen Sinn. Erstens besteht ihre Funktion darin, die „großen“ Riten (im Unterschied zu den individuellen) gemeinsam durchzuführen. Zweitens kommt die Mitgliedschaft zu einer solchen Gemeinschaft jeweils durch einen Ritus – einen sogenannten Initiationsritus – zustande.

Um zu erfassen, wodurch sich eine geistliche Gemeinschaft in ihrem Selbstverständnis von allen „weltlichen“ Gemeinschaften unterscheidet, müssen wir versuchen, uns in die Erlebensweise des archaischen Menschen hineinzuversetzen: in seine unerschütterliche Überzeugung, dass durch die Durchführung eines Ritus eine ontologische (seinsmäßige) Veränderung bewirkt wird

Was durch den Aufnahme- (Initiations-) Ritus in eine geistliche Gemeinschaft bewirkt „wird“, ist die Partizipation am geistlichen „Ahn“. Unter geistlichem Ahn verstehe ich die innerhalb der betreffenden Ritengemeinschaft verehrte Gottheit. Der Ausdruck „Ahn“ scheint mir geeignet, um den kategorialen Unterschied zu den nur auf blutsmäßigen Banden beruhenden Gemeinschaften wie Familie, Sippe, Stamm usw. zu erfassen.

In die Blutsgemeinschaft hinein wird der Mensch geboren: Er wird ihr zugehörig durch Abstammung von einem leiblichen Ahn, wobei auch die Abstammung – zumindest auf früharchaischer Stufe – als Partizipation (Teilhabe) verstanden wurde. Wir können diese Art von Partizipation als physische bezeichnen. Die Mitgliedschaft in einer geistlichen Gemeinschaft hingegen wird eine gewisse Zeit nach der Geburt „hergestellt“ bzw. „bewirkt“. Was nach archaischem Verständnis durch den Initiationsritus bewirkt wird, ist eine metaphysische Partizipation an der Gottheit. Die Initiierten „werden“ dadurch zu „Kindern Gottes“ bzw. – in ihrer Gesamtheit – zum „mystischen Leib“ der Gottheit.

Dass dies in der katholischen Kirche heute noch so gesehen wird, kann man in jeder beliebigen dogmatischen Ekklesiologie nachlesen. Dogmatische Ekklesiologien sind theologische Kirchentheorien. Sie sind die (archaischen) Analoga zu den (aus heutigem Selbstverständnis hervorgegangenen) Staatstheorien. Welche Gedankengänge dem Ausdruck „mystischer Leib“ der Gottheit zugrunde liegen, lässt sich sehr schön der mittelalterlichen Sakramententheologie entnehmen. Der Übergang des Christentums von den Völkern der Antike auf die damals noch recht primitiven Germanen hatte nämlich eine beträchtliche Rearchaisierung des Denkens zur Folge. Diese fand Ausdruck in einer massiven Zunahme des Sakramentalismus: von rituellen Bewirkungen verschiedenster Art. In dieses Gestrüpp suchten die Theologen Ordnung zu bringen. Dadurch wurde die Sakramentenlehre zur schöpferischen Eigenleistung der mittelalterlichen Theologie.

Bei dieser Sichtung wurde auch über das Wesen des Sakraments, sowohl über den sakramentalen Ritus als auch über das, was durch den Ritus „zustande kommt“, nachgedacht. Dabei stand natürlich die Eucharistie im Zentrum des Interesses. Man kam zur Ansicht, an dem durch einen Ritus Bewirkten sei zu unterscheiden zwischen dem „sichtbaren Zeichen“ (signum) und der im Zeichen verborgenen Sache (res). Als „sichtbares Zeichen“ sei zwar die Abendmahlsspeise ein Stücklein Brot und ein Quäntchen Wein und die Kirche eine Gruppe (getaufter) Menschen. In diesen „Zeichen“ verborgen sei jedoch als „Sache“, d. h. als „eigentlich wirkliche Wirklichkeit“ Christus, der wesensgleiche Sohn Gottes.

Um dies zu erläutern, entwickelten scholastische Theologen die sogenannte Dreileibtheorie. Nach dieser ist zu unterscheiden zwischen:

- erstens dem Leib Christi, der einst von der Jungfrau Maria geboren wurde und sich jetzt „in verklärtem Zustand“ im Himmel befindet,
- zweitens dem Leib Christi, der als Abendmahlsspeise im Eucharistie-Ritus täglich neu „geschaffen“ wird und
- drittens dem Leib Christi, den die Kirche als Gemeinschaft der an Christus Glaubenden – der dank dem an ihnen vollzogenen Tauf – Ritus an ihm Partizipierenden – bildet.

Nun begnügten sich die Scholastiker, die ja schon weitgehend objektivierend eingestellt waren, nicht damit, diese „Sachverhalte“ lediglich festzustellen. Sie dachten eingehend über das Problem nach, auf welche Weise der Leib Christi sich in den „sichtbaren Zeichen“ befinde. Erklären konnten sie dies natürlich nicht, da sie ja den archaischen Charakter ihrer Gedankengänge nicht durchschauen konnten. Das Ergebnis ihres Nachdenkens bestand lediglich in der Feststellung, Christus sei in den „sichtbaren Zeichen“ auf geheimnisvolle Weise (mystice) verborgen. Wenn dies auch keine Erklärung war, ergab sich daraus doch ein handlicher Terminus. Kirche und Abendmahlsspeise wurden je als mystischer Leib Christi bezeichnet. Dieser wurde von dem im Himmel befindlichen „verklärten“ Leib Christi unterschieden.[11]

Wenn nun in dogmatischen Ekklesiologien die katholische Kirche heute noch als mystischer Leib Christi bezeichnet wird, mag damit nach Ansicht der Autoren und auch vieler Gläubiger eine feststehende, nicht zu hinterfragende Tatsache benannt werden. Für uns jedoch, die wir den Bewusstseinswandel verfolgt haben, ist diese Aussage so zu betrachten wie (man verzeihe den Vergleich) die Aussage eines animistischen Medizinmannes, der voll Überzeugung behauptet, die Krankheiten, die durch das Trinken ungereinigten Flusswassers entstehen, würden durch böse Wassergeister bewirkt. Der Unterschied besteht nur darin, dass der Animist den archaischen Charakter seiner Aussage nicht durchschauen kann, ein heutiger Theologe jedoch dazu imstande wäre.

Nun tun ekklesiologische Theorien wenigstens nicht weh. Das, woran Kleriker sowie im kirchlichen Dienst stehende und auch „gewöhnliche" Laien konkret zu leiden haben, sind jedoch die Rechtsstrukturen, die aus dem in dogmatischen Ekklesiologien formulierten Selbstverständnis der Kirche hervorgewachsen sind. Betrachten wir hier nur das kirchliche Verfassungsrecht und von diesem vorerst nur dessen „weltliche" Seite. Der organisatorische Aufbau der katholischen Kirche war ja bis in jüngere Zeit am jeweils bestehenden zivilen Organisationsschema orientiert. In der Frühzeit war dies der sehr effiziente römische Verwaltungsapparat.

Aus diesem Grund hatte die Kirche nach dem Untergang des römischen Reiches gegenüber den jungen germanischen „Staaten" lange Zeit einen organisatorischen Vorsprung. Dann aber verlief die Entwicklung ihrer Herrschaftsstrukturen bis zur Französischen Revolution ungefähr parallel zu den „weltlichen". So, wie sich dort über Jahrhunderte hinweg ein Tauziehen zwischen Regionalfürsten und Zentralherrschern abspielte, fand in der Kirche ein solches zwischen Bischöfen und Päpsten – kirchenrechtlich formuliert, zwischen Episkopalismus und Papalismus bzw. Synodalismus und römischem Zentralismus – statt. Ebenso wie im weltlichen Bereich schließlich der Absolutismus als Sieger daraus hervorging, siegte in der römischen Kirche der Papalismus.

Während sich aber in den Staaten seit der Französischen Revolution teils die konstitutionelle Monarchie, teils die Demokratie durchsetzte, vermochte das Papsttum im Verlauf des 19. Jahrhunderts seine absolutistische Stellung noch auszubauen. Abgesegnet wurde diese vom 1. Vatikanischen Konzil. Im Vaticanum II wurde sie zwar mit der dogmatischen Konstitution über die Kirche (Lumen gentium) wieder abgemildert. Aber wegen der unjuridischen Sprechweise des Konzils wurde diese Abmilderung bei der nachkonziliaren Gesetzgebung in aller Heimlichkeit wieder rückgängig gemacht. In der im neuen, 1983 promulgierten Kodex festgeschriebenen Verfassung finden wir sogar die rechtliche Bedeutung des Konzils im Vergleich zum Kodex von 1917 noch weiter geschwächt, die Stellung des Papstes hingegen aufgewertet.[12]

Dieser Sachverhalt, der wohl den wenigsten bekannt ist, wird zudem noch verschleiert durch einige scheinbar demokratische Neuerungen, die das letzte Konzil eingeführt hat: durch die Bischofssynode, den Priesterrat und Pastoralrat sowie die Öffnung der bisher Klerikern vorbehaltenen Diözesansynode für Laien. Scheinbar demokratisch nenne ich diese Organe, weil sie erstens nur beratende Funktion haben, also nicht legislativ wirken können und zweitens dem jeweils Einladenden (dem Papst oder Bischof) großer Einfluss auf deren Zusammensetzung gegeben ist.

Kommen wir auf die abendländische Geschichte zurück. Gleichgültig, wie die innere Entwicklung im weltlichen und im kirchlichen Bereich vor sich ging, eines blieb sich gleich: immer lag die Macht in der Hand des Adels. Immer war das Volk der adligen Obrigkeit untenan. Sehen wir uns nun die Adelskaste näher an, erkennen wir einen kategorialen Unterschied zwischen weltlichen und geistlichen Herrschenden. Während nämlich der weltliche Adel ein Blut- oder Dienst-Adel war, war und ist der kirchliche ein Weihe-Adel. Mit anderen Worten: während der weltliche Adel sich durch leibliche Abstammung reproduzierte, reproduzierte und reproduziert sich der kirchliche über eine geistliche Erbfolge mittels eines Weihe-Ritus.

Für die Erhaltung der Herrschaft innerhalb der Kirche war dabei entscheidend, dass allein der Hochadel über die Erteilung der Weihe verfügte: dass die volle „potestas sacra" nur durch die Bischofs-Weihe „bewirkt" wurde. Auf diese Weise hielt der geistliche Hochadel seine Verfügungsgewalt über die Macht fest in der Hand. Indem die Bischöfe dann in Form der Priester – und Diakonats – Weihe die „heilige Gewalt" nach unten weitergaben, kreierten sie (und kreieren sie noch heute) einen geistlichen Kleinadel. Indem sie aber dabei die „heilige Gewalt" nur stark gemindert nach unten weitergeben, ist dafür gesorgt, dass sie diesen unter Kontrolle halten können. Andererseits bildet der geistliche Kleinadel das Reservoir, aus dem dann die Kandidaten für die Bischofsweihe – für die Ergänzung des Hochadels und damit für die Besetzung der frei gewordenen Schlüsselstellungen – ausgelesen werden. Die absolutistische Struktur der kirchlichen Verfassung kommt dabei übrigens darin zum Ausdruck, dass der (nach Kirchenrecht niemandem Rechenschaft schuldige) Papst entscheidet, wer zum Bischof geweiht wird.

Legitimiert wurde der Besitz der Macht in den Staaten des Ancien regime wie in der Kirche durch die (archaische) Theorie des Herrschertums von Gottes Gnaden. In der Kirche wurde diese noch durch die (historisch nicht haltbare) Subtheorie der apostolischen Sukzession ergänzt: durch eine Theorie, welche impliziert, der kirchliche Hochadel habe seine Macht direkt aus der Hand des inkarnierten Sohnes Gottes empfangen.

Die „potestas sacra" (auch potestas ecclesiastica genannt), die durch den Ritus der Bischofsweihe am Weihe-Empfänger „bewirkt" wird, enthält gemäß kanonistischer Tradition zwei Komponenten: die Hirtengewalt und die Weihegewalt. Die Hirtengewalt (potestas iurisdictionis) umfasst Legislative, Judicative und Executive. Eine Trennung dieser drei Gewalten, wie sie in den weltlichen Staaten zur Selbstverständlichkeit geworden ist, kennt das kirchliche Verfassungsrecht nicht. Die Weihegewalt besteht nach kirchlicher Vorstellung in (archaischer) Wirkmächtigkeit: in der Fähigkeit, alle katholischen Riten einschließlich derjenigen der Bischofs-, Priester- und Diakonatsweihe wirksam durchzuführen.

Mit dem Begriff „Hirtengewalt“ wird somit die „weltliche“ Seite der katholischen Kirche erfasst: das, was sie mit staatlichen Gebilden gemeinsam hat. Der Begriff „Weihegewalt“ hingegen umschreibt deren „geistliche“ Seite: das, wodurch sie sich von einem Staat unterscheidet.

Fassen wir noch einmal die „weltliche“ Seite ins Auge. Da sehen wir eine Herrschaftsstruktur mit einer klerikalen Obrigkeit und einem aus Laien bestehenden Untertanenvolk. Es ist dies die gleiche Struktur, wie sie in den Staaten des Ancien regime gegeben war. Schon in Hinblick auf diese „weltliche“ Seite ragt die katholische Kirche wie ein überlebendes Fossil aus längst vergangener Zeit in unsere heutige demokratische Landschaft herein. Wenn heute immer wieder eine Demokratisierung der Kirche gefordert wird, äußert sich darin das Unbehagen von Menschen, die in demokratischen Staaten leben, d. h. in Staaten, wo sie als mündige Bürger behandelt werden. Der mündige Bürger ist nicht nur gewohnt, dass er seine Regierung durch Wahl bestimmen und bei Unzufriedenheit mit ihr auch wieder abwählen kann. Er ist auch nicht nur gewohnt, in Sachfragen (wenigstens bis zu einem gewissen Grad) mitreden und mitbestimmen zu können. Er verträgt es vor allem nicht mehr, geistig bevormundet zu werden.

Gerade dies ist aber in der katholischen Kirche noch sehr der Fall. Das II. Vatikanische Konzil hat sogar bei der Umschreibung der sacra potestas neben der Hirten- und Weihegewalt, welche die kanonistische Tradition bis dahin unterschieden hat, noch die Lehrgewalt aufgezählt. Zwar hat es gleichzeitig den Ausdruck „potestas“ (Gewalt) durch „munus“ (Dienst, Amt) ersetzt. An der Tatsächlichkeit der Gewalt, die den Hierarchen durch die Bischofsweihe in die Hand gegeben wird, hat sich damit jedoch nichts geändert.

In den Abschnitten, in denen der neue Kodex die Lehrgewalt als Komponente der „heiligen Gewalt“ umschreibt, wird nämlich zweierlei ausgesagt. Erstens, Christus habe der Kirche ein Depositum fidei „anvertraut“: ein Vermächtnis des zu Glaubenden (im Sinne der fides quae creditur). Zweitens (und das ist das Folgenschwere!), Christus habe den Hierarchen die Macht gegeben, zu bestimmen, wie dieses Glaubensgut auszulegen ist.

Mündige Laien kümmern sich allerdings nicht um diese Verfassungsbestimmung. Die sogenannte innere Emigration von Kirchenangehörigen besteht ja gerade darin, dass diese sich auch in Bezug auf Glaubensinhalte ihre eigene Meinung bilden. Folgenschwer ist die Beanspruchung der Lehrgewalt durch die Hierarchie jedoch für jene, die im Dienst der Kirche stehen. Sie befinden sich nämlich – im Unterschied zu den „gewöhnlichen" Gläubigen – im harten Griff des Kirchenrechts. Wenn sie etwas äußern, das den Hierarchen missfällt, können diese sie, wie die Praxis zeigt, mit empfindlichen Sanktionen belegen.

Dass eine Demokratisierung der Kirche überfällig ist, steht außer Diskussion. Die Frage ist nur, wie dies geschehen könnte. Im weltlichen Bereich wurden die Anciens regimes durch blutige Revolutionen hinweggefegt. So etwas ist wohl im kirchlichen Bereich nicht denkbar. Allerdings hat hier – anders als im Staat – jeder die Möglichkeit, den Austritt zu erklären. Vielen Menschen bedeutet aber Kirche geistige Heimat, die sie nicht preisgeben können. Sorge für das Heil der Seelen ist ja die primäre Funktion der Kirche. Die kirchliche Rechtsordnung ist etwas Sekundäres. Sie ist lediglich dazu da, ein konfliktreduziertes Zusammenleben innerhalb der Gemeinschaft zu gewährleisten. Damit steht bzw. stünde auch sie im Dienst der kirchlichen Sorge für das Heil der Seelen.

Nun hat sich aber im Zug der Bewusstseinsmutation die Auffassung sowohl vom Heil als auch der Vermittlung von Heil verändert. Heil „war" der Mensch ja in der katholischen Kirche, wenn er im Besitz der heiligmachenden Gnade war, denn nur in diesem Zustand konnte er in die himmlische Herrlichkeit aufgenommen werden. Die Verfügungsgewalt über die Gnade lag (und liegt) aber nach katholischem Sakramentenrecht in der Hand des geweihten – des durch den Weihe-Ritus wirkungsmächtig gewordenen – Priesters. Dank seiner Wirkungsmächtigkeit kann er – im klerikalen Jargon ausgedrückt – den Hahn des Gnadenfasses aufdrehen, aber auch zudrehen. Aus diesem kirchlichen Selbstverständnis ging ja der Satz „außerhalb der (katholischen) Kirche kein Heil" hervor.

Was nun in Bezug auf die Demokratisierung der Kirche entscheidend ist: die Verfügungsgewalt über die Weihe – über die Verleihung von Wirkmächtigkeit – liegt, wie gezeigt, in der Hand des kirchlichen Hochadels: In der Hand von Bischöfen und Papst. In dieser „geistlichen" Seite der kirchlichen Machtstruktur liegt das eigentliche Hindernis für deren Demokratisierung und damit für die Befreiung der theologischen Wissenschaft aus der Bevormundung durch die kirchliche Obrigkeit.

Nun besteht aber dieses Hindernis nur so lange, wie der Glaube noch Bestand hat, durch den Vollzug eines Ritus werde eine ontologische (seinsmäßige) Veränderung bewirkt. Dass dieser Glaube integrierendes Element der archaischen (genauer gesagt, der früharchaischen) Weltsicht war, haben wir gesehen. Weil nun aber durch die Bewusstseinsmutation die archaische

Weltsicht überholt worden ist, ist diese Säule, auf der der Machtanspruch der kirchlichen Hierarchie bisher ruhte, zerbröckelt. Allerdings wird die Hierarchie ihre Macht noch so lange aufrechterhalten können, als man sich in kirchlichen Kreisen dieser Tatsache nicht bewusst geworden ist. Dass dieses Bewusstsein bis heute fehlt, ist daran erkennbar, dass in den vielen Diskussionen über Demokratisierung der Kirche sowie bei all den ungezählten Protesten gegen die Willkür von Hierarchen dieses entscheidende Argument (meines Wissens) noch nie ins Feld geführt worden ist.

Unterschwellig jedoch ist der Glaube an die Wirksamkeit rituellen Tuns durch den enantiodromischen Prozess, der sich im archaischen Block vollzogen hat, schon arg durchlöchert worden. Erkennbar ist dies am massiven Rückgang der Sakramentenfrömmigkeit, z. B. des Bedürfnisses nach Lossprechung von den Sünden durch einen Priester. Erkennbar wird dies auch, wenn man bedenkt, welch heiliger Schauder noch in den Fünfzigerjahren Gläubige befiel, wenn sie beim Aussetzen der geweihten Hostie in der Monstranz vor dem real präsenten Christus zu knien glaubten, und wie wenig heute noch davon vorhanden ist. Dass der Glaube an die Wirkmacht des Priesters schwindet, zeigt sich nicht nur darin, dass viele Theologen sich nicht mehr weihen lassen (auch wenn dies teilweise eine Folge des Pflichtzölibats ist), sondern auch darin, dass Laientheologen ihre geweihten Kollegen an einem Kongress öffentlich als Hokuspokus-Theologen bezeichnen. Man darf sich darüber nicht täuschen lassen durch die Forderung von Frauen, zur Weihe zugelassen zu werden. Hinter diesem Postulat sehe ich weniger das Verlangen nach dem Sakrament als nach der Möglichkeit, auch Chefin einer Pfarrei oder gar eines Bistums zu werden: Positionen erlangen zu können, die nach geltendem Kirchenrecht ausschließlich Geweihten vorbehalten sind. Jedenfalls berechtigt das offensichtliche Kollabieren des Sakramentalismus zur Hoffnung, dass über kurz oder lang auch das auf diesem sakramentalistischen Glauben beruhende Machtsystem kollabieren wird.

Wir sind bei unseren Überlegungen von der Tatsache ausgegangen, dass die Theologie eine unfreie Wissenschaft ist und dass sie die Bewusstseinsmutation nur dann nachvollziehen kann, wenn auch die Kirche dies tut. Nachdem wir nun gesehen haben, dass und wie Letzteres möglich ist, können wir uns wieder der Theologie zuwenden.

Konsequenzen für die Theologie

Welche Konsequenzen die Bewusstseinsmutation für die Theologie im Prinzip hat, dürfte aus dem bisher Gesagten längst hervorgegangen sein. Nun gilt es noch zu überlegen, wie auch hier der Nachvollzug des Bewusstseinswandels vor sich gehen müsste und auch, welche Zukunft dann Theologie noch hätte.

Gefordert ist bei diesem Nachvollzug in allererster Linie die Fundamentaltheologie, denn sie bestimmt das Meinungsklima der gesamten Theologie. Sie bestimmt das Denken der Theologen „vom Hinterkopf her" selbst dann, wenn dieses vordergründig – wie in den historischen Disziplinen – nach den Schemata des methodischen Positivismus vor sich geht.

Die Fundamentaltheologie befasst sich, wie der Name sagt, mit dem Fundament, auf dem die gesamte Theologie ruht: mit dem Begriff „Offenbarung". Nun bildet „Offenbarung" auch das erkenntnistheoretische Fundament der Tiefenpsychologie, doch stellt man sich dort – wie wohl jetzt sattsam bekannt – nicht wie in der Theologie vor, sie komme „vom Himmel herab", sondern aus dem unbewussten Bereich der Psyche. Dass die Theologie glaubt, Offenbarung komme „von oben", beruht, wie wir sahen, darauf, dass dieser Wissenschaftstyp aus der archaischen Apperzeption des innerlich Wahrgenommenen hervorgegangen ist: aus einer Phase der Bewusstseinsevolution, bei der die Projektion noch nicht durchschaut werden konnte.

Allerdings ist der Offenbarungsbegriff christlicher Theologie nicht einfach Ausdruck archaischer Apperzeption. Er ist ein auf Reflexion beruhender, auf einer Reflexion jedoch, die zu der Zeit geschah, als das Christentum entstand, die somit der damaligen Evolutionsstufe des Bewusstseins entsprach. Zu jener Zeit wurde das Fundament der christlichen Theologie sozusagen betoniert, indem zwei Ingredienzien in das schon vorhandene, zur archaischen Weltsicht gehörende Verständnis von Offenbarung hinein verarbeitet wurden.

Das eine Ingrediens kam von der griechischen Philosophie her. Dort hatte nämlich – nach der durch die Vorsokratiker versuchten „Aufklärung" – eine Rückkehr zur Offenbarungstheologie stattgefunden. Zirka sechshundert Jahre vor unserer Zeitrechnung hatten sich ja die Vorsokratiker vom mythischen Weltbild abgewendet, indem sie erklärten, sie wollten nicht mehr von den Göttergeschichten (mythoi) ausgehen, sondern von den „Dingen, die da sind" (ta onta). Sie bemühten sich, mit einer Art methodischem Positivismus das Sosein des Kosmos – das Geordnetsein „dieser" Welt – zu erfassen. Da sie aber sogleich nach der Erstursache dieses Geordnetseins fragten, wurde das Ergebnis ihres Denkens bald schon zu natürlicher Theologie.

Um das Geordnetsein in der Welt zu benennen, verwendeten die Vorsokratiker u. a. den Ausdruck „Logos".[13] Von Haus aus bedeutete „Logos" Wort im Sinn des gesprochenen Wortes, zugleich aber auch die mit dem Wort benannte Sache sowie das Vermögen, Worte zu formulieren. Im philosophischen Sprachgebrauch erhielt „Logos" dann die Bedeutung „Weltordnung". Um zu erkennen, inwiefern die natürliche Theologie der Vorsokratiker schon den Keim zum Rückfall in eine Offenbarungstheologie in sich trug, ist noch eine Gruppe von Begriffen vorsokratischer Philosophie ins Auge zu fassen: die Ausdrücke „Nus" (Vernunft) „Noema" (Erkenntnis) und „noein" (erkennen, denken). „Denken" hatte nämlich für jene Griechen nicht die gleiche Bedeutung wie für uns. Da bei ihnen noch ein beträchtlicher Grad von Partizipationserleben vorhanden war, waren sie der Meinung, der Kosmos denke. Dies hatte den Glauben zur Folge, das Denken des Menschen komme durch Teilhabe (Partizipation) am Denken des Kosmos zustande. Deshalb bedeutete „Logos" für die Vorsokratiker nicht nur Weltordnung, sondern auch „denkende Instanz im Kosmos". (Man beachte in diesem Zusammenhang die Vorstellung der New-Age-Theoretiker von einem kosmischen Bewusstsein!).

Mit Sokrates fand dann eine Wende von der Grundlagenphilosophie zur Lebensphilosophie statt. Hatten die Vorsokratiker noch eine ausgesprochen objektivierende Haltung eingenommen, indem sie zu erkennen versuchten, was „die Welt im Innersten zusammenhält), betonte Sokrates, die Grundhaltung des Philosophen müsse eine existenzielle sein: das Ziel philosophischen Strebens bestehe darin, die Normen für das sittliche Handeln zu erkennen.

Im Zug der nun einsetzenden Annäherung der nachklassischen griechischen Philosophie an die Religion wurde „Logos" bei den Stoikern zu einem eigenen Gottesnamen („Logos spermatikos"). Während aber der Gott der Stoa ein immanenter Gott blieb, entwickelten die Nachfolger Platos den Begriff des transzendenten Gottes. Aus den gleichen Überlegungen wie einst die Ägypter postulierten nun auch die Platoniker Mittler zwischen diesem transzendenten Gott und den Menschen: den Demiurgen, dem sie die Schöpfung zuschrieben und den Nus, dem die Aufgabe zukam, den Menschen die „Ratschläge" des transzendenten Gottes zu offenbaren. Diese beiden Mittler gingen dann im Raum des hellenistischen Synkretismus unter dem Namen „Logos" schließlich in den christlichen Mythos ein.

Das aufgeklärte griechische Denken war aber nicht einfach unbemerkt ins archaische Schema zurückgeglitten. Dass die Platoniker nun doch wieder auf Offenbarung zurückkamen, beruhte darauf, dass bei ihnen eine erkenntnistheoretische Besinnung stattgefunden hatte. Diese Erkenntniskritik – wohl die Erste auf unserem Evolutionszweig und auch die letzte echte vor Kant – setzte im ersten Jahrhundert vor Christus ein. Sie führte zur Einsicht, dass es dem Menschen nicht möglich sei, aus eigenen Kräften etwas Gültiges über Gott auszusagen: Zu einem Wissen über Gott und vor allem über den Willen Gottes gelange der Mensch nur durch Offenbarung.

Die praktische Konsequenz der Einsicht in das Unvermögen menschlichen Erkennens war, dass viele Philosophen sich auf die Suche begaben nach geistigen Strömungen, die Offenbarung anzubieten hatten. Die einen glaubten, solche bei Dichtern, vor allem bei Homer, zu finden, andere bei der von Gedanken Zarathustras beeinflussten gnostischen „Religion", ferner beim Judentum und bei der eben aus dem Judentum hervorwachsenden christlichen Bewegung. Das kleine Grüpplein hellenistischer Schulphilosophen, das göttliche Offenbarung bei den Christen zu finden glaubte, ist dann unter dem Namen griechische Apologeten in die Geschichte des Christentums eingegangen. Sie verwendeten ihren ganzen Eifer darauf, der heidnischen Welt zu beweisen, dass das Christentum echte göttliche Offenbarung und damit „höchste Philosophie" sei und dass es deshalb hoch über allen anderen Religionen stehe. Als Rüstzeug zur Bewältigung ihrer Aufgabe brachten sie die ausgefeilte Terminologie und Argumentationsweise mit, welche griechische Philosophen damals in der Schule erlernten und im Kampf gegen andere Philosophenschulen sowie gegen die Verwilderung der Volksreligion verwendeten. Zu diesem Rüstzeug gehörte auch die abschätzende Bedeutung des Ausdrucks „Mythos", die sich dann in der christlichen Theologie bis in unsere Tage erhalten hat.

Bei ihrer Argumentation hatten die griechischen Apologeten – als zweites Ingrediens zum christlichen Offenbarungsbegriff – noch einen gewaltigen Trumpf in der Hand: die Tatsache, dass der christliche Mythos ein historisierter Mythos war. Indem die Christen glaubten, Jesus von Nazareth sei der inkarnierte Sohn Gottes gewesen, „besaßen" sie eine Offenbarung ganz besonderer Güte.

So, wie durch die Verbindung von Kies, Zement und Wasser die Beton-Fundamente unserer Hochhäuser entstehen, entstand durch die Verbindung der bei archaischer Weltsicht unreflektiert vorausgesetzten Möglichkeit von Offenbarung, der durch griechische „Erkenntniskritik" erwiesenen Notwendigkeit von Offenbarung und der durch die Historisierung des christlichen Mythos gegebenen „Offenbarung erster Güte" ein betoniertes Fundament für die christliche Theologie. Dieses überstand unbeschadet nahezu zwei Jahrtausende. Es war so fest betoniert, dass Theologen bis in die Spätzeit der abendländischen Aufklärung keine Offenbarungstraktate mehr schrieben, während sie über jedes Element des christlichen Mythos ungezählte Traktate verfassten und auf diese Weise ein hochragendes dogmatisches Gebäude errichteten.

Als schließlich mit dem Aufkommen positivistischer Wissenschaften und der dadurch bewirkten Entmythisierung die Möglichkeit übernatürlicher Offenbarung infrage gestellt wurde, führte dies in der Theologie nicht etwa zu einer Besinnung über die Grundlagen ihres Denkens, sondern zu einer militanten Apologetik. Aus der dickwandigen kirchlichen Festung heraus wurde der „Feind des Glaubens“ aus vielen Rohren beschossen. Als dann schließlich im 20. Jahrhundert – im Zug der Enantiodromie im positivistischen Block – die Angriffe der „Feinde“ nachließen, zogen sich die Apologeten ins Innere der Festung zurück. In diesem geschlossenen, von den Vorgängen in der geistigen Außenwelt abgeschirmten Raum verwandelte sich die nun nicht mehr geforderte Apologetik in Fundamentaltheologie. Diese fragte jedoch nicht, ob die bisherige Vorstellung vom Offenbarungsvorgang noch gültig sei. Solchem Fragen wirkte schon der Mythos vom goldenen Zeitalter entgegen, denn von diesem her betrachtet, befinden sich die „Modernen“, die sich ja „nur“ auf Empirie stützen, ohnehin im Irrtum. Dazu kommt, dass die Theologie die anthropische Wende, die in der geistigen „Außenwelt“ stattgefunden hat, nicht zur Kenntnis nahm. So entging ihr denn auch, dass im Zug dieser Wende der Empiriebegriff erweitert und dabei die Vorstellung vom Offenbarungsvorgang um 180 Grad gedreht worden ist. Noch immer geht das Denken der Theologen von den „Dingen, die da sind“ aus. Zwar sind es metaphysische „Dinge“: metaphysische Personen wie Christus und metaphysische Fakten wie die Erlösung durch Christi Kreuzestod. Aber diese werden einfach als Gegebenheiten vorausgesetzt: als feststehende Gegebenheiten, die nicht angezweifelt werden dürfen, weil Gott sie offenbart „hat“.

So schreiben denn Fundamentaltheologen vielbändige Werke, in denen sie mit großer Akribie ausführen, wann und wo, in welcher Gestalt, mit welchen Worten und Zeichen Gott sich den seinen offenbart hat. Allerdings scheinen auch sie wenigstens subliminal etwas vom enantiodromischen Prozess im archaischen Block gefühlt zu haben. Dies führte aber nur dazu, dass sie den schlichten Ausdruck „übernatürliche Offenbarung“ durch allerhand Wortschaum umhüllen. So sagen sie jetzt z. B., die Jünger hätten in Jesus Gott erfahren oder – mit Blick auf die historisch-kritische Forschung – die in der Bibel aufgezeichneten Empfänger von Offenbarung hätten eben mit menschlichen Ausdrücken geschildert, wie ihnen Gott begegnet ist. Auf die seit der Entdeckung des Unbewussten einzig wichtige Frage gingen sie jedoch bis heute nicht ein: auf die Frage, inwiefern sich die Auffassung des Offenbarungsvorgangs durch die Mutation des Bewusstseins gewandelt hat.

Gerade dazu wären aber Fundamentaltheologen – im Interesse der Gläubigen, in deren Dienst sie stehen – verpflichtet gewesen. Wie gesagt, folgt nämlich das Denken in allen theologischen Einzeldisziplinen – in Exegese, Dogmatik, Moral- und Pastoraltheologie, ja selbst in den historischen Disziplinen – den Geleisen, welche die Fundamentaltheologie legt, und was in den theologischen Einzeldisziplinen gedacht wird, fließt in Predigt und Katechese ein.

Würden die Fundamentaltheologen auf die Frage eingehen, wie der Offenbarungsvorgang heute gesehen wird und auch weshalb man ihn heute anders sieht als in archaischer Zeit, müssten sie nicht einmal forschen. Sie müssten sich nur ins Bild setzen über die Ergebnisse der tiefenpsychologischen Forschung. Ferner müssten sie sich in den Verlauf der Bewusstseinsmutation vertiefen.

Was aber wird aus der Theologie werden, wenn sie den Wandel des Bewusstseins nachvollzogen hat? Wird sie noch weiterbestehen können? Gewiss, jedoch nicht in ihrer bisherigen Gestalt. Nach dem Hereinklappen der metaphysischen Welt wird sie auf jeden Fall ihren Anspruch aufgeben müssen, Interpretin des Wortes Gottes zu sein. Sie wird sich einfügen müssen in die heutige, auf den erweiterten Empiriebegriff sich stützende Humanwissenschaft. Dafür könnte sie aber ihre Funktion als existenzielle Wissenschaft wieder voll und ganz zurückgewinnen. Befreit von den Fesseln einer überholten Weltsicht könnte sie in den Dienst einer kirchlichen Seelsorge treten, die der Verstehensweise des heutigen Menschen entspricht.

Für die einzelnen Bereiche der theologischen Wissenschaft wird sich der Nachvollzug der Bewusstseinsmutation unterschiedlich auswirken. Die Fundamentaltheologie wird sich nach der Überwindung der archaischen Weltsicht auflösen. Ihren bisherigen Platz als Fundamentalwissenschaft wird die Tiefenpsychologie einnehmen, denn sie ist die Wissenschaft vom Offenbarungsvorgang, die der heutigen Evolutionsebene des Bewusstseins entspricht. Es ist dies kein Postulat. Es wird sich einfach die Einsicht durchsetzen, dass zum Fachwissen eines auf der Höhe der Zeit stehenden Theologen die Kenntnis der Tiefenpsychologie gehört und zwar ihres theoretischen wie ihres hermeneutischen Zweigs.

Die Kenntnis der tiefenpsychologischen Hermeneutik wird deshalb unumgänglich sein, weil die Exegese – im Unterschied zur Fundamentaltheologie – weiterhin bestehen wird. Durch die Entdeckung der Sprache des Unbewussten und das damit verbundene neuartige Verständnis des Mythos wurde ja den biblischen Exegeten ein weites Forschungsfeld erschlossen. Der Bedeutungsgehalt der Bibel ist so unerschöpflich, dass Generationen von Exegeten bei seiner Erschließung in Lohn und Brot gehalten werden. Erstens muss nicht nur der „große" Mythos dem Verständnis des heutigen Menschen erschlossen werden. Auch die historischen Mythen der Bibel – die Paradiesgeschichte, die Geschichte von Kain und Abel, vom Turmbau zu Babel, von Noah und der Sintflut usw. – sind sinnträchtige Gestaltungen des Unbewussten, die dem heutigen, existenziell desorientierten und seelisch ausgehungerten Menschen enorm viel Lebenshilfe geben können. Sogar die naturerklärenden Mythen der Bibel haben einen sinnträchtigen Aspekt. So zeigt z. B. der „Schöpfungsbericht" – ebenso wie alle Schöpfungsmythen – sehr schön, worum es bei der Bewusstwerdung geht. Dazu kommt zweitens, dass Symbole nie ganz ausgeschöpft sind. Immer wieder enthüllen sie dem Suchenden neue Aspekte. Damit ein Exeget diese Arbeit leisten kann, muss er allerdings die mühsame Aufgabe auf sich nehmen, die Bildersprache des Unbewussten zu erlernen.

Auch die Moraltheologie wird im Rahmen einer gewandelten Theologie weiterhin ihren Platz haben, ist doch die Theologie eine existenzielle Wissenschaft. Zudem setzt sich immer mehr die Einsicht durch, dass positivistische Wissenschaften über das Sollen nichts aussagen können. Allerdings wird das Denken in der gewandelten Moraltheologie davon ausgehen müssen, dass im Zug der Bewusstseinsmutation auch die Vorstellung von der Herkunft ethischer Normen um 180 Grad gedreht worden ist. Damit wird sie aber von den Fesseln befreit sein, die ihr die archaische Weltsicht anlegte. Wird die Moraltheologie davon ausgehen, dass ethische Normen durch einen Optimierungsprozess zwischen Ich und Selbst zustande kommen, dass aber das Ich der Evolution unterliegt, kann sie die längst fällige Adaptation der Ethik an den heutigen Stand der Bewusstseinsevolution in Angriff nehmen. Der heutige Mensch ist ja mit vielen Problemen konfrontiert, die zu der Zeit, als die Bibel geschrieben wurde, noch nicht vorhanden waren, auf die infolgedessen aus den biblischen Texten keine Antwort herausgelesen werden kann. Allerdings würde dies erfordern, dass auch die Theologen wieder lernen, auf die innere Stimme zu hören. Darauf werden wir im nächsten Kapitel zurückkommen.

Die historischen Disziplinen der Theologie werden zu dem werden, was sie de facto schon sind: zu Christianistik, zu einem religionswissenschaftlichen Forschungsgebiet analog der Judaistik, Islamistik usw. Allerdings wird dann auch eine Entwicklung nachvollzogen werden, die in den außertheologischen Religionswissenschaften schon stattgefunden hat. Dadurch werden theologische Religionswissenschaftler profitieren, indem sie vom Zwang befreit werden, gleichzeitig auf zwei Hochzeiten zu tanzen. Theologie im traditionellen Sinn und Religionswissenschaft verhalten sich nämlich zueinander – sofern sie sich mit der christlichen Religion befassen-, wie Feuer und Wasser. Die Theologie geht davon aus, dass die Glaubensinhalte ihrer Religion physisch wahr sind. Religionswissenschaft hingegen erforscht Religionen wertfrei bzw. undogmatisch: als historisch gewachsene soziokulturelle Gebilde. Für sie sind alle Religionen gleichwertig, denn Religionswissenschaft ist ein Abkömmling des empirischen Wissenschaftstyps.

Im theologischen Raum hat sich Religionswissenschaft zunächst entfaltet im Rahmen der Missionstheologie. Missionare hatten ja ausgiebig Gelegenheit, Feldforschung bei „Primitiven" zu betreiben. Für sie hatte allerdings die Erforschung der primitiven Religionen vor allem den Zweck, Einstiegsmöglichkeiten für die Christianisierung der „armen Heiden" ausfindig zu machen. Im Zug der historisch-kritischen Bibelforschung entwickelten sich dann viele Alttestamentier zu Religionswissenschaftlern. Die undogmatische Haltung galt für sie allerdings nur soweit, als sie sich mit den altorientalischen Religionen befassten. Sobald jedoch die Rede auf den jüdischen oder gar christlichen Gott kommt, hört, wie ich oft erlebt habe, die undogmatische Einstellung auf. Da wird jeweils blitzschnell auf theologische Sicht umgeschaltet. Auch mit den sogenannten Weltreligionen haben sich christliche Theologen viel befasst. So gab es unter ihnen ausgezeichnete Kenner des Islams, des Hinduismus und Buddhismus. Nachdem aber in jüngerer Zeit das „Gespräch zwischen den Religionen" Mode geworden ist, bekommen christliche Theologen die Unvereinbarkeit von theologischer und religionswissenschaftlicher Haltung zu spüren. Da gehen nämlich auch die anderen Theologen davon aus, dass ihre Religion die wahre ist. Immerhin dürfte dieses Gespräch mit lebenden Vertretern anderer Hochreligionen den Boden auflockern für die Einsicht, dass alle im Grunde genommen das Gleiche wollen und dass die Wahrheit verschiedene Gesichter hat. Dies dürfte synergistisch wirken mit der Enantiodromie innerhalb des christlichen Blocks. Es dürfte Anlass dazu werden, nun endlich die Bewusstseinsmutation nachzuvollziehen: sich einzugestehen, dass auch die christlichen Glaubenswahrheiten nicht physisch wahr sind, sondern psychisch.

Positivistische Religionswissenschaft hatte allerdings noch keinen Zugang zum Wesen des Religiösen. Durch die Entdeckung des arteigenen Unbewussten – den Durchbruch zur zweiten Phase der Bewusstseinsmutation (Abb. 6, S. 147) – wurde jedoch, wie gezeigt, nach der areligiösen positivistischen Phase die religiöse Dimension wieder erschlossen. Sie wurde aber nicht nur dem Einzelnen, um existenzielle Einstellung ringenden Menschen erschlossen, sondern auch der wissenschaftlichen Betrachtung von Religion.

Nun lässt sich erkennen, dass alle Religionen – deren Vorstellungen, deren Verhaltensmuster sowie deren Selbstverständnis als Gemeinschaft – aus der archaischen Weltsicht hervorgegangen sind. Ferner lässt sich erkennen, dass die Unterschiede zwischen den Religionen – abgesehen von deren Evolutionshöhe – nur darauf beruhen, dass das Unbewusste die gleichen Inhalte durch unterschiedliche Bilder veranschaulicht. Schließlich wurde erkennbar, dass alle Gottesvorstellungen aus numinosem Erleben des Selbst hervorgegangen sind und dass es sich beim zentralen Anliegen aller Religionen – beim Bemühen, zu einem Gott, den Göttern oder dem Göttlichen gefälligen Leben behilflich zu sein – um etwas im arteigenen Programm psychischer Entwicklung Angelegtes handelt: um das Bemühen, die Intentionen des Ich mit denen des Selbst zu optimieren.

Durch die Entdeckung des arteigenen Unbewussten ist somit nicht nur das Dilemma zwischen Wissen und Glauben überwunden worden, sondern auch das zwischen Theologie und positivistischer Religionswissenschaft. Würde die Theologie die Bewusstseinsmutation nachvollziehen, ihre Vertreter könnten auf ganz andere Weise als bisher Christianistik treiben: sie würden von dem Widerspruch befreit, den sie als Theologen und positivistische Christentumsforscher bisher in sich trugen und der sie zu faktischer Unwahrhaftigkeit zwang.

Konsequenzen für die Seelsorge

Kirche und Theologie sind sekundäre Erscheinungen. Sie sind hervorgegangen aus dem Bedürfnis einzelner Menschen nach Seelenheil: aus dem Bedürfnis, in Gemeinschaft mit anderen Menschen den „Weg des Heils" zu gehen sowie Hilfe bei diesem Bemühen zu bekommen. Den Menschen Hilfe zu geben beim Bemühen um Seelenheil ist (besser gesagt: wäre) auch heute noch die primäre Funktion von Kirche und Theologie.

Nun hat sich aber im Zug der Bewusstseinsmutation die Vorstellung von Heil gewandelt. Durch das Hereinklappen der metaphysischen Welt ist die Vorstellung von der Quelle des Heils und damit des Weges zum Heil um 180 Grad gedreht worden. Heil kommt für den heutigen Menschen nicht mehr vom Himmel herab, sondern aus den Tiefen der Seele.

In archaischer Terminologie wird diese neue Auffassung anthropozentrisch genannt und – im Sinn des Mythos vom goldenen Zeitalter – als Abfall von der (richtigen) theozentrischen verstanden. Verglichen mit der archaischen ist die neue Auffassung zwar tatsächlich anthropozentrisch, aber nach dem

Gesagten dürfte klar sein, dass das, was man in archaischer Zeit Anthropos (Mensch) nannte, heute als Ich bezeichnet wird. Durch die Bewusstseinsmutation ist eben, wie so viele archaische Unterscheidungen, auch die zwischen theozentrisch und anthropozentrisch hinfällig geworden. Es sei aber, bei dem Drang von Theologen, an archaischen Unterscheidungen festzuhalten, zu allem Überdruss noch einmal betont, dass das neue Menschenbild ebenso wie das archaische – und im Unterschied zum positivistischen – bipolar ist (Abb. 7); ferner, dass der Begriff „Selbst" aus der Beobachtung hervorgegangen ist, dass das Ich vom Unbewussten her auf souveräne Art geleitet, gefördert und auf Fehlverhalten aufmerksam gemacht wird. Betont sei schließlich noch einmal, dass das Selbst zur objektiven Wirklichkeit gehört und vom Ich als numinose Führungsinstanz erlebt wird.

Was man in der archaischen Tradition „Begehen des Weges zu Gott" nannte, heißt beim neuen Selbstverständnis psychische Individuation. Ziel des „Weges der Seele zu Gott" war es, zum wahren Glauben zu kommen bzw. aus dem Glauben heraus zu leben. Dies ist, wie wir sahen, auch das Ziel der Individuation und zwar nicht arbiträr bestimmtes und postuliertes Ziel. Es hat sich, wie gesagt, erwiesen, dass dieses Ziel mit dem „arteigenen Programm" dem Menschen „eingegeben" ist.

Nun wird aber „Glauben" infolge des Hereinklappens der metaphysischen Welt nicht mehr gleich verstanden wie in der archaischen Weltsicht. Der Kern ist zwar gleich geblieben, die Schale ist jedoch abgefallen. Halten wir uns noch einmal die fundamentale theologische Unterscheidung zwischen Glauben an etwas und Glauben als seelische Haltung (zwischen fides quae creditur und fides qua creditur) vor Augen. Durch die Entkonkretisierung des innerlich Wahrgenommenen ist Glauben an metaphysische Wesen und deren Heilstaten hinfällig geworden. Glauben als Glaubenshaltung – im Sinn der christlichen Trias „Glauben, Hoffen, Lieben" – hat sich jedoch als „naturgegebenes" Ziel psychischer Reifung erwiesen.

Nun waren aber in der christlichen Religion – wie in allen anderen Religionen – Glauben an etwas und Glaubenshaltung unabdingbar aneinander gekoppelt. Man kann sogar sagen, für die Mehrzahl der christlichen Gläubigen habe sich der Schwerpunkt innerhalb dieses Begriffspaares so verschoben, dass Glauben gleichbedeutend war mit Glauben an die im Credo aufgezählten metaphysischen Personen und Heilstatsachen.

Zudem wurden die Ausdrücke „Glauben" und „religiös sein" synonym verwendet, sodass jemand, der nicht an die Glaubensinhalte der christlichen Religion glaubte, als unreligiös galt. Nachdem aber nun durch den Übergang vom konkretistischen zum bildsprachlichen Verständnis der Gestaltungen des

Unbewussten die dides quae creditur hinfällig geworden ist, ist Religiosität ohne Religion möglich und legitim geworden: kann der heutige Mensch auch außerhalb der christlichen oder irgendeiner anderen Religion lebend zu religiöser Haltung im vollen Sinn des Wortes gelangen. Wie dies geschehen kann, habe ich in einem früheren Buch ausführlich dargestellt.[14]

Viele Menschen wollen aber in der christlichen Religion verbleiben und für solche wurde dieses Buch geschrieben. Zwar gibt es unter ihnen – bezüglich der Bewusstseinslage – ein breites Spektrum: von den nach rückwärts gewandten Fundamentalisten bis zu den Avantgardisten, d. h. bis zu denen, die sich um Nachvollzug der Bewusstseinsmutation im Rahmen des Christlichen bemühen. Natürlich gilt das hier Gesagte nur für die Letzteren. Einen Menschen, der sich im archaischen Weltbild noch aufgehoben fühlt, soll man in Ruhe lassen. Die Zahl derer, die sich darin nicht mehr aufgehoben fühlen und an dieser Situation leiden, ist jedoch groß und nimmt ständig zu. Sie finden sich an der kirchlichen Basis und bilden die Gruppe, von der auch der Druck zur Umformung der christlichen Religion – des kirchlichen „Apparats“ und der theologischen Wissenschaft – ausgeht.

Dass diese Menschen daran sind, die Bewusstseinsmutation zu vollziehen, zeigt sich darin, dass es ihnen in erster Linie um das Christsein – um den Vollzug der „Botschaft Jesu“ – geht, dass sie aber an der „Botschaft über Jesus“, d. h. am konkretistisch verstandenen christlichen Mythos kaum mehr Interesse haben.

Welche Konsequenzen hat das für die Seelsorge? Ich sehe vor allem deren zwei: erstens das Abrücken von zwei Verhaltensweisen, die aus den überholten Arten des Weltverstehens hervorgegangen sind (vom Sakramentalismus und von der Belehrung), zweitens das Zurückgreifen auf eine Praxis, die im früheren Christentum zu hoher Blüte gebracht, dann aber vernachlässigt worden ist: auf die „Kunst“ der Spiritualität.

Dass der Sakramentalismus zu den überholten Verhaltensweisen gehört, dürfte klar sein. Dass er schon am Absterben ist, wurde erwähnt. Am Absterben ist jedoch nur der archaisch verstandene Ritus. Als Rituale verstanden, haben gewisse sakramentale Riten durchaus noch einen Sinn. Mit zunehmendem Verständnis für die Bildersprache des Unbewussten und damit des Symbols sprechen sie den „neuen Menschen“ sogar in zunehmendem Maße an. Man sieht dies an der „katholisierenden Tendenz“ vieler progressiven Protestanten.

Betont sei an dieser Stelle ausdrücklich, dass das Abrücken vom archaischen Ritenverständnis nicht Abrücken vom Gebet bedeutet. Im Unterschied zum Ritus – zum akausalen Bewirken durch Dramatisierung des wörtlich verstandenen Mythos – hat das Beten auch nach erfolgter Mutation des Bewusstseins noch seinen Sinn. Zwar wurde auch die Vorstellung, zu wem man betet, um 180 Grad gedreht. Wurde Beten bei archaischer Weitsicht als Sprechen der Seele zu Gott verstanden, versteht man es heute als Sprechen des Ich zum Selbst. Dass dies sinnvoll ist, dürfte verständlich werden, wenn man sich Rechenschaft gibt über den Informationsfluss zwischen Unbewusstem und Bewusstsein (Abb. 3, S. 35). Dass es wirksam ist, zeigt die tiefenpsychologische Praxis. Wer den Bewusstseinswandel bewusst vollzogen hat, kann sogar überlieferte kirchliche Gebetstexte verwenden. Er kann diese ja („im Hinterkopf)) aus der archaischen in die neue Weltsicht übersetzen.

Kommen wir auf die überholten Verhaltensweisen zurück: Überholt, jedoch noch gar nicht am Absterben ist die Tendenz zur Belehrung. Das Belehren in dem Ausmaß, in dem es heute in den Kirchen betrieben wird, ist, wie gesagt, ein Erbe der Aufklärung: des naiven Glaubens, der Mensch müsse über das Richtige nur belehrt werden, dann könne er es auch tun. Aber nicht nur um das Richtige geht es bei der kirchlichen Belehrung. Diese besteht heute weitgehend in der Vermittlung von Wissen im Sinne des Sachwissens: in der Vermittlung von theologischem „Sachwissen“ über „Glaubenswahrheiten“ und religionswissenschaftlichem Sachwissen über andere Religionen. So wertvoll dies an sich sein mag, hilft es kaum weiter beim Bemühen um das Christsein“. Es ist keine Seelsorge im Sinn existenzieller Schulung.

Kirchliche Seelsorge hat gewiss viele Facetten. Insbesondere hat sie – und hatte sie schon immer – eine handfeste soziale Komponente. Um diese geht es aber hier nicht. Hier geht es vor allem darum zu erkennen, welche „Botschaft“ die Tiefenpsychologie – als existenzielle Wissenschaft, die aus der Mutation des Bewusstseins hervorgegangen ist – der kirchlichen Seelsorge bringen kann. Es ist, kurz gesagt, die Empfehlung, sich zurückzubesinnen auf das, was man in der Kirche früher unter dem Begriff „Pflege des geistlichen Lebens“ verstanden hat. Es geht darum, sich zurückzubesinnen auf das reiche Erfahrungswissen (im Sinne des Know-how) über seelische Reifung, das die christlichen Schulen der Spiritualität einst erarbeitet haben. Beim Bemühen um das Christsein – bei der „Nach folge Jesu aus heutigem Verständnis“ – geht es nämlich um das, was man in der Tiefenpsychologie Individuation nennt.

Hier ist aber gleich einem immer wieder vorgebrachten Missverständnis zu begegnen: dem Missverständnis, man wolle damit sagen, kirchliche Seelsorge solle zu Psychotherapie werden. Bei der Begleitung von Individuationsprozessen geht es eben gerade nicht um Psychotherapie, sondern um Psychagogik: nicht um Heilung psychischer Störungen, sondern um Hilfe bei psychischer Reifung und zwar bei jener „artgemäßen“ Art von Bemühen um psychische

Reifung, bei der man danach strebt, die Tendenzen des Ich mit denen des Selbst zu optimieren.

Allerdings wird kirchliche Seelsorge heute auch Therapie anbieten müssen. Erstens Therapie der so weit verbreiteten ekklesiogenen Neurosen: jener Angstzustände und Gewissensnöte, die durch eine rückständige kirchliche Moral verursacht wird bei Menschen, die in unserer Zeit leben. Die Behandlung von Menschen, die durch die Kirche geschädigt sind, gehört m. E. in die Hand von Theologen mit psychotherapeutischer Ausbildung. Allerdings müssen dies Theologen sein, die die Mutation des Bewusstseins vollzogen haben. Ein Therapeut, der selber noch Archaiker ist, kann solchen Menschen nicht helfen.

Eine weitere Art von Therapie, die auch in den kirchlichen Raum gehört (als Vorbereitung für eine zeitgemäße Pflege des geistlichen Lebens), ist die gegen die so weit verbreitete Entfremdung von der Natur und vom eigenen Körper. Hierfür eignen sich viele Praktiken aus der spirituellen Tradition anderer Religionen: Praktiken, wie sie in reichem Ausmaß in der New-Age-Bewegung gepflegt werden. Aber auch hierfür braucht es Leiter, welche die Bewusstseinsmutation vollzogen haben, denn nur solche können unterscheiden zwischen den hilfreichen Praktiken und den die Bewusstwerdung hindernden mythischen Theorien, in die diese Praktiken meistens eingepackt sind (Seelenwanderungsglauben, Partizipation des Atman an Brahman usw.).

Für die Pflege des geistlichen Lebens wird auch der Ausdruck „Spiritualität" gebraucht. In New-Age-Kreisen hat dieses Wort geradezu eine Inflation erfahren. Bei vielen Menschen hat sich dagegen aber auch schon eine Aversion entwickelt. Es wird unterschoben, es handle sich dabei um etwas von der Realität Abgehobenes, um eine Nabelschau oder ein Schweben in den Wolken, zudem um etwas, das nur für eine finanziell unabhängige Elite praktikabel sei. Lauter Vorurteile. Für C. G. Jung galt ein Mensch nur dann als individuiert, wenn er mit dem täglichen Leben – mit der Situation, in die er sich durch die Verstrickung seines Lebens gestellt sah – zurechtkam. Alles Sich-Einspinnen in eine abgehobene Welt von Symbolen galt Jung als Flucht. Das wird oft übersehen, wenn man nur seine Publikationen liest, denn in diesen geht es fast ausschließlich um den Bedeutungsgehalt von Gestaltungen des Unbewussten, kaum je aber um die handfeste Praxis.

Elitär ist psychische Individuation gewiss nicht, wurde doch erkannt, dass es sich dabei um die Verwirklichung jenes „Programms" seelischer Entwicklung handelt, das jedem Menschen mit dem Erbgut „eingegeben" ist. Natürlich gibt es unterschiedliche Grade, sich damit zu befassen, wie es auch bei der Schulbildung verschiedene Grade gibt. Auch bei Letzterer begnügen sich viele

Menschen damit, die Grundschule zu absolvieren und kommen dann mit unserer technischen Zivilisation ganz ordentlich zurecht. Es darf aber nicht übersehen werden, dass der heutige Mensch ein (zumindest potenziell) mündiger Mensch ist. Er lässt sich den Obrigkeitsstaat nicht mehr gefallen, und er rebelliert gegen geistige Bevormundung durch ein kirchliches Lehramt. Ebenso wie geistigintellektuelle Ausbildung, die früher nur einer adligen Elite vorbehalten war, heute dank der allgemeinen Schulpflicht jedem zugänglich geworden ist, ist auch begleitete psychische Reifung zu einem Postulat „für alle" geworden.

Wichtig ist aber, dass Hand in Hand mit spiritueller Schulung im kirchlichen Bereich die Mutation des Bewusstseins vollzogen wird. Nur dann nämlich ist es möglich, den Schatz des Erfahrungswissens über das Begehen des Individuationsweges, den die Schulen der Spiritualität erarbeitet haben, für den Menschen unserer Zeit – und damit für die heutige Seelsorge – fruchtbar zu machen. Nur dann kann man den „Kern der Sache" – eben jenes Know-how – aus der archaischen sprachlichen Hülle, in die es „verpackt" wurde, herauslösen.

Wenn christliche Seelsorger sich vom konkretistischen Verständnis des Mythos gelöst haben, sind sie auch in der Lage, jenes Know-how der Spiritualität, das andere Religionen erarbeitet haben, zu übernehmen. Das ist deshalb wichtig, weil andere Religionen nicht jene Leibfeindlichkeit – insbesondere nicht jene Verteufelung der Sexualität – pflegten, die für das Christentum charakteristisch war. Man denke daran, dass z. B. taoistische Meister oft ihre angehenden Schüler in die „Welt" zurückschickten mit der Anweisung, zunächst die „Künste der Liebe" zu erlernen und dann erst wiederzukommen.

Etwas, worin man dem Vorbild anderer Religionen ebenfalls mit Gewinn folgen könnte, ist die Verwendung von Beispiel-Geschichten: von Beispielen, wie die verschiedenen Situationen, in die das Leben den Menschen bringen kann, gemeistert worden sind. Besonders reich ausgebildet ist diese Tradition im Sufismus und im Judentum. Auch bei den christlichen Wüstenvätern waren Beispielgeschichten noch integrierendes Element spiritueller Schulung. Natürlich macht die kirchliche Verkündigung heute noch in bescheidenem Ausmaß davon Gebrauch, doch brächte eine Revitalisierung dieser Tradition sicher großen Gewinn. Die Bibel ist ja in dieser Hinsicht eine wahre Fundgrube, besonders wenn man den Blick auf das AT ausweitet. In den Kanal „Beispielgeschichten" könnten die Ergebnisse einer tiefenpsychologischen (entsakralisierten) Exegese einfließen.

Das Alpha und Omega aller Spiritualität ist jedoch der Gewinn eigener innerer Erfahrung. Den Menschen zu Aufgeschlossensein gegenüber den Botschaften aus dem Unbewussten hinzuführen, ist somit die primäre Aufgabe heutiger Seelsorge. Das Ich des heutigen Menschen ist nämlich in hohem Grade vom Unbewussten abgekapselt. Zum Teil ist dies eine Folge des allgemein verbreiteten Positivismus, in dessen Menschenbild ja für die innere Wahrnehmung überhaupt kein Platz ist (vgl. Abb. 7).

Aber auch die kirchliche Tradition hat ihren Anteil an der Abschottung vom Unbewussten. Weil im Christentum die Orthodoxie im Vordergrund stand, hielten kirchliche Instanzen über all die Jahrhunderte die Menschen davon ab, eigene innere Erfahrung zu machen. So konnten denn auch die geistlichen Orden – diese Hochschulen der Spiritualität – keine echte Meditationspraxis entwickeln. Gefragt war nur „Betrachtung“: die Kontemplation über christliche „Wahrheiten“. Auf diese Weise wurde in den Gläubigen ein durch die christliche Lehre geprägtes Überich aufgebaut. Zwar legte Ignatius von Loyola, dieser Pionier neuzeitlicher christlicher Spiritualität, enorm viel Wert darauf, dass seine Schüler auf die „Regungen der Seele“ achteten und die Kunst erlernten, die „Stimme des guten Geistes“ von der des bösen zu unterscheiden. Seine Exercitia spiritualia waren jedoch so ausgelegt, dass jeder, der sie ernsthaft durchlaufen hatte, mit den geschichtlichen „Fakten“ des Lebens und der Taten Jesu Christi bis hinein in die letzte Faser des Bindegewebes imprägniert war.

Anders war dies in Ostasien. Dort war (und ist) nämlich Orthopraxis wichtiger als Orthodoxie. Aus diesem Grund konnte dort das „inhaltsleere“ Meditieren zu einer hohen Kunst entwickelt werden. Zu den Praktiken aus fremden Religionen, welche zwecks Förderung christlicher Spiritualität übernommen werden können, gehört deshalb an allererster Stelle die in Ostasien entwickelte Kunst der Meditation.

Anders hingegen als die New-Age-ler, die auf diesem Weg vorangegangen sind, wird ein christlicher Seelsorger, der die Bewusstseinsmutation vollzogen hat, die ostasiatischen Theorien über jene Wirklichkeit, in die man bei tiefer Meditation gelangt, nicht für bare Münze nehmen. Er wird sie nicht wie New-Age-ler für Sachwissen halten, auf das die beschränkten westlichen Wissenschaftler nicht gekommen sind. Er wird sie als naturerklärende Mythen durchschauen.

Noch ein Letztes wird die Rückbesinnung auf die spirituelle Tradition – im Licht der Erkenntnisse der Tiefenpsychologie – dem kirchlichen Seelsorger bringen: ein neues Selbstverständnis als Begleiter. Natürlich haben Seelsorger immer schon Menschen begleitet: auf dem Lebensweg und am Sterbebett, auch beim Gang zum Galgen und aufs Schafott. Immer aber haben sie sie begleitet entlang den festen Leitplanken orthodoxer christlicher Lehre. Es war Begleitung durch einen, der – aufgrund seines Vertrautseins mit der göttlichen Offenbarung – „es wusste".

Gerade diese Einstellung ist aber heute nicht mehr gefragt, seitdem die Leitplanken der „fides quae creditur" zerbröckelt sind. Jetzt wird sich der Seelsorger auf jenes Selbstverständnis zurückbesinnen müssen, das alle echten Meister der Spiritualität hatten. Er wird sich eingestehen müssen, dass nicht er weiß, was für einen individuellen Menschen, der um Entscheidung in einer konkreten Situation ringt, das Richtige ist, sondern dessen Selbst. Deshalb wird er Respekt haben vor den Antworten, die dieser Mensch aus seinem Unbewussten empfängt und wird sich darauf beschränken, ihm behilflich zu sein, diese zu verstehen. Alles beruflich – seelsorgerliche Know-how wird sich dann um diese Grundeinstellung herum von selber ordnen.

Epilog: Der weibliche Geist ist erwacht

Die Klärung der Beziehung zwischen Tiefenpsychologie und Theologie ergab, dass ein evolutionärer Wandel des Bewusstseins stattgefunden hat. Die vorgegebene Thematik führte zwangsläufig dazu, diesen Wandel mit Blick auf das Inhaltliche darzustellen: mit Blick auf die Art und Weise, wie sich die Vorstellung der „jenseitigen" Welt verändert hat.

Mit der Entdeckung des Unbewussten ist jedoch noch etwas anderes aufgebrochen: eine neue menschliche Grundhaltung. Worum es sich bei diesem Aufbruch handelt, ist jedoch recht schwer in Worte zu fassen. Allenfalls könnte man es umschreiben mit dem Satz: der weibliche Geist ist erwacht. Damit sind wir aber dem Verständnis noch nicht viel näher gekommen. Näher kommen wir der Sache, wenn wir das Symbol betrachten, welches das Gemeinte ausdrückt: das Symbol der Sophia.

Symbole gehören in den Bereich des Mythischen. Vergleicht man Mythen – Erzählungen über ein Geschehen im „Jenseits" – mit einem Film, könnte man Symbole einem Standfoto gleichsetzen. Der Vergleich hinkt jedoch insofern, als ein Standfoto etwas klar zum Ausdruck bringt, ein Symbol hingegen – gemäß der Definition von C. G. Jung – etwas ausdrückt, das noch gar nicht klar erkannt und deshalb in der Wortsprache noch nicht formuliert werden kann. Symbole sind funktionell zu betrachten. Durch sie formuliert das Unbewusste etwas, das zur betreffenden Zeit „in der Luft liegt" bzw. lebendige Gestalt annehmen sollte.

Aus diesem Grund geht von jedem neu auftretenden Symbol eine faszinierende Wirkung aus. Solange es die Menschen fasziniert, ist es ein lebendiges Symbol. Ist sein Inhalt ans Bewusstsein assimiliert bzw. der „Wink", den das Unbewusste durch das Symbol gab, ausgeführt, verliert es seine Faszination und wird zum toten Symbol: zu einer Hülse, deren Treibladung verpufft ist.

Die mythische Gestalt der Sophia, der „göttlichen Weisheit", ist eine altbekannte Sprachfigur des Unbewussten. Sie tauchte, unter anderen Namen, auch in anderen Kulturen auf. In unserer Tradition ist Sophia der Gegenpart zum Logos: zu jener mythischen Gestalt, die Ordnung ins Chaos bringt. Logos und Sophia gelten als Symbole des männlichen und des weiblichen Geistes.

Das ist aber auch noch mythisch ausgedrückt. Unter männlichem und weiblichem Geist wird nämlich nicht der Geist des Mannes und der Frau verstanden, obwohl der weibliche eher der Frau „liegt", der männliche mehr dem

Mann. In der Sprache des Unbewussten wird eben auch durch das Geschlecht der mythischen Gestalten etwas verbal schwer Fassbares veranschaulicht.

Unter männlichem Geist versteht man eine Haltung des Ich, die ausgerichtet ist auf Gewinn von Sachwissen, auf Unterscheiden und Analysieren sowie auf begriffliche Formulierung. Männliche Geisteshaltung bewertet das gerichtete Denken am höchsten, drängt assoziatives Umkreisen des Themas sowie das Gefühl zurück. Wichtiger als Erleben und existenzielle Haltung ist ihm rationales Erfassen des Soseins der Wirklichkeit, d. h. objektivierende Einstellung. Die Logos-Gestalt symbolisiert somit eine Einstellung, unter der sich – zumindest von der Scholastik an – die Entwicklung des abendländischen Geistes immer ausgeprägter vollzogen hat.

Durch die Gestalt der Sophia wird hingegen eine Haltung verbildlicht, die mehr das Ganze bzw. Ganzheitliche ins Auge fasst, die intensiv erlebt, mitlebt und mitleidet und der das Bezogensein auf Menschen und Dinge mehr Wert ist als das Wissen über deren Sosein. Zudem verbildlicht Sophia eine Haltung, die offen ist für die aus dem Unbewussten kommenden Botschaften und Impulse.

Im Hinblick auf den verbal so schwer fassbaren Wandel der Einstellung, der beim zweiten Schritt der Bewusstseinsmutation aufbrach, ist Folgendes interessant und aufschlussreich: in der zweiten Hälfte des 19. Jahrhunderts, als die Logos-Haltung im Rationalismus extreme Form annahm, entstand in der katholischen Kirche ein Sophia-Symbol. Dass es ein lebendiges Symbol war – eines, das einen „Wink" des Unbewussten ausdrückte – ist daran erkennbar, dass es die Gemüter außerordentlich stark bewegte.

Allerdings war es nicht eine bildhafte Sophia-Gestalt. Es waren die vier „neuen" Mariendogmen, die vorbereitet wurden (deklariert wurden nur zwei). Kirchliche Dogmen werden in der Tiefenpsychologie als Gestaltungen des Unbewussten aufgefasst. Erstens sind sie in der Bildersprache des Unbewussten formuliert, zweitens bilden sie sich „über die Köpfe" derer hinweg, die sie „erarbeiten".

Hatte sich in den Mariendogmen der ersten christlichen Jahrhunderte der Archetyp der göttlichen Mutter ausgedrückt, umschrieben die „neuen" den weiblichen Geist. Allerdings beschrieben sie ihn in der Projektion auf einen Menschen. So wie einst die mythische Gestalt des Logos auf Jesus projiziert worden ist, wurde die Sophia-Gestalt jetzt auf Maria, die Mutter Jesu projiziert. Mit anderen Worten: die vier Dogmen, durch die im 19. Jahrhundert die Sophia umschrieben wurde, sind so formuliert, als enthielten sie (physisch wahre) Aussagen über Maria. Von ihr sagen sie aus, sie sei frei gewesen von der Erbsünde (Immaculata), sie sei Mittlerin der Gnade (Mediatrix) und Miterlöserin (Corredemptrix) und schließlich, sie sei mit dem Leib in den Himmel aufgenommen worden (Assumpta).

Wörtlich verstanden, bedeuten diese Aussagen – insbesondere die Letzte – für einen Menschen unserer Zeit wohl baren Unsinn. Lösen wir sie hingegen von der Projektionsträgerin ab und verstehen wir sie zudem bildsprachlich, erweist sich nicht nur, wie reich an Bedeutung, sondern auch wie zeitgemäß sie waren (und noch sind).

In die Erbsünde verfielen die ersten Menschen nach dem jüdischen Paradiesmythos dadurch, dass sie dem Rat der Schlange, das durch Gott gesetzte Gebot zu übertreten, folgten: dadurch, dass sie der „Versuchung zur Sünde" erlagen. In der Sprechweise des Unbewussten handelt es sich bei der Schlange um die Veranschaulichung der mit der Fähigkeit zu Bewusstheit unabdingbar verbundenen „Versuchung", die „gegebenen" Grenzen zu überschreiten. Mit dem Ausdruck „frei von der Erbsünde" wird die Sophia-Haltung charakterisiert als jene Einstellung, welche der im 19. Jahrhundert aufbrechenden Tendenz zur Grenzüberschreitung, zum Voranstürmen und zur Hybris der Selbstmächtigkeit entgegengesetzt ist.

Dass das Ich dem Hang zur Hybris auf Dauer nur dann widerstehen kann, wenn ihm Hilfe aus dem Unbewussten zuteil wird und dass es diese Hilfe (theologisch=Gnade) nur dann erwarten kann, wenn es im Sinn der weiblichen Haltung dem Unbewussten gegenüber offen ist, wird ausgesagt durch die Formel, Maria-Sophia sei die Mittlerin aller Gnaden.

Im dritten Dogma zeigt sich wiederum die Zeitbezogenheit des großen Symbols. Indem es sagt, Maria sei Miterlöserin, weist es darauf hin, dass nicht das Hinüberwechseln vom männlichen zum weiblichen Geist gemeint ist, sondern dass nur jene Einstellung von den Problemen der Zeit erlöst, bei der Logos- und Sophia-Haltung im Gleichgewicht sind und sich gegenseitig ergänzen.

Wie diese Ergänzung geschehen soll, wird im vierten Dogma veranschaulicht durch die Aussage, Maria sei mit dem Leib in den Himmel aufgenommen worden: Das Leibliche, das bisher von der Kirche als etwas Ungeistiges, kaum der Beachtung Würdiges, „nur" Natürliches betrachtet worden ist, sei jetzt in jenes „höhere" Reich aufgenommen worden, das bisher für das „reine", von jeder Materie befreite Geistige reserviert gewesen ist.

Nach dem, was im 20. Jahrhundert geschehen ist, kann man sagen, mit der Assumptio sei die neue Auffassung des objektiv Geistigen gemeint gewesen: die Entdeckung des Geistigen in der Natur. Gewiss lag diese Bedeutung auch darin, denn um den Geist in der Natur zu erkennen, brauchte es eine weibliche Einstellung, die nicht nur zerlegte, sondern auch das Ganze sah:

jene Einstellung, die schließlich in der systemischen Naturauffassung ihren Ausdruck fand.

Aber nicht nur einen chthonischen Geistbegriff meinte das Sophia-Symbol. Bedenken wir, dass es in der katholischen Kirche entstanden ist und somit in erster Linie einen Wink des Unbewussten für diese enthält. Es drängte auf eine neue Lebenseinstellung: auf die Hinwendung zur Natur, d. h. zum eigenen Leib, zu den Instinkten einschließlich der Sexualität, ferner zu Mitmenschlichkeit und Bezogenheit. Vor allem aber drängte es dazu, offen zu werden für die Botschaften aus dem Unbewussten, d. h. für die aus der Natur kommende Offenbarung. Der Wink hieß: Schluss mit der bis dahin geübten Abkapselung vom Unbewussten, die den Zweck hatte, die „reine Lehre" zu bewahren.

Weil aber die Theologie damals noch bis zum Hals im konkretistischen Verständnis der Gestaltungen des Unbewussten steckte, da sie zudem verkopft und von der lebendigen Natur abgeschnitten war, hat sie den Wink des Unbewussten, der sich im Sophia-Symbol manifestierte, gründlich missverstanden. Das führte dann in der Kirche zu einer leibfeindlichen Marienfrömmigkeit mit Verherrlichung der „jungfräulichen Reinheit" und damit, indirekt, des zölibatären Lebens.

Seither hat sich, zumindest an der Basis, vieles verändert. Die kirchlichen Amtsträger haben allerdings die Veränderung mehr passiv über sich ergehen lassen. Sie haben sie eher erlitten als erarbeitet. In die Kirchen eingeströmt ist die Veränderung durch das Kirchenvolk. Dieses steht eben, zumindest mit einem Bein, in der „Welt". Die „Welt" hat nämlich den Wink, den das Unbewusste mit dem Sophia-Symbol gab, wenigstens teilweise aufgenommen und befolgt. Dies geschah natürlich nicht durch Reflexion über Sophia. Aber Symbole zeigen etwas an, das im Unbewussten der Gruppe „konstelliert" ist, das zur Verwirklichung drängt. Dieses Drängen aus dem Unbewussten bewirkte in der „Welt" das Aufkommen der Frauenbewegung, die Ablehnung des Obrigkeitsstaates und das Aufkommen demokratischer Strukturen. Es bewirkte die Entdeckung des Unbewussten und die damit verbundene Entthronung der Ratio. In der Wissenschaft bewirkte es den Übergang von der mechanistischen zur systemischen Naturauffassung und im Leben das Aufkommen der Ökologiebewegung, die Zuwendung zur Dritten Welt, zu den Minderheiten, zu Behinderten und Benachteiligten. Auch die Enttabuisierung von Sexualität und Erotik ist Ausdruck des Erwachens des weiblichen Geistes.

In die Kirchen ist dieser neue Geist, wie gesagt, über die Basis hineingetragen worden. Im Hinblick auf die besprochenen Konsequenzen der Entdeckung des Unbewussten scheint mir entscheidend, ob nun Theologen und kirchliche Amtsinhaber den neuen Geist aktiv assimilieren. Dann ergäbe sich alles Weitere sozusagen von selbst. Dann würde der Weg frei für eine Entwicklung, die heute immer lauter gefordert wird: für eine geschwisterliche, vom weiblichen Geist getragene Kirche.

Anmerkungen

1 Ermertz, Edmond. Herrlichkeit wird Gnade. Die Struktur der Offenbarung nach M. J. Scheeben. Dissertation Rom 1968.

2 Müller, Werner. Glauben und Denken der Sioux. Berlin 1970.

3 Marxsen, Willi. Die Auferstehung des Jesus von Nazareth. Gütersloh 1968.

4 Schwarzer Hirsch. Ich rufe mein Volk. München 1962.

5 Scholem, Gershom. Die jüdische Mystik in ihren Hauptströmungen. Frankfun a. M. 1967.

6 Uexküll, Jakob. Umwelt und Innenwelt der Tiere. Berlin 1921.

7 Gschwend, Gino. Die neurophysiologischen Grundlagen der Rehabilitation. Documenta Paediatrica, Bd. 20. Lübeck 1991.

8 Spaemann, Robert (Hrsg.). Evolutionismus und Christentum. Civitas Resultate. Weinheim 1986.

9 Kern, Fritz. Recht und Verfassung im Mittelalter. Darmstadt 1992 (Repr.)

10 Schärer, H. Die Gottesidee der Ngadju Dajak in Süd-Borneo. Leiden 1946.

11 Lubac, Henri de. Corpus Mysticum. Eucharistie und Kirche im Mittelalter. Einsiedeln 1969.

12 Walf, Knut. Einführung in das neue katholische Kirchenrecht. Zürich, Einsiedeln, Köln 1984.

13 Gadamer, Hans-Georg (Hrsg.). Die Begriffswelt der Vorsokratiker. Darmstadt 1968.

14 Obrist, Willy. Neues Bewusstsein und Religiosität. Olten 1988. Neuherausgabe Stuttgart 2009